U0820314

生物安全文献索引

田德桥　编

科学技术文献出版社
SCIENTIFIC AND TECHNICAL DOCUMENTATION PRESS
·北京·

图书在版编目（CIP）数据

生物安全文献索引 / 田德桥. —北京：科学技术文献出版社，2020. 12
ISBN 978-7-5189-7432-0

Ⅰ. ①生… Ⅱ. ①田… Ⅲ. ①生物工程—安全管理—文献—索引—中国
Ⅳ. ① Z89：Q81

中国版本图书馆 CIP 数据核字（2020）第 245827 号

生物安全文献索引

策划编辑：郝迎聪　　责任编辑：李　晴　　责任校对：王瑞瑞　　责任出版：张志平

出　版　者　科学技术文献出版社
地　　　址　北京市复兴路15号　邮编 100038
编　务　部　(010) 58882938，58882087（传真）
发　行　部　(010) 58882868，58882870（传真）
邮　购　部　(010) 58882873
官方网址　www.stdp.com.cn
发　行　者　科学技术文献出版社发行　全国各地新华书店经销
印　刷　者　北京虎彩文化传播有限公司
版　　　次　2020 年 12 月第 1 版　2020 年 12 月第 1 次印刷
开　　　本　787 × 1092　1/16
字　　　数　547千
印　　　张　30.5
书　　　号　ISBN 978-7-5189-7432-0
定　　　价　118.00元

编写说明

2020年2月14日，习近平总书记在中央全面深化改革委员会第十二次会议上发表讲话指出："要从保护人民健康、保障国家安全、维护国家长治久安的高度，把生物安全纳入国家安全体系，系统规划国家生物安全风险防控和治理体系建设，全面提高国家生物安全治理能力。"生物安全是国家安全的重要组成部分，涉及新发突发传染病应对、生物武器生物恐怖应对、实验室生物安全、生物技术安全、遗传资源安全等多个领域，是我国实现中华民族伟大复兴的"中国梦"征程中必须要面对和解决好的问题。

"备豫不虞，为国常道"。生物安全问题尚未造成影响时往往不被广泛关注，而一旦发生问题就会造成非常严重的影响，必须要重视生物安全理论研究与能力建设，增强忧患意识。

"他山之石，可以攻玉"。欧美一些国家在生物安全领域有很多相关的研究与能力建设措施，可以为我国提供借鉴与参考。

"温故知新，数往知来"。生物安全问题研究是一个继往开来的过程，了解前期研究对今后的科学决策支撑是必不可少的。

基于以上目的，本书对生物安全相关的期刊文献、研究报告及相关图书进行检索，并结合编者前期积累的一些资料，整理成该索引，其中以生物技术安全、生物防御能力建设、实验室生物安全等领域文献为主，以期为我国相关领域管理部门和科研人员提供参考。

本书期刊文献部分包括1116篇文献，按不同期刊分类，同一期刊按文献年度由远及近顺序编排，期刊信息格式大部分按照Pubmed，少部分按照Web of Science，机构信息为第一作者信息；研究报告部分包括422篇报告，按报告来源国家、机构等分类，同一类来源文献按年度由远及近顺序列出；出版图书部分包括 109 部图书分类，按不同出版社，同一出版社图书按年度由远及近顺序编排。

本书部分文献信息由相关领域专家提供，非常感谢！

文献全文索取联系：tiandeqiao@163.com。

编者

2020 年 9 月

目 录

一、期刊文献

二、研究报告

三、出版图书

一、期刊文献

Nature

标题	Biosafety Code Gathers Pace through Bilateral Agreements
期刊	Nature
年度／卷期／页码	1995，377（6545）：94
作者	David Dickson
DOI 号	DOI：10.1038/377094a0.
页数	1
编号	A1
标题	Biosafety Rules Will Regulate International GMO Transfers
期刊	Nature
年度／卷期／页码	1995，378（6555）：326
作者	Ehsan Masood
DOI 号	DOI：10.1038/378326a0.
页数	1
编号	A2
标题	Biosafety Regulations
期刊	Nature
年度／卷期／页码	1996，379（6560）：13
作者	Henry I. Miller
DOI 号	DOI：10.1038/379013a0.
页数	1
编号	A3
标题	Liability Clause Blocks Talks on Biosafety Protocol
期刊	Nature
年度／卷期／页码	1996，382（6590）：384
作者	Ehsan Masood
DOI 号	DOI：10.1038/382384b0.
页数	1

续表

编号	A4
标题	Africa Spearheads Bid for Strict Rules on Biosafety
期刊	Nature
年度 / 卷期 / 页码	1997，387（6631）：326
作者	Ehsan Masood
DOI 号	DOI：10.1038/387326b0.
页数	1
编号	A5
标题	Action Needed to Counter Bioterrorism
期刊	Nature
年度 / 卷期 / 页码	1997，388（6644）：703
作者	Meredith Wadman
DOI 号	DOI：10.1038/41839.
页数	1
编号	A6
标题	Bioethics Needs Better Input from Public
期刊	Nature
年度 / 卷期 / 页码	1997，389（6653）：775
作者	Declan Butler
DOI 号	DOI：10.1038/39695.
页数	1
编号	A7
标题	National Institutes of Health Sets Up Its Own Bioethics Panel
期刊	Nature
年度 / 卷期 / 页码	1997，390（6661）：651
作者	Meredith Wadman
DOI 号	DOI：10.1038/37696.
页数	1
编号	A8

续表

标题	DNA Shuffling of a Family of Genes from Diverse Species Accelerates Directed Evolution
期刊	Nature
年度 / 卷期 / 页码	1998，391（6664）：288–291
作者	Andreas Crameri，Sun-Ai Raillard，Ericka Bermudez，Willem P. C. Stemmer
机构	Maxygen Inc.，Santa Clara，CA，USA
DOI 号	DOI：10.1038/34663.
页数	4
编号	A9
标题	Iraq Crisis Spurs New Bioweapons Moves
期刊	Nature
年度 / 卷期 / 页码	1998，391（6670）：831
作者	David Dickson
DOI 号	DOI：10.1038/35961.
页数	1
编号	A10
标题	Some Issues for the Biosafety Protocol
期刊	Nature
年度 / 卷期 / 页码	1998，392（6673）：221
作者	H. I. Miller，Charles J. Arntzen，Roger N. Beachy，R. James Cook，Susanne L. Huttner，Donald Kennedy，Calvin O. Qualset，Peter H. Raven，Anne K. Vidaver
DOI 号	DOI：10.1038/32514.
页数	1
编号	A11
标题	South Africa’s Truth Commission Reveals Bioweapons Plot
期刊	Nature
年度 / 卷期 / 页码	1998，393（6687）：724
作者	Michael Cherry
DOI 号	DOI：10.1038/31559.

续表

页数	1
编号	A12
标题	First Shots Fired in Biological Warfare
期刊	Nature
年度／卷期／页码	1998，395（6699）：213
作者	Mark Wheelis
DOI 号	DOI：10.1038/26089.
页数	1
编号	A13
标题	WHO’s Bioethics Code Likely to Stir Debate
期刊	Nature
年度／卷期／页码	1999，398（6724）：179
作者	Declan Butler
DOI 号	DOI：10.1038/18260.
页数	1
编号	A14
标题	Lessons from Iraq on Bioweapons
期刊	Nature
年度／卷期／页码	1999，398（6724）：187–188
作者	Christian Seeloss
机构	Institute for Tumorbiology-Cancer Research，University of Vienna，Austria
DOI 号	DOI：10.1038/18292.
页数	2
编号	A15
标题	Confidentiality Is Vital to Bioweapons Control
期刊	Nature
年度／卷期／页码	1999，401（6752）：424
作者	Johannes Rath，Bernhard Jank，Otto Doblhoff-Dier
DOI 号	DOI：10.1038/46665.

续表

页数	1
编号	A16
标题	German Bioethics Inquiry ‘Could Hold Up Essential Rule Changes’
期刊	Nature
年度 / 卷期 / 页码	1999，402（6760）：331–332
作者	Quirin Schiermeier
DOI 号	DOI：10.1038/46348.
页数	2
编号	A17
标题	Plague Wars：A True Story of Biological Warfare
期刊	Nature
年度 / 卷期 / 页码	2000，404（6780）：812–813
作者	Alastair Hay
机构	School of Medicine，University of Leeds，Leeds，UK
DOI 号	DOI：10.1038/35009005.
页数	2
编号	A18
标题	German Parliament Agrees on Limits to Bioethics Inquiry
期刊	Nature
年度 / 卷期 / 页码	2000，404（6779）：692
作者	Quirin Schiermeler，Ulrike Hellerer
DOI 号	DOI：10.1038/35008213.
页数	1
编号	A19
标题	Don’t Underestimate the Enemy
期刊	Nature
年度 / 卷期 / 页码	2001，409（6818）：269
DOI 号	DOI：10.1038/35053282.
页数	1
编号	A20

续表

标题	Epidemiology Gains an Ally in Bioweapons Surveillance Project
期刊	Nature
年度／卷期／页码	2001，411（6835）：228
作者	Jonathan Knight
DOI 号	DOI：10.1038/35077285.
页数	1
编号	A21
标题	The Bugs of War
期刊	Nature
年度／卷期／页码	2001，411（6835）：232–235
作者	Carina Dennis
DOI 号	DOI：10.1038/35077161.
页数	4
编号	A22
标题	Attention to Bioweapons Obscures the Real Threats
期刊	Nature
年度／卷期／页码	2001，412（6842）：15
作者	Sebestyén Gorka，Richard Sullivan
DOI 号	DOI：10.1038/35083754.
页数	1
编号	A23
标题	US Rejects Bioweapon Inspections
期刊	Nature
年度／卷期／页码	2001，412（6845）：365
作者	Jonathan Knight
DOI 号	DOI：10.1038/35086726.
页数	1
编号	A24

续表

标题	Bioweapons Treaty Under Threat
期刊	Nature
年度／卷期／页码	2001，413（6857）：657
作者	Declan Butler
DOI 号	DOI：10.1038/35099691.
页数	2
编号	A25
标题	Tackling Anthrax
期刊	Nature
年度／卷期／页码	2001，414（6860）：160–161
作者	Arthur M. Friedlander
DOI 号	DOI：10.1038/35102660.
页数	2
编号	A26
标题	Biologists Urged to Address Risk of Data Aiding Bioweapon Design
期刊	Nature
年度／卷期／页码	2001，414（6861）：237–238
作者	Peter Aldhous
DOI 号	DOI：10.1038/35104754.
页数	2
编号	A27
标题	The Human Embryo Research Debates：Bioethics in the Vortex of Controversy
期刊	Nature
年度／卷期／页码	2001，414（6864）：585–586
作者	Tstine Burley，Alan Colman
机构	Exeter College，University of Oxford，Oxford，UK；PPL Therapeutics，Roslin Institute，Edinburgh，UK
DOI 号	DOI：10.1038/414585a.
页数	2

续表

编号	A28
标题	Bioweapons Treaty in Disarray as US Blocks Plans for Verification
期刊	Nature
年度／卷期／页码	2001，414（6865）：675
作者	Declan Butler
DOI 号	DOI：10.1038/414675a.
页数	1
编号	A29
标题	Delivering Death in the Mail
期刊	Nature
年度／卷期／页码	2001，414（6866）：837–838
作者	Jonathan Knight
DOI 号	DOI：10.1038/414837a.
页数	2
编号	A30
标题	UN Attempts to Boost Biosafety in Developing World
期刊	Nature
年度／卷期／页码	2002，415（6870）：353
作者	David Adam
DOI 号	DOI：10.1038/415353b.
页数	1
编号	A31
标题	Bioweapon Agents：More Access Means More Risk
期刊	Nature
年度／卷期／页码	2002，415（6870）：364
作者	Richard H.Ebright，Nancy D. Connell
DOI 号	DOI：10.1038/415364b.
页数	1
编号	A32

续表

标题	Genome Shuffling Leads to Rapid Phenotypic Improvement in Bacteria
期刊	Nature
年度 / 卷期 / 页码	2002，415（6872）：644–646
作者	Ying-Xin Zhang，Kim Perry，Victor A. Vinci，Keith Powell，Willem P.C.Stemmer，Stephen B. del Cardayré
机构	Maxygen，California，USA；Eli Lilly and Company，Lilly Corporate Center，Indianapolis，IN，USA
DOI 号	DOI：10.1038/415644a.
页数	3
编号	A33
标题	Biodefence Boost Leaves Experts Worried Over Laboratory Safety
期刊	Nature
年度 / 卷期 / 页码	2002，415（6873）：719–720
作者	Jonathan Knight
DOI 号	DOI：10.1038/415719a.
页数	2
编号	A34
标题	Restricting Genome Data Won’t Stop Bioterrorism
期刊	Nature
年度 / 卷期 / 页码	2002，417（6887）：379
作者	Timothy D. Read，Julian Parkhill
DOI 号	DOI：10.1038/417379a.
页数	1
编号	A35
标题	Rethink Anti-Bioterrorism Plans
期刊	Nature
年度 / 卷期 / 页码	2002，417（6891）：773
DOI 号	DOI：10.1038/417773a.
页数	1

续表

编号	A36
标题	Code of Conduct for Bioethics Branded ‘Soft’ on Corporate Ties
期刊	Nature
年度／卷期／页码	2002，417（6892）：885–886
作者	Nell Boyce
DOI 号	DOI：10.1038/417885a.
页数	2
编号	A37
标题	Bioethics Council Demands Tighter Rules on Gene Patents
期刊	Nature
年度／卷期／页码	2002，418（6896）：356
作者	David Adam
DOI 号	DOI：10.1038/418356a.
页数	1
编号	A38
标题	Obstacles to Biodefence
期刊	Nature
年度／卷期／页码	2002，419（6902）：1
DOI 号	DOI：10.1038/419001a.
页数	1
编号	A39
标题	Mosquito Researchers Deny Plotting Secret Biowarfare Test
期刊	Nature
年度／卷期／页码	2002，419（6910）：867
作者	Kendall Powell，K. S. Jayaraman
DOI 号	DOI：10.1038/419867a.
页数	1
编号	A40
标题	Conduct Code Mooted for Bioweapons Treaty
期刊	Nature

续表

年度／卷期／页码	2002，420（6912）：112
作者	Natasha McDowell
DOI 号	DOI：10.1038/420112a.
页数	1
编号	A41
标题	**DNA Committee Is Model for Bioterrorism Debate**
期刊	Nature
年度／卷期／页码	2002，420（6915）：462
作者	Joseph G. Perpich
DOI 号	DOI：10.1038/420462a.
页数	1
编号	A42
标题	**Isolationism Is Not the Answer to Bioterrorism**
期刊	Nature
年度／卷期／页码	2002，420（6916）：605
作者	Jerome A. Singh，Peter A. Singer
DOI 号	DOI：10.1038/420605a.
页数	1
编号	A43
标题	**Agriculture Shock**
期刊	Nature
年度／卷期／页码	2003，421（6919）：106–108
作者	Virginia Gewin
DOI 号	DOI：10.1038/421106a.
页数	3
编号	A44
标题	**Time for Bioethics and Business to Start Talking**
期刊	Nature
年度／卷期／页码	2003，421（6923）：573
作者	Rahul K. Dhanda

续表

DOI 号	DOI：10.1038/421573a.
页数	1
编号	A45
标题	Statement on the Consideration of Biodefence and Biosecurity
期刊	Nature
年度／卷期／页码	2003，421（6925）：771
作者	Ronald Atlas，Philip Campbell，Nicholas R. Cozzarelli，Greg Curfman，Lynn Enquist，Gerald Fink，Annette Flanagin，Jacqueline Fletcher，Elizabeth George，Gordon Hammes，David Heyman，Thomas Inglesby，Samuel Kaplan，Donald Kennedy，Judith Krug，Rachel Levinson，Emilie Marcus，Henry Metzger，Stephen S.Morse，Alison O' Brien，Andrew Onderdonk，George Poste，Beatrice Renault，Robert Rich，Ariella Rosengard，Steven Salzberg，Mary Scanlan，Thomas Shenk，Herbert Tabor，Harold Varmus，Eckard Wimmer，Keith Yamamoto
DOI 号	DOI：10.1038/nature01479.
页数	1
编号	A46
标题	Journals Tighten Up on Biosecurity
期刊	Nature
年度／卷期／页码	2003，421（6925）：774
作者	Erika Check
DOI 号	DOI：10.1038/421774b.
页数	1
编号	A47
标题	Biodefence on the Research Agenda
期刊	Nature
年度／卷期／页码	2003，421（6925）：787
作者	Anthony S. Fauci
机构	National Institute of Allergy and Infectious Diseases，National Institutes of Health，Department of Health and Human Services，MD，USA

续表

DOI 号	DOI：10.1038/nature01480.
页数	1
编号	A48
标题	There Are Two Sides to Biodefence
期刊	Nature
年度／卷期／页码	2003，422（6932）：545
DOI 号	DOI：10.1038/422545b.
页数	1
编号	A49
标题	Biodefence Takes Its Toll
期刊	Nature
年度／卷期／页码	2003，423（6940）：571
DOI 号	DOI：10.1038/423571a.
页数	1
编号	A50
标题	Russia’s Bioweapons Labs：Still Out in the Cold
期刊	Nature
年度／卷期／页码	2003，423（6941）：678–680
作者	Geoff Brumfiel
DOI 号	DOI：10.1038/423678a.
页数	3
编号	A51
标题	US Army Attacked Over Published Patent for ‘Bioweapons Grenade’
期刊	Nature
年度／卷期／页码	2003，423（6942）：789
作者	Erika Check
DOI 号	DOI：10.1038/423789a.
页数	1
编号	A52

续表

标题	Are China's Bioethics Under Control ?
期刊	Nature
年度 / 卷期 / 页码	2003，424（6946）：239
作者	David Cyranoski
DOI 号	DOI：10.1038/424239b.
页数	2
编号	A53
标题	Bioweapons Initiatives Bogged Down in Talks
期刊	Nature
年度 / 卷期 / 页码	2003，424（6951）：865
作者	Erika Check
DOI 号	DOI：10.1038/424865a.
页数	1
编号	A54
标题	Biosafety Trials Darken Outlook for Transgenic Crops in Europe
期刊	Nature
年度 / 卷期 / 页码	2003，425（6960）：751
作者	Jim Giles
DOI 号	DOI：10.1038/425751a.
页数	1
编号	A55
标题	Bioethics Needs a Distinct Voice if It Is to Aid Science：Neither Scientific Knowledge nor Gut Feeling Is Enough to Support Decision-Making
期刊	Nature
年度 / 卷期 / 页码	2003，425（6960）：763
作者	Alfons Lawen
机构	Department of Biochemistry and Molecular Biology，School of Biomedical Sciences，Monash University，Victoria，Australia
DOI 号	DOI：10.1038/425763a.
页数	1

续表

编号	A56
标题	Boom，or Bust？
期刊	Nature
年度／卷期／页码	2003，426（6967）：598–601
作者	Erika Check
DOI 号	DOI：10.1038/426598a.
页数	4
编号	A57
标题	Labs Urged to Pre-Empt Bioterrorism Threat
期刊	Nature
年度／卷期／页码	2004，427（6977）：767
作者	Erika Check
DOI 号	DOI：10.1038/427767a.
页数	1
编号	A58
标题	Terror Watchdog Set Up for ‘Dual Use’ Biology
期刊	Nature
年度／卷期／页码	2004，428（6979）：109
作者	Erika Check
DOI 号	DOI：10.1038/428109a.
页数	1
编号	A59
标题	Plague Professor Gets Two Years in Bioterror Case
期刊	Nature
年度／卷期／页码	2004，428（6980）：242
作者	Erika Check
DOI 号	DOI：10.1038/428242b.
页数	1
编号	A60

续表

标题	Starting from Scratch
期刊	Nature
年度 / 卷期 / 页码	2004，430（6995）：624–625
作者	Phillip Ball
DOI 号	DOI：10.1038/430113a.
页数	2
编号	A61
标题	The Challenge of Emerging and Re-Emerging Infectious Diseases
期刊	Nature
年度 / 卷期 / 页码	2004，430（6996）：242–249
作者	David M. Morens，Gregory K. Folkers，Anthony S. Fauci
机构	National Institute of Allergy and Infectious Diseases，National Institutes of Health，Department of Health and Human Services，MD，USA
DOI 号	DOI：10.1038/nature02759.
页数	8
编号	A62
标题	Biologists Seek to Revamp Biowarfare Register
期刊	Nature
年度 / 卷期 / 页码	2004，430（6998）：388
作者	Helen Pearson
DOI 号	DOI：10.1038/430388a.
页数	1
编号	A63
标题	Biosecurity Must Be Internationally Supervised
期刊	Nature
年度 / 卷期 / 页码	2004，431（7004）：17
作者	Jan Van Aken，Stefan Johannsen，Regine Kollek
DOI 号	DOI：10.1038/431017a.
页数	1

续表

编号	A64
标题	Biological Weapons：Rrom the Invention of State-Sponsored Programs to Contemporary Bioterrorism
期刊	Nature
年度／卷期／页码	2004，432（7014）：149–150
作者	Malcolm Dando
机构	Department of Peace Studies，University of Bradford，Bradford，UK
DOI 号	DOI：10.1038/432149a.
页数	2
编号	A65
标题	Environmental Biosafety and Transgenic Potato in a Centre of Diversity for This Crop
期刊	Nature
年度／卷期／页码	2004，432（7014）：222–225
作者	Carolina Celis，Maria Scurrah，Sue Cowgill，Susana Chumbiauca，Jayne Green，Javier Franco，Gladys Main，Daan Kiezebrink，Richard G. F. Visser，Howard J. Atkinsons
机构	Laboratory of Plant Breeding，Wageningen University，Wageningen，The Netherlands；Pedro de Pasaje Fransisco de Zela，Ministerio de Agricultura，Lima，Peru；Centre for Plant Sciences，University of Leeds，Leeds，UK；Fundación PROINPA，Cochabamba，Bolivia
DOI 号	DOI：10.1038/nature03048.
页数	4
编号	A66
标题	Journals Must Cooperate to Defend Biosecurity
期刊	Nature
年度／卷期／页码	2004，432（7017）：549
作者	Johannes Rath，Bernhard Jank，Otto Doblhoff-Dier
DOI 号	DOI：10.1038/432549d.
页数	1

续表

编号	A67
标题	Move Afoot to Lend Bioweapons Treaty More Muscle
期刊	Nature
年度 / 卷期 / 页码	2004，432（7018）：662
作者	Declan Butler
DOI 号	DOI：10.1038/432662b.
页数	1
编号	A68
标题	Biosafety Law Brings Stem-Cell Research to Brazil
期刊	Nature
年度 / 卷期 / 页码	2005，434（7030）：128
作者	Laura Nelson
DOI 号	DOI：10.1038/434128b.
页数	1
编号	A69
标题	Heightened Security After Flu Scare Sparks Biosafety Debate
期刊	Nature
年度 / 卷期 / 页码	2005，434（7036）：943
作者	Erika Check
DOI 号	DOI：10.1038/434943a.
页数	1
编号	A70
标题	Risks and Benefits of Dual-Use Research
期刊	Nature
年度 / 卷期 / 页码	2005，435（7044）：855
DOI 号	DOI：10.1038/435855a.
页数	1
编号	A71

续表

标题	Characterization of the 1918 Influenza Virus Polymerase Genes
期刊	Nature
年度／卷期／页码	2005，437（7060）：889–893
作者	Jeffery K. Taubenberger，Ann H. Reid，Raina M. Lourens，Ruixue Wang，Guozhong Jin，Thomas G. Fannings
机构	Department of Molecular Pathology，Armed Forces Institute of Pathology，Rockville，MD，USA
DOI 号	DOI：10.1038/nature04230.
页数	5
编号	A72
标题	US Progressives Fight for a Voice in Bioethics
期刊	Nature
年度／卷期／页码	2005，437（7061）：932–933
作者	Erika Check
DOI 号	DOI：10.1038/437932a.
页数	2
编号	A73
标题	Bioethics and the New Embryology：Springboards for Debate
期刊	Nature
年度／卷期／页码	2006，440（7081）：150–151
作者	James Bradley
机构	Department of Biological Sciences，Auburn University，Auburn，AL，USA
DOI 号	DOI：10.1038/440150a.
页数	2
编号	A74
标题	Towards Better Biosecurity
期刊	Nature
年度／卷期／页码	2006，440（7085）：715
DOI 号	DOI：10.1038/440715a.

续表

页数	1
编号	A75
标题	Production of the Antimalarial Drug Precursor Artemisinic Acid in Engineered Yeast
期刊	Nature
年度／卷期／页码	2006，440（7086）：940–943
作者	Dae-Kyun Ro，Eric M. Paradise，Mario Ouellet，Karl J. Fisher，Karyn L. Newman，John M. Ndungu，Kimberly A. Ho，Rachel A. Eachus，Timothy S. Ham，James Kirby，Michelle C. Y. Chang，Sydnor T. Withers，Yoichiro Shiba，Richmond Sarpong，Jay D. Keasling
机构	California Institute of Quantitative Biomedical Research，Berkeley Center for Synthetic Biology，Lawrence Berkeley National Laboratory，University of California，Berkeley，CA，USA；Amyris Biotechnologies Inc.，Emeryville，CA，USA
DOI 号	DOI：10.1038/nature04640.
页数	4
编号	A76
标题	Bioethics at the Bench
期刊	Nature
年度／卷期／页码	2006，440（7088）：1089–1090
DOI 号	DOI：10.1038/4401089b.
页数	2
编号	A77
标题	Bioethics：Dial ‘E’ for Ethics
期刊	Nature
年度／卷期／页码	2006，440（7088）：1104–1105
作者	Helen Pilcher
DOI 号	DOI：10.1038/4401104a.
页数	2
编号	A78

续表

标题	Synthetic Biologists Try to Calm Fears
期刊	Nature
年度／卷期／页码	2006，441（7092）：388–389
作者	Erika Check
DOI 号	DOI：10.1038/441388a.
页数	2
编号	A79
标题	Bioethics：An Easy Way Out？
期刊	Nature
年度／卷期／页码	2006，441（7093）：570–571
作者	Emma Marris
DOI 号	DOI：10.1038/441570a.
页数	2
编号	A80
标题	Against Bioethics
期刊	Nature
年度／卷期／页码	2006，443（7110）：397
作者	Prashanth Ak
机构	Genome Center，University of California，Davis，CA，USA
DOI 号	DOI：10.1038/443397b.
页数	1
编号	A81
标题	Congress Grills Officials over Biosafety Boom
期刊	Nature
年度／卷期／页码	2007，449（7163）：646–647
作者	Ewen Callaway
DOI 号	DOI：10.1038/449646a.
页数	2
编号	A82

续表

标题	Italian Bioethics Committee in Uproar
期刊	Nature
年度／卷期／页码	2007，449（7165）：955
作者	Emiliano Feresin
DOI 号	DOI：10.1038/449955a.
页数	1
编号	A83
标题	Non-fermentative Pathways for Synthesis of Branched-Chain Higher Alcohols as Biofuels
期刊	Nature
年度／卷期／页码	2008，451（7174）：86–89
作者	Shota Atsumi，Taizo Hanai，James C. Liao
机构	Department of Chemical and Biomolecular Engineering，University of California，Los Angeles，CA，USA
DOI 号	DOI：10.1038/nature06450.
页数	4
编号	A84
标题	Understanding Bioethics and the Law：The Promises and Perils of the Brave New World of Biotechnology
期刊	Nature
年度／卷期／页码	2008，453（7193）：284–285
作者	Barry R. Schaller
DOI 号	DOI：10.1038/453284a.
页数	2
编号	A85
标题	Death Renews Biosecurity Debate
期刊	Nature
年度／卷期／页码	2008，454（7205）：672
作者	Amber Dance
DOI 号	DOI：10.1038/454672a.

续表

页数	1
编号	A86
标题	**Pathways to Security**
期刊	Nature
年度／卷期／页码	2008，455（7212）：432
DOI 号	DOI：10.1038/455432a.
页数	1
编号	A87
标题	**Biosafety Lab Passes Disaster Test**
期刊	Nature
年度／卷期／页码	2008，455（7216）：1012
作者	Rex Dalton
DOI 号	DOI：10.1038/4551012a.
页数	1
编号	A88
标题	**Future Bioethics：Overcoming Taboos，Myths，and Dogmas**
期刊	Nature
年度／卷期／页码	2008，455（7216）：1035–1036
作者	Sheila McLean
机构	Law and Ethics in Medicine at the School of Law，the University of Glasgow，Glasgow，UK
DOI 号	DOI：10.1038/4551035a.
页数	2
编号	A89
标题	**Booming Biosafety Labs Probed**
期刊	Nature
年度／卷期／页码	2009，461（7264）：577
作者	Meredith Wadman
DOI 号	DOI：10.1038/461577a.
页数	1

续表

编号	A90
标题	European Biosafety Labs Set to Grow
期刊	Nature
年度／卷期／页码	2009，462（7270）：146–147
作者	Declan Butler
DOI 号	DOI：10.1038/462146a.
页数	2
编号	A91
标题	US Bioethics Commission Promises Policy Action
期刊	Nature
年度／卷期／页码	2009，462（7273）：553
作者	Vicki Brower
DOI 号	DOI：10.1038/462553a.
页数	1
编号	A92
标题	Panel to Take Broad View of Bioethics
期刊	Nature
年度／卷期／页码	2010，464（7291）：971
作者	Brendan Borrell
DOI 号	DOI：10.1038/464971a.
页数	1
编号	A93
标题	US Report Pins Down Future Biosecurity
期刊	Nature
年度／卷期／页码	2010，466（7307）：678
作者	Meredith Wadman
DOI 号	DOI：10.1038/466678a.
页数	1
编号	A94

续表

标题	Build Life to Understand It
期刊	Nature
年度／卷期／页码	2010，468（7326）：889–890
作者	Michael Elowitz，Wendell A. Lim
机构	Michael Elowitz is in the Division of Biology，California Institute of Technology，Pasadena，CA，USA；Wendell A. Lim is in the Department of Cellular and Molecular Pharmacology，University of California，San Francisco，CA，USA
DOI 号	DOI：10.1038/468889a.
页数	2
编号	A95
标题	The Next Step for the Synthetic Genome
期刊	Nature
年度／卷期／页码	2011，473（7347）：403–408
作者	Monya Baker
DOI 号	DOI：10.1038/473403a.
页数	6
编号	A96
标题	The Price of Protection
期刊	Nature
年度／卷期／页码	2011，477（7363）：150–152
作者	Erika Check Hayden
机构	Nature，San Francisco，California，USA
DOI 号	DOI：10.1038/477150a.
页数	3
编号	A97
标题	A Yeast for All Reasons
期刊	Nature
年度／卷期／页码	2011，477（7365）：413–414
作者	Peter J. Enyeart，Andrew D. Ellingtons

续表

机构	Institute for Cell and Molecular Biology，University of Texas at Austin，Austin，TX，USA
DOI 号	DOI：10.1038/477413a.
页数	2
编号	A98
标题	**Plague’s progress**
期刊	Nature
年度 / 卷期 / 页码	2011，478（7370）：465–466
作者	Edward C. Holmes
机构	Center for Infectious Disease Dynamics，Department of Biology，Pennsylvania State University，PA，USA
DOI 号	DOI：10.1038/478465a.
页数	2
编号	A99
标题	**Don’t Censor Life-Saving Science**
期刊	Nature
年度 / 卷期 / 页码	2012，481（7380）：115
作者	Peter Palese
机构	Department of Microbiology at the Mount Sinai School of Medicine，NY，USA
DOI 号	DOI：10.1038/481115a.
页数	1
编号	A100
标题	**Adaptations of Avian Flu Virus Are a Cause for Concern**
期刊	Nature
年度 / 卷期 / 页码	2012，482（7384）：153–154
作者	Kenneth I. Berns，Arturo Casadevall，Murray L. Cohen，Susan A. Ehrlich，Lynn W. Enquist，J. Patrick Fitch，David R. Franz，Claire M. Fraser-Liggett，Christine M. Grant，Michael J. Imperiale，Joseph Kanabrocki，Paul S. Keim，Stanley M. Lemon，Stuart B. Levy，John R. Lumpkin，Jeffery F. Miller，Randall Murch，Mark E. Nance，Michael T. Osterholm，David A. Relman，James A. Roth，Anne K. Vidavers

续表

机构	US National Science Advisory Board for Biosecurity，USA
DOI 号	DOI：10.1038/482153a.
页数	2
编号	A101
标题	**Four Steps to Avoid a Synthetic-Biology Disaster**
期刊	Nature
年度 / 卷期 / 页码	2012，483（7387）：29
作者	Genya V. Dana，Todd Kuiken，David Rejeski，Allison A. Snows
机构	Woodrow Wilson International Center for Scholars，Washington，USA；Ohio State University，Columbus，OH，USA
DOI 号	DOI：10.1038/483029a.
页数	1
编号	A102
标题	**Mutant-flu Paper Published**
期刊	Nature
年度 / 卷期 / 页码	2012，485（7396）：13–14
作者	Ed Yong
DOI 号	DOI：10.1038/485013a.
页数	2
编号	A103
标题	**Biosafety Concerns for Labs in the Developing World**
期刊	Nature
年度 / 卷期 / 页码	2012，485（7399）：425
作者	Ewen Callaway
DOI 号	DOI：10.1038/485425a.
页数	1
编号	A104
标题	**Bird-flu Research：The Biosecurity Oversight**
期刊	Nature
年度 / 卷期 / 页码	2012，485（7399）：431–434

续表

作者	Brendan Maher
DOI 号	DOI：10.1038/485431a.
页数	4
编号	A105
标题	**Do Not Censor Science in the Name of Biosecurity**
期刊	Nature
年度／卷期／页码	2012，486（7403）：295
作者	Tim Trevan
DOI 号	DOI：10.1038/486295a.
页数	1
编号	A106
标题	**Engineering H5N1 Avian Influenza Viruses to Study Human Adaptation**
期刊	Nature
年度／卷期／页码	2012，486（7403）：335–340
作者	David M. Morens，Kanta Subbarao，Jeffery K. Taubenberger
机构	National Institute of Allergy and Infectious Diseases，National Institutes of Health，Bethesda，MD，USA
DOI 号	DOI：10.1038/nature11170.
页数	6
编号	A107
标题	**Experimental Adaptation of an Influenza H5 HA Confers Respiratory Droplet Transmission to a Reassortant H5 HA/H1N1 Virus in Ferrets**
期刊	Nature
年度／卷期／页码	2012，486（7403）：420–430
作者	Masaki Imai，Tokiko Watanabe，Masato Hatta，Subash C. Das，Makoto Ozawa，Kyoko Shinya，Gongxun Zhong，Anthony Hanson，Hiroaki Katsura，Shinji Watanabe，Chengjun Li，Eiryo Kawakami，Shinya Yamada，Maki Kiso，Yasuo Suzuki，Eileen A. Maher，Gabriele Neumann，Yoshihiro Kawaokas

续表

机构	Department of Pathobiological Sciences, University of Wisconsin-Madison, Madison, WI, USA; ERATO Infection-Induced Host Responses Project, Saitama, Japan; Department of Special Pathogens, International Research Center for Infectious Diseases, Institute of Medical Science, University of Tokyo, Tokyo, Japan; Department of Microbiology and Infectious Diseases, Kobe University, Hyogo, Japan; Division of Virology, Department of Microbiology and Immunology, Institute of Medical Science, University of Tokyo, Tokyo, Japan; Health Science Hills, College of Life and Health Sciences, Chubu University, Kasugai, Aichi, Japan
DOI 号	DOI：10.1038/nature10831.
页数	11
编号	A108
标题	**Self-Censorship Is Not Enough**
期刊	Nature
年度／卷期／页码	2012，492（7429）：345–347
作者	David Kaiser，Jonathan D. Moreno
机构	Program in Science, Technology, and Society at the Massachusetts Institute of Technology, Cambridge, MA, USA; Medical Ethics, History and Sociology of Science, and Philosophy at the University of Pennsylvania, Philadelphia, PA, USA
DOI 号	DOI：10.1038/492345a.
页数	3
编号	A109
标题	**Broad Reception for Coronavirus**
期刊	Nature
年度／卷期／页码	2013，495（7440）：176–177
作者	Tom Gallagher，Stanley Perlman
DOI 号	DOI：10.1038/495176a.
页数	2
编号	A110
标题	**High-Level Semi-Synthetic Production of the Potent Antimalarial Artemisinin**
期刊	Nature

续表

年度 / 卷期 / 页码	2013，496（7446）：528–532
作者	C. J. Paddon, P. J. Westfall, D. J. Pitera, K.Benjamin, K. Fisher, D. McPhee, M. D. Leavell, A. Tai, A. Main, D. Eng, D. R. Polichuk, K. H. Teoh, D. W. Reed, T. Treynor, J. Lenihan, M. Fleck, S. Bajad, G.Dang, D. Dengrove, D. Diola, G. Dorin, K. W. Ellens, S. Fickes, J. Galazzo, S. P. Gaucher, T. Geistlinger, R. Henry, M. Hepp, T. Horning, T. Iqbal, H. Jiang, L. Kizer, B. Lieu, D. Melis, N. Moss, R. Regentin, S. Secrest, H. Tsuruta, R. Vazquez, L. F. Westblade, L. Xu, M. Yu, Y. Zhang, L. Zhao, J. Lievense, P. S. Covello, J. D. Keasling, K. K. Reiling, N. S. Renninger, J. D. Newman
机构	Amyris, Inc., Emeryville, California, USA；National Research Council of Canada, Saskatoon, Saskatchewan, Canada；Department of Chemical and Biomolecular Engineering, University of California, Berkeley, CA, USA；Department of Bioengineering, University of California, Berkeley, CA, USA；Physical Biosciences Division, Lawrence Berkeley National Laboratory, Berkeley, CA, USA；Joint BioEnergy Institute, Emeryville, CA, USA
DOI 号	DOI：10.1038/nature12051.
页数	5
编号	A111
标题	**Handle with Care**
期刊	Nature
年度 / 卷期 / 页码	2013，500（7461）：121
DOI 号	DOI：10.1038/500121a.
页数	1
编号	A112
标题	**Extra Oversight for H7N9 Experiments**
期刊	Nature
年度 / 卷期 / 页码	2013，500（7461）：151
作者	Harold W. Jaffe, Amy P. Patterson, Nicole Lurie
DOI 号	DOI：10.1038/500151a.
页数	1

续表

编号	A113
标题	Construction of a Yeast Chromosome
期刊	Nature
年度／卷期／页码	2014，509（7499）：168–169
作者	Daniel G. Gibson，J. Craig Venter
机构	J Craig Venter Institute，La Jolla，CA，USA
DOI 号	DOI：10.1038/509168a.
页数	2
编号	A114
标题	Risks of Flu Work Underrated
期刊	Nature
年度／卷期／页码	2014，511（7507）：13–14
作者	Declan Butler，Brendan Maher
DOI 号	DOI：10.1038/511013a.
页数	2
编号	A115
标题	Ebola by the Numbers
期刊	Nature
年度／卷期／页码	2014，514（7522）：284–285
页数	2
编号	A116
标题	Recoded Organisms Engineered to Depend on Synthetic Amino Acids
期刊	Nature
年度／卷期／页码	2015，518（7537）：89–93
作者	Alexis J. Rovner，Adrian D. Haimovich，Spencer R. Katz，Zhe Li，Michael W. Grome，Brandon M. Gassaway，Miriam Amiram，Jaymin R. Patel，Ryan R. Gallagher，Jesse Rinehart，Farren J. Isaacs
DOI 号	DOI：10.1038/nature14095.
页数	5

续表

编号	A117
标题	CRISPR，the Disruptor
期刊	Nature
年度 / 卷期 / 页码	2015，522（7554）：20–24
作者	Heidi Ledford
DOI 号	DOI：10.1038/522020a.
页数	5
编号	A118
标题	Bioethics on Stage
期刊	Nature
年度 / 卷期 / 页码	2015，524（7565）：289
作者	Brendan Maher
DOI 号	DOI：10.1038/524289a.
页数	1
编号	A119
标题	My Whirlwind Year with CRISPR
期刊	Nature
年度 / 卷期 / 页码	2015，528（7583）：469–471
作者	Jennifer Doudna
机构	University of California，Berkeley，Berkeley，CA，USA
DOI 号	DOI：10.1038/528469a.
页数	3
编号	A120
标题	Embryo Editing Gets Green Light
期刊	Nature
年度 / 卷期 / 页码	2016，530（7588）：18
作者	Ewen Callaway
DOI 号	DOI：10.1038/nature.2016.19270.
页数	1
编号	A121

续表

标题	Learn from DIY Biologists
期刊	Nature
年度／卷期／页码	2016，531（7593）：167–168
作者	Todd Kuiken
机构	Wilson Center’s Synthetic Biology Project in Washington DC，USA
DOI 号	DOI：10.1038/531167a.
页数	2
编号	A122
标题	Embryo-Editing Research Gathers Momentum
期刊	Nature
年度／卷期／页码	2016，532（7599）：289–290
作者	Ewen Callaway
DOI 号	DOI：10.1038/532289a.
页数	2
编号	A123
标题	Find the Time to Discuss New Bioweapons
期刊	Nature
年度／卷期／页码	2016，535（7610）：9
作者	Malcolm Dando
机构	University of Bradford，UK
DOI 号	DOI：10.1038/535009a.
页数	1
编号	A124
标题	Bioethics：Democracy in Vitro
期刊	Nature
年度／卷期／页码	2017，541（7638）：462–463
作者	Insoo Hyun
DOI 号	DOI：10.1038/541462a.
页数	2
编号	A125

续表

标题	Bioweapons in Russia Today
期刊	Nature
年度/卷期/页码	2018，555（7695）：162–163
作者	Gary A. Ackerman
机构	College of Emergency Preparedness，Homeland Security and Cybersecurity at the University at Albany，State University of NY，USA
DOI 号	DOI：10.1038/d41586–018–02693–9.
页数	2
编号	A126
标题	The Battle in Bioethics
期刊	Nature
年度/卷期/页码	2019，572（7769）：308–309
作者	Eric J. Topol
机构	Molecular Medicine at Scripps Research in La Jolla，CA，USA
DOI 号	DOI：10.1038/d41586–019–02412–y.
页数	2
编号	A127

Nat Biotechnol

标题	US Bioethics Commission Meets，Outlines Agenda
期刊	Nat Biotechnol
年度/卷期/页码	1996，14（11）：1533
作者	Jeffrey L. Fox
DOI 号	DOI：10.1038/nbt1196–1533.
页数	1
编号	B1
标题	Biosafety Protocol Draft Spooks US Biotechnology Officials
期刊	Nat Biotechnol

续表

年度／卷期／页码	1996，14（7）：803
作者	Russ Hoyle
DOI 号	DOI：10.1038/nbt0796-803.
页数	1
编号	B2
标题	US National Bioethics Commission：Politics as Usual？
期刊	Nat Biotechnol
年度／卷期／页码	1996，14（8）：927
作者	Russ Hoyle
DOI 号	DOI：10.1038/nbt0896-927.
页数	1
编号	B3
标题	Bioethics Commission “Constituted for Consensus”
期刊	Nat Biotechnol
年度／卷期／页码	1996，14（9）：1069
作者	Vicki Brower
DOI 号	DOI：10.1038/nbt0996-1069.
页数	1
编号	B4
标题	“DARPAesque” Risk In Biological Warfare Programs
期刊	Nat Biotechnol
年度／卷期／页码	1997，15（7）：611-612
作者	Jeffrey L. Fox
DOI 号	DOI：10.1038/nbt0797-611.
页数	2
编号	B5
标题	The Biosafety Protocol Slouches Toward Montreal
期刊	Nat Biotechnol
年度／卷期／页码	1997，15（8）：694
作者	Russ Hoyle

续表

DOI 号	DOI：10.1038/nbt0897-694.
页数	1
编号	B6
标题	Socioeconomics and the Protocol on Biosafety
期刊	Nat Biotechnol
年度／卷期／页码	1998，16（8）：697-698
作者	Tom Crompton，Tom Wakeford
机构	Liaison Office of the International Centre for Genetic Engineering and Biotechnology，and the United Nations Industrial Development Organization，Vienna；Department of Environmental Sciences，University of East London，London，UK
DOI 号	DOI：10.1038/nbt0898-697.
页数	2
编号	B7
标题	Stem Cell Hearing Stirs Bioethics Debate
期刊	Nat Biotechnol
年度／卷期／页码	1999，17（1）：11
作者	Jerrey L. Fox
DOI 号	DOI：10.1038/5179.
页数	1
编号	B8
标题	Biosafety and Regulation
期刊	Nat Biotechnol
年度／卷期／页码	1999，17（1）：89
作者	Michael Francisco
DOI 号	DOI：10.1038/5274.
页数	1
编号	B9
标题	Delegates Face Many Challenges Negotiating Biosafety Protocol
期刊	Nat Biotechnol

续表

年度／卷期／页码	1999，17（2）：123
作者	Jerrey L. Fox
DOI 号	DOI：10.1038/6116.
页数	1
编号	B10
标题	Cynicism and Politics Dominate UN Biotechnology Deliberations
期刊	Nat Biotechnol
年度／卷期／页码	1999，17（6）：515
作者	Henry I. Miller
机构	Stanford University's Hoover Institution，CA，USA
DOI 号	DOI：10.1038/9775.
页数	1
编号	B11
标题	"Biosafety" to Assure Underdevelopment
期刊	Nat Biotechnol
年度／卷期／页码	1999，17（6）：515–516
作者	Rafael Rangel-Aldaos
机构	Venezuelan Presidential Commission for Biotechnology，Caracas，VEN
DOI 号	DOI：10.1038/9776.
页数	2
编号	B12
标题	Bioweapons Protocol Update
期刊	Nat Biotechnol
年度／卷期／页码	2000，18（11）：1125
作者	John R. Walker
DOI 号	DOI：10.1038/81029.
页数	1
编号	B13
标题	Biosafety Rules Get Thumbs Up
期刊	Nat Biotechnol

续表

年度／卷期／页码	2000，18（3）：253
作者	John Hodgson
DOI 号	DOI：10.1038/73669.
页数	1
编号	B14
标题	The Bioweapons Convention's Impact on Bioindustry
期刊	Nat Biotechnol
年度／卷期／页码	2000，18（8）：806
作者	Richard Sullivan，Sebastian Gorka
机构	Physiology Department，University College London，UK；US Council for Emerging National Security Affairs，Washington DC，USA
DOI 号	DOI：10.1038/78321.
页数	1
编号	B15
标题	Bioethics Programs Evolve as They Grow：with Bioethics Squarely in the News Comes New Scrutiny on Exactly What It Takes to Train a Bioethicis
期刊	Nat Biotechnol
年度／卷期／页码	2001，19（10）：991–992
作者	David Magnus
机构	Center Bioethics，University of Pennsylvania，Philadelphia，PA，USA
DOI 号	DOI：10.1038/nbt1001–991.
页数	2
编号	B16
标题	The Complexity of Bioethics
期刊	Nat Biotechnol
年度／卷期／页码	2001，19（11）：1007
作者	Richard C. Strohman
机构	Department of Cell and Molecular Biology，Berkeley，CA，USA

续表

DOI 号	DOI：10.1038/nbt1101-1007.
页数	1
编号	B17
标题	**Why Biodefense Won't Work**
期刊	Nat Biotechnol
年度／卷期／页码	2001，19（11）：993
DOI 号	DOI：10.1038/nbt1101-993.
页数	1
编号	B18
标题	**Bioethics for an Educated Debate**
期刊	Nat Biotechnol
年度／卷期／页码	2001，19（3）：197
作者	Peter Finegold
机构	Medicine in Society Programme at the Wellcome Trust，London，UK
DOI 号	DOI：10.1038/85615.
页数	1
编号	B19
标题	**US Rejects Stronger Bioweapons Treaty**
期刊	Nat Biotechnol
年度／卷期／页码	2001，19（9）：793
作者	E. Dorey
DOI 号	DOI：10.1038/nbt0901-793.
页数	1
编号	B20
标题	**EU Plans to Label and Trace GMOs**
期刊	Nat Biotechnol
年度／卷期／页码	2001，19（9）：795
作者	Emma Dorey
DOI 号	DOI：10.1038/nbt0901-795a.
页数	1

续表

编号	B21
标题	Bioterrorism—Biotechnology to the Rescue ?
期刊	Nat Biotechnol
年度／卷期／页码	2002，20（1）：21–25
作者	Eric Niiler
DOI 号	DOI：10.1038/nbt0102–21.
页数	5
编号	B22
标题	Bush Budget Boosts Bioterrorism Research
期刊	Nat Biotechnol
年度／卷期／页码	2002，20（3）：209
作者	Jeffrey L. Fox
DOI 号	DOI：10.1038/nbt0302–209.
页数	1
编号	B23
标题	US Federal Bureaucracy Hampers Progress in Countering Bioterrorism
期刊	Nat Biotechnol
年度／卷期／页码	2002，20（6）：530
作者	Jeffrey L. Fox
DOI 号	DOI：10.1038/nbt0602–530.
页数	1
编号	B24
标题	US Bioethics Committee Weighs in
期刊	Nat Biotechnol
年度／卷期／页码	2003，21（12）：1417–1418
作者	Jeffrey L. Fox
DOI 号	DOI：10.1038/nbt1203–1417b.
页数	2
编号	B25

续表

标题	US budget/Bioshield Initiative Emphasizes Bioterrorism Countermeasures
期刊	Nat Biotechnol
年度 / 卷期 / 页码	2003，21（3）：216
作者	Jeffrey L. Fox
DOI 号	DOI：10.1038/nbt0303-216.
页数	1
编号	B26
标题	US Bioterrorism Countermeasures Research Builds Across a Broad Front
期刊	Nat Biotechnol
年度 / 卷期 / 页码	2003，21（5）：469-470
作者	Jeffrey L. Fox
DOI 号	DOI：10.1038/nbt0503-469.
页数	2
编号	B27
标题	Graduate Education and Employment Opportunities in Bioethics
期刊	Nat Biotechnol
年度 / 卷期 / 页码	2004，22（2）：247-249
作者	Leigh Turner
机构	Biomedical Ethics Unit，Department of Social Studies of Medicine，Faculty of Medicine，McGill University，Montreal，Quebec，Canada；School of Social Science，Institute for Advanced Study，Princeton，NJ，USA
DOI 号	DOI：10.1038/nbt0204-247.
页数	3
编号	B28
标题	US Budget Emphasizes Bioterrorism Countermeasures
期刊	Nat Biotechnol
年度 / 卷期 / 页码	2004，22（3）：256-257
作者	Jeffrey L. Fox
DOI 号	DOI：10.1038/nbt0304-256.

续表

页数	2
编号	B29
标题	US to Safeguard ‘Dual-Use’ Biology Research
期刊	Nat Biotechnol
年度／卷期／页码	2004，22（4）：369
作者	Jeffrey L. Fox
DOI 号	DOI：10.1038/nbt0404-369.
页数	1
编号	B30
标题	Throwing Money at Biodefense
期刊	Nat Biotechnol
年度／卷期／页码	2004，22（4）：375–378
作者	Laura DeFrancesco
DOI 号	DOI：10.1038/nbt0404-375.
页数	4
编号	B31
标题	Science，Politics and the President’s Council on Bioethics
期刊	Nat Biotechnol
年度／卷期／页码	2004，22（5）：509–510
作者	Leigh Turner
机构	Department of Social Studies of Medicine，Faculty of Medicine，McGill University，Montreal，Quebec，Canada
DOI 号	DOI：10.1038/nbt0504-509.
页数	2
编号	B32
标题	Bioethic$ Inc
期刊	Nat Biotechnol
年度／卷期／页码	2004，22（8）：947–948
作者	Leigh Turner

续表

机构	Biomedical Ethics Unit，Department of Social Studies of Medicine，Faculty of Medicine，McGill University，Montreal，Quebec，Canada
DOI 号	DOI：10.1038/nbt0804-947.
页数	2
编号	B33
标题	**Willem ‘Pim’ Stemmer**
期刊	Nat Biotechnol
年度／卷期／页码	2009，27（3）：220
作者	Crispin Littlehales
DOI 号	DOI：10.1038/nbt0309-220.
页数	1
编号	B34
标题	**US Biosecurity Advisory Board Faces Delicate Balancing Act**
期刊	Nat Biotechnol
年度／卷期／页码	2005，23（8）：905
作者	Jeffrey L. Fox
DOI 号	DOI：10.1038/nbt0805-905.
页数	1
编号	B35
标题	**A Shocking Biodefense Editorial**
期刊	Nat Biotechnol
年度／卷期／页码	2007，25（10）：1083
作者	W. Craig Vanderwagen
DOI 号	DOI：10.1038/nbt1007-1083a.
页数	1
编号	B36
标题	**The FDA Animal Efficacy Rule and Biodefense**
期刊	Nat Biotechnol
年度／卷期／页码	2007，25（10）：1084-1087

续表

作者	Gigi Kwik Gronvall，Dennis Trent，Luciana Borio，Robert Brey，Lee Nagao，Alliance for Biosecurity
DOI 号	DOI：10.1038/nbt1007-1084.
页数	4
编号	B37
标题	Turning Biodefense Dollars into Products
期刊	Nat Biotechnol
年度 / 卷期 / 页码	2007，25（2）：179–184
作者	Melanie C. Trull，Tracey V. Du Laney，Mark D. Dibner
机构	BioAbility，LLC，Research Triangle Park，NC，USA
DOI 号	DOI：10.1038/nbt0207-179.
页数	6
编号	B38
标题	US Biodefense—Shocking and Awful
期刊	Nat Biotechnol
年度 / 卷期 / 页码	2007，25（6）：603
DOI 号	DOI：10.1038/nbt0607-603.
页数	1
编号	B39
标题	Synthetic Genomes Brought Closer to Life
期刊	Nat Biotechnol
年度 / 卷期 / 页码	2008，26（3）：296–297
作者	Robert A. Holt
DOI 号	DOI：10.1038/nbt0308-296.
页数	2
编号	B40
标题	Setting the Standard in Synthetic Biology
期刊	Nat Biotechnol
年度 / 卷期 / 页码	2008，26（7）：771–774
作者	Adam Arkin

续表

DOI 号	DOI：10.1038/nbt0708-771.
页数	4
编号	B41
标题	Cost/success Projections for US Biodefense Countermeasure Development
期刊	Nat Biotechnol
年度 / 卷期 / 页码	2008，26（9）：981–983
作者	Jason Matheny，Michael Mair，Bradley Smith
DOI 号	DOI：10.1038/nbt0908-981.
页数	3
编号	B42
标题	Preventing the Misuse of Gene Synthesis
期刊	Nat Biotechnol
年度 / 卷期 / 页码	2009，27（9）：800–801
作者	Jeremy Minshull，Ralf Wagner
DOI 号	DOI：10.1038/nbt0909-800.
页数	2
编号	B43
标题	Harmonizing Biosecurity Oversight for Gene Synthesis
期刊	Nat Biotechnol
年度 / 卷期 / 页码	2010，28（1）：20–22
作者	Markus Fischer，Stephen M. Maurer
DOI 号	DOI：10.1038/nbt0110-20.
页数	3
编号	B44
标题	US Biodefense Contracts Continue to Lure Biotechs
期刊	Nat Biotechnol
年度 / 卷期 / 页码	2010，28（3）：187–188
作者	Catherine Shaffer
DOI 号	DOI：10.1038/nbt0310-187.
页数	2

续表

编号	B45
标题	A Synthetic DNA Transplant
期刊	Nat Biotechnol
年度／卷期／页码	2010，28（7）：687–689
作者	Mitsuhiro Itaya
DOI 号	DOI：10.1038/nbt0710–687.
页数	3
编号	B46
标题	Genome Remodeling
期刊	Nat Biotechnol
年度／卷期／页码	2011，29（9）：807–808
作者	Yizhi Cai，Jef D. Boeke
DOI 号	DOI：10.1038/nbt.1964.
页数	2
编号	B47
标题	European Discussion Forum on Transgenic Tree Biosafety
期刊	Nat Biotechnol
年度／卷期／页码	2012，30（1）：37–38
作者	Matthias Fladung，Illimar Altosaar，Detlef Bartsch，Marie Baucher，Fabio Boscaleri，Fernando Gallardo，Hely Häggman，Hans Hoenicka，Kaare Nielsen，Donatella Paffetti，Armand Séguin，Guenther Stotzky，Cristina Vettori
DOI 号	DOI：10.1038/nbt.2078.
页数	2
编号	B48
标题	MicroRNA-based Strategy to Mitigate the Risk of Gain-Of-Function Influenza Studies
期刊	Nat Biotechnol
年度／卷期／页码	2013，31（9）：844–847

续表

作者	Ryan A. Langlois, Randy A. Albrecht, Brian Kimble, Troy Sutton, Jillian S. Shapiro, Courtney Finch, Matthew Angel, Mark A. Chua, Ana Silvia Gonzalez-Reiche, Kemin Xu, Daniel Perez, Adolfo García-Sastre, Benjamin R. tenOever
机构	Department of Microbiology, Icahn School of Medicine at Mount Sinai, NY, USA
DOI 号	DOI：10.1038/nbt.2666.
页数	4
编号	B49
标题	**The Morality and Ethics Governing CRISPR-Cas9 Patents in China**
期刊	Nat Biotechnol
年度 / 卷期 / 页码	2016，34（6）：616–618
作者	Yaojin PENG
机构	Institute for Globalization and International Regulation, Maastricht University, Maastricht, the Netherlands
DOI 号	DOI：10.1038/nbt.3590.
页数	3
编号	B50
标题	**The Minimal Genome Comes of Age**
期刊	Nat Biotechnol
年度 / 卷期 / 页码	2016，34（6）：623–624
作者	Claudia E. Vickers
机构	Australian Institute for Bioengineering and Nanotechnology, The University of Queensland, Brisbane, Australia
DOI 号	DOI：10.1038/nbt.3593.
页数	2
编号	B51

Nature 其他子刊

标题	New Bioterrorism Institute Enters Burgeoning Field
期刊	Nat Med
年度／卷期／页码	2000，6（12）：1304
作者	Alan Dove
DOI 号	DOI：10.1038/82093.
页数	1
编号	C1
标题	Is Investment in Bioterrorism Research Warranted
期刊	Nat Med
年度／卷期／页码	2001，7（1）：9
作者	Alan Dove
DOI 号	DOI：10.1038/83424.
页数	1
编号	C2
标题	Bioterrorism Threat Becomes Reality
期刊	Nat Med
年度／卷期／页码	2001，7（11）：1167
作者	Tinker Ready
DOI 号	DOI：10.1038/nm1101–1167a.
页数	1
编号	C3
标题	Bioterrorism：A Clear and Present Danger
期刊	Nat Med
年度／卷期／页码	2001，7（12）：1271–1273
作者	H. Clifford Lane，John La Montagne，Anthony S. Fauci
机构	National Institute of Allergy and Infectious Diseases National Institutes of Health Bethesda，MD，USA
DOI 号	DOI：10.1038/nm1201–1271.
页数	3

续表

编号	C4
标题	Kass to Lead ES Bioethics Panel
期刊	Nat Med
年度 / 卷期 / 页码	2001，7（9）：982
作者	Marlene Cimons
DOI 号	DOI：10.1038/nm0901–982a.
页数	1
编号	C5
标题	Plans to Step Up Bioterrorism Research Via the NIH
期刊	Nat Med
年度 / 卷期 / 页码	2002，8（1）：6
作者	Marlene Cimons
DOI 号	DOI：10.1038/nm0102–6a.
页数	1
编号	C6
标题	Bioterrorism Becomes One of the Hottest US Research Fields
期刊	Nat Med
年度 / 卷期 / 页码	2002，8（3）：197
作者	Alan Dove
DOI 号	DOI：10.1038/nm0302–197a.
页数	1
编号	C7
标题	Confusion Over Leadership of US Bioterrorism Research
期刊	Nat Med
年度 / 卷期 / 页码	2002，8（8）：770–771
作者	Alan Dove
DOI 号	DOI：10.1038/nm0802–770c.
页数	2
编号	C8

续表

标题	Editors'Statement on Considerations of Biodefence and Biosecurity
期刊	Nat Med
年度／卷期／页码	2003，9（3）：240
DOI 号	DOI：10.1038/nm0303-240.
页数	1
编号	C9
标题	Backyard Biodefense Rouses Extreme Reactions
期刊	Nat Med
年度／卷期／页码	2003，9（7）：805
作者	Bruce Diamond
DOI 号	DOI：10.1038/nm0703-805.
页数	1
编号	C10
标题	Advances in Detecting and Responding to Threats from Bioterrorism and Emerging Infectious Disease
期刊	Nat Med
年度／卷期／页码	2004，10（S12）：S130-S136
作者	Lisa D. Rotz，James M. Hughess
机构	National Center for Infectious Diseases，Centers for Disease Control and Prevention，Atlanta，GA，USA
DOI 号	DOI：10.1038/nm1152.
页数	7
编号	C11
标题	Spanish Flu Papers Put Spotlight on 'Dual Use' Decisions
期刊	Nat Med
年度／卷期／页码	2005，11（11）：1130
作者	Andreas von Bubnoff
DOI 号	DOI：10.1038/nm1105-1130b.
页数	1
编号	C12

续表

标题	Extinct 1918 Virus Comes Alive
期刊	Nat Med
年度 / 卷期 / 页码	2005，11（11）：1154–1156
作者	Robert A. Lamb，David Jackson
DOI 号	DOI：10.1038/nm1105–1154.
页数	3
编号	C13
标题	Lack of Training in Biodefense Research Leading to Dangerous Leaks
期刊	Nat Med
年度 / 卷期 / 页码	2007，13（9）：1004
作者	Cassandra Willyard
DOI 号	DOI：10.1038/nm0907–1004.
页数	1
编号	C14
标题	Bioterror Experts Split on Recommendations for ‘Dual Use’ Research
期刊	Nat Med
年度 / 卷期 / 页码	2008，14（9）：893
作者	Charlotte Schubert
DOI 号	DOI：10.1038/nm0908–893.
页数	1
编号	C15
标题	Dismissal of Bioethics Council Leads to Speculation About Its Future
期刊	Nat Med
年度 / 卷期 / 页码	2009，15（8）：824
作者	Vicki Brower
DOI 号	DOI：10.1038/nm0809–824a.
页数	1
编号	C16
标题	Stem Cells Serve as New Platform for Biodefense Preparedness
期刊	Nat Med

续表

年度／卷期／页码	2010，16（8）：835
作者	Mike May
DOI 号	DOI：10.1038/nm0810-835.
页数	1
编号	C17
标题	Take Russia to ‘Task’ on Bioweapons Transparency
期刊	Nat Med
年度／卷期／页码	2012，18（6）：850
作者	Raymond A. Zilinskas
机构	Chemical and Biological Weapons Nonproliferation Program at the Monterey Institute of International Studies in Monterey，CA，USA
DOI 号	DOI：10.1038/nm0612-850.
页数	1
编号	C18
标题	Molecular Breeding of Viruses
期刊	Nat Genet
年度／卷期／页码	2000，25（4）：436-439
作者	Nay-Wei Soong，Laurel Nomura，Katja Pekrun，Margaret Reed，Liana Sheppard，Glenn Dawes，Willem P. C. Stemmer
机构	Maxygen Inc.，Redwood City，CA，USA
DOI 号	DOI：10.1038/78132.
页数	4
编号	D1
标题	Genomics and Future Biological Weapons：The Need for Preventive Action by the Biomedical Community
期刊	Nat Genet
年度／卷期／页码	2001，29（3）：253-256.
作者	Clarie M. Fraser，Malcolm R. Dando
机构	The Institute for Genomic Research，Rockville，Maryland，USA；Department of Peace Studies，University of Bradford，UK
DOI 号	DOI：10.1038/ng763.

续表

页数	4
编号	D2
标题	Biosecurity with ‘Bio-Sense’
期刊	Nat Immunol
年度／卷期／页码	2004，5（12）：1191
DOI 号	DOI：10.1038/ni1204-1191.
页数	1
编号	D3
标题	Paralyzing the Two-Faced BOTOX
期刊	Nat Rev Drug Discov
年度／卷期／页码	2003，2（11）：859
作者	Melanie Brazil
DOI 号	DOI：10.1038/nrd1233.
页数	1
编号	D4
标题	Large-scale Manufacture of Peptide Therapeutics by Chemical Synthesis
期刊	Nat Rev Drug Discov
年度／卷期／页码	2003，2（7）：587–593
作者	Brian L. Bray
机构	Trimeris，Inc.，Durham，NC，USA
DOI 号	DOI：10.1038/nrd1133.
页数	7
编号	D5
标题	Bioterrorism and the Right to Research
期刊	Nat Rev Genet
年度／卷期／页码	2003，4（4）：248
作者	John A. Robertson
机构	University of Texas School of Law，USA
DOI 号	DOI：10.1038/nrg1048.
页数	1

续表

编号	D6
标题	A Genomics-Based Approach to Biodefence Preparedness
期刊	Nat Rev Genet
年度／卷期／页码	2004，5（1）：23–33
作者	Claire M. Fraser
机构	The Institute for Genomic Research，Rockville，MD，USA
DOI 号	DOI：10.1038/nrg1245.
页数	11
编号	D7
标题	Human Genetic Susceptibility to Infectious Disease
期刊	Nat Rev Genet
年度／卷期／页码	2012，13（3）：175–188
作者	Stephen J. Chapman，Adrian V. S. Hill
机构	Wellcome Trust Centre for Human Genetics，University of Oxford，Oxford，UK
DOI 号	DOI：10.1038/nrg3114.
页数	14
编号	D8
标题	Sex Differences in Immune Responses
期刊	Nat Rev Immunol
年度／卷期／页码	2016，16（10）：626–638
作者	Sabra L. Klein，Katie L. Flanagan
机构	Departments of Molecular Microbiology and Immunology，and Biochemistry and Molecular Biology，The Johns Hopkins Bloomberg School of Public Health，Baltimore，MD，USA；Department of Immunology and Pathology，Monash University，Melbourne，Victoria，Australia
DOI 号	DOI：10.1038/nri.2016.90.
页数	13
编号	D9
标题	Bioterrorism and Biodefence Research：Changing the Focus of Microbiology
期刊	Nat Rev Microbiol

续表

年度／卷期／页码	2003，1（1）：70–74
作者	Ronald M. Atlas
机构	Center for the Deterrence of Biowarfare and Bioterrorism，University of Louisville，Graduate School，Louisville，KY，USA
DOI 号	DOI：10.1038/nrmicro728.
页数	5
编号	D10
标题	**Semi-synthetic Artemisinin：A Model for the Use of Synthetic Biology in Pharmaceutical Development**
期刊	Nat Rev Microbiol
年度／卷期／页码	2014，12（5）：355–367
作者	Chris J. Paddon，Jay D. Keasling
机构	Amyris，Inc.，Emeryville，CA，USA；Department of Chemical and Biomolecular Engineering，University of California，Berkeley，CA，USA；Department of Bioengineering，University of California，Berkeley，CA，USA；Physical Biosciences Division，Lawrence Berkeley National Laboratory，Berkeley，CA，USA；Joint BioEnergy Institute，Emeryville，CA，USA
DOI 号	DOI：10.1038/nrmicro3240.
页数	13
编号	D11
标题	**Gain-of-function Experiments：Time for a Real Debate**
期刊	Nat Rev Microbiol
年度／卷期／页码	2015，13（1）：58–64
作者	W. Paul Duprex，Ron A. M. Fouchier，Michael J. Imperiale，Marc Lipsitch，David A. Relman
机构	Boston University School of Medicine and the National Emerging Infectious Diseases Laboratories（NEIDL），Boston，MA，USA；Department of Viroscience of Erasmus MC Rotterdam，The Netherlands；University of Michigan，Ann Arbor，Michigan，USA；Center for Communicable Disease Dynamics，Department of Epidemiology and Department of Immunology and Infectious Diseases，Harvard School of Public Health，Boston，MA，USA；Departments of Medicine，and of Microbiology and Immunology，and the Center for International Security and Cooperation at Stanford University，CA，USA

续表

DOI 号	DOI：10.1038/nrmicro3405.
页数	7
编号	D12
标题	Protein Engineering 20 Years on
期刊	Nat Rev Mol Cell Biol
年度 / 卷期 / 页码	2002，3（12）：964–970
作者	James A. Brannigan，Anthony J. Wilkinson
机构	Structural Biology Laboratory，Department of Chemistry，University of York，York，UK
DOI 号	DOI：10.1038/nrm975.
页数	7
编号	D13

Science

标题	U.K. Panel Weighs Tissue Ownership
期刊	Science
年度 / 卷期 / 页码	1995，268（5210）：492
作者	Clarie O’ Brien
DOI 号	DOI：10.1126/science.7725088.
页数	1
编号	E1
标题	Panel Approves Gene Trial for ‘Normals’
期刊	Science
年度 / 卷期 / 页码	1997，275（5306）：1561
作者	Eliot Marshall
DOI 号	DOI：10.1126/science.275.5306.1561.
页数	1
编号	E2

续表

标题	Panel Weighs a Law Against Cloning
期刊	Science
年度／卷期／页码	1997，276（5316）：1185–1186
作者	Eliot Marshall
DOI 号	DOI：10.1126/science.276.5316.1185.
页数	2
编号	E3
标题	First Dolly，Now Headless Tadpoles
期刊	Science
年度／卷期／页码	1997，278（5339）：798
作者	Oliver Morton，Nigel Williams
DOI 号	DOI：10.1126/science.278.5339.798.
页数	1
编号	E4
标题	Panel Pulls Back Report after NIH Critique
期刊	Science
年度／卷期／页码	1998，282（5390）：857，859
作者	Eliot Marshall
DOI 号	DOI：10.1126/science.282.5390.857.
页数	2
编号	E5
标题	Strengthening the Biological Weapons Convention
期刊	Science
年度／卷期／页码	1998，282（5393）：1423
作者	Thomas P. Monath，Lance K. Gordon
机构	OraVax Incorporated，Cambridge，MA，USA
DOI 号	DOI：10.1126/science.282.5393.1423.
页数	1
编号	E6

续表

标题	NIMH to Screen Studies for Science and Human Risks
期刊	Science
年度／卷期／页码	1999，283（5401）：464–465
作者	Eliot Marshall
DOI 号	DOI：10.1126/science.283.5401.464.
页数	2
编号	E7
标题	The Looming Threat of Bioterrorism
期刊	Science
年度／卷期／页码	1999，283（5406）：1279–1282
作者	Donald A. Henderson
机构	Johns Hopkins Center for Civilian Biodefense Studies，Johns Hopkins School of Public Health，Candler Building，Baltimore，MD，USA
DOI 号	DOI：10.1126/science.283.5406.1279.
页数	4
编号	E8
标题	Biological Warfare
期刊	Science
年度／卷期／页码	1999，286（5445）：1677
作者	Philip H. Abelson
DOI 号	DOI：10.1126/science.286.5445.1677.
页数	1
编号	E9
标题	The Boom in Biosafety Labs
期刊	Science
年度／卷期／页码	2000，288（5470）：1320–1322
作者	Martin Enserink
DOI 号	DOI：10.1126/science.288.5470.1320.
页数	3
编号	E10

续表

标题	DOD Retreats on Plan for Anthrax Vaccine
期刊	Science
年度／卷期／页码	2000，289（5478）：382–383
作者	Eliot Marshall
DOI 号	DOI：10.1126/science.289.5478.382.
页数	2
编号	E11
标题	Helsinki's New Clinical Rules：Fewer Placebos，More Disclosure
期刊	Science
年度／卷期／页码	2000，290（5491）：418–419
作者	Martin Enserink
DOI 号	DOI：10.1126/science.290.5491.418.
页数	2
编号	E12
标题	India.New Guidelines Promise Stronger Bioethics
期刊	Science
年度／卷期／页码	2000，290（5493）：919
作者	Pallava Bagla
DOI 号	DOI：10.1126/science.290.5493.919.
页数	1
编号	E13
标题	Engineered Mouse Virus Spurs Bioweapon Fears
期刊	Science
年度／卷期／页码	2001，291（5504）：585
作者	Elizabeth Finkel
DOI 号	DOI：10.1126/science.291.5504.585.
页数	1
编号	E14

续表

标题	Bioethics Panel Urges Broader Oversight
期刊	Science
年度 / 卷期 / 页码	2001，292（5521）：1466–1467
作者	Eliot Marshall
DOI 号	DOI：10.1126/science.292.5521.1466.
页数	2
编号	E15
标题	Down to the Wire on Bioweapons Talks
期刊	Science
年度 / 卷期 / 页码	2001，293（5529）：414–416
作者	Richard Stone
DOI 号	DOI：10.1126/science.293.5529.414.
页数	3
编号	E16
标题	New Chair of Bioethics Panel Wants National Debate on Issues
期刊	Science
年度 / 卷期 / 页码	2001，293（5533）：1243
作者	Eliot Marshall
DOI 号	DOI：10.1126/science.293.5533.1243.
页数	1
编号	E17
标题	This Time It Was Real：Knowledge of Anthrax Put to the Test
期刊	Science
年度 / 卷期 / 页码	2001，294（5542）：490–491
作者	Martin Enserink
DOI 号	DOI：10.1126/science.294.5542.490.
页数	2
编号	E18

续表

标题	Vaccines for Biodefense：A System in Distress
期刊	Science
年度／卷期／页码	2001，294（5542）：498–501
作者	Jon Cohen，Eliot Marshall
DOI 号	DOI：10.1126/science.294.5542.498.
页数	4
编号	E19
标题	Researchers Question Obsession with Cipro
期刊	Science
年度／卷期／页码	2001，294（5543）：759–761
作者	Martin Enserink
DOI 号	DOI：10.1126/science.294.5543.759.
页数	3
编号	E20
标题	New Law May Force Labs to Screen Workers
期刊	Science
年度／卷期／页码	2001，294（5544）：971，973
作者	David Malakoff，Marin Enserink
DOI 号	DOI：10.1126/science.294.5544.971.
页数	2
编号	E21
标题	Smallpox Vaccinations：How Much Protection Remains？
期刊	Science
年度／卷期／页码	2001，294（5544）：985
作者	Jon Cohen
DOI 号	DOI：10.1126/science.294.5544.985.
页数	1
编号	E22

续表

标题	U.S. Enlists Researchers as Fight Widens Against Bioterrorism
期刊	Science
年度／卷期／页码	2001，294（5545）：1254–1255
作者	Eliot Marshall
DOI 号	DOI：10.1126/science.294.5545.1254.
页数	2
编号	E23
标题	Biodefense Hampered by Inadequate Tests
期刊	Science
年度／卷期／页码	2001，294（5545）：1266–1267
作者	Martin Enserink
DOI 号	DOI：10.1126/science.294.5545.1266.
页数	2
编号	E24
标题	Cloning Announcement Sparks Debate and Scientific Skepticism
期刊	Science
年度／卷期／页码	2001，294（5548）：1802–1803
作者	Eliot Marshall，Gretchen Vogel
DOI 号	DOI：10.1126/science.294.5548.1802.
页数	2
编号	E25
标题	Human Cloning. Report Backs Ban；Ethics Panel Debuts
期刊	Science
年度／卷期／页码	2002，295（5555）：601–602
作者	Constance Holden，Jocelyn Kaiser
DOI 号	DOI：10.1126/science.295.5555.601a.
页数	2
编号	E26

续表

标题	2003 Budget：Bioterrorism Drives Record NIH Request
期刊	Science
年度 / 卷期 / 页码	2002，295（5556）：785
作者	Jocelyn Kaiser
DOI 号	DOI：10.1126/science.295.5556.785.
页数	1
编号	E27
标题	New Test Could Speed Bioweapon Detection
期刊	Science
年度 / 卷期 / 页码	2002，295（5559）：1447
作者	Robert F. Service
DOI 号	DOI：10.1126/science.295.5559.1447.
页数	1
编号	E28
标题	The NIH Budget in the "Postdoubling" Era
期刊	Science
年度 / 卷期 / 页码	2002，296（5572）：1401–1402
作者	David Korn，Robert R. Rich，Howard H. Garrison，Sidney H. Golub，Mary J. C. Hendrix，Stephen J. Heinig，Bettie Sue Masters，Richard J. Turman
机构	Biomedical and Health Sciences Research，Washington DC，USA；Science Policy Committee，Federation of American Societies for Experimental Biology，Bethesda，MD，USA；Association of American Universities，Washington DC，USA
DOI 号	DOI：10.1126/science.1072486.
页数	2
编号	E29
标题	How Devastating Would a Smallpox Attack Really Be？
期刊	Science
年度 / 卷期 / 页码	2002，296（5573）：1592–1594

续表

作者	Martin Enserink
DOI 号	DOI：10.1126/science.296.5573.1592.
页数	3
编号	E30
标题	Fort Detrick. On Biowarfare’s Frontline
期刊	Science
年度／卷期／页码	2002，296（5575）：1954–1956
作者	Martin Enserink
DOI 号	DOI：10.1126/science.296.5575.1954.
页数	3
编号	E31
标题	Did Bioweapons Test Cause a Deadly Smallpox Outbreak？
期刊	Science
年度／卷期／页码	2002，296（5576）：2116–2117
作者	Martin Enserink
DOI 号	DOI：10.1126/science.296.5576.2116.
页数	2
编号	E32
标题	A Call for Restraint on Biological Data
期刊	Science
年度／卷期／页码	2002，297（5582）：749–751
作者	Jennifer Couzin
DOI 号	DOI：10.1126/science.297.5582.749.
页数	3
编号	E33
标题	Chemical Synthesis of Poliovirus cDNA：Generation of Infectious Virus in the Absence of Natural Template
期刊	Science
年度／卷期／页码	2002，297（5583）：1016–1018

续表

作者	Jeronimo Cello，Aniko V. Paul，Eckard Wimmer
机构	Department of Molecular Genetics and Microbiology，School of Medicine，State University of New York at Stony Brook，Stony Brook，NY，USA
DOI 号	DOI：10.1126/science.1072266.
页数	3
编号	E34
标题	Peering into the Shadows：Iraq's Bioweapons Program
期刊	Science
年度 / 卷期 / 页码	2002，297（5584）：1110–1112
作者	Richard Stone
DOI 号	DOI：10.1126/science.297.5584.1110.
页数	3
编号	E35
标题	Janet Shoemaker，Shaping the Politics of Bioterrorism
期刊	Science
年度 / 卷期 / 页码	2002，297（5587）：1632
作者	David Malakoff
DOI 号	DOI：10.1126/science.297.5587.1632.
页数	1
编号	E36
标题	NIH Grantees：Where Have All the Young Ones Gone？
期刊	Science
年度 / 卷期 / 页码	2002，298（5591）：40–41
作者	Erica Goldman，Eliot Marshall
DOI 号	DOI：10.1126/science.298.5591.40.
页数	2
编号	E37
标题	National Security and the Biological Research Community
期刊	Science

续表

年度 / 卷期 / 页码	2002，298（5594）：753–754
作者	Ronald M. Atlas
机构	Center for Deterrence of Biowarfare and Bioterrorism，University of Louisville，Louisville，KY，USA
DOI 号	DOI：10.1126/science.1078329.
页数	3
编号	E38
标题	**Bioterrorism：The Calm after the Storm**
期刊	Science
年度 / 卷期 / 页码	2002，298（5602）：2300
作者	Martin Enserink
DOI 号	DOI：10.1126/science.298.5602.2300.
页数	1
编号	E39
标题	**New Look at Old Data Irks Smallpox-Eradication Experts**
期刊	Science
年度 / 卷期 / 页码	2003，299（5604）：181
作者	Martin Enserink
DOI 号	DOI：10.1126/science.299.5604.181.
页数	1
编号	E40
标题	**Biosafety Labs. The Architect behind the New Fortresses of Science**
期刊	Science
年度 / 卷期 / 页码	2003，299（5608）：812–813，815
作者	Martin Enserink
DOI 号	DOI：10.1126/science.299.5608.812.
页数	3
编号	E41

续表

标题	Biosafety Labs. Space Suits with That ‘Je Ne Sais Quoi’
期刊	Science
年度／卷期／页码	2003，299（5608）：813
作者	Martin Enserink
DOI 号	DOI：10.1126/science.299.5608.813.
页数	1
编号	E42
标题	Biosafety Labs. The War on Bioterror Moves West
期刊	Science
年度／卷期／页码	2003，299（5608）：814
作者	Martin Enserink
DOI 号	DOI：10.1126/science.299.5608.814.
页数	1
编号	E43
标题	Security Rules Leave Labs Wanting More Guidance
期刊	Science
年度／卷期／页码	2003，299（5610）：1175
作者	David Malakoff
DOI 号	DOI：10.1126/science.299.5610.1175.
页数	1
编号	E44
标题	Anthrax. From Bioweapons Backwater to Main Attraction
期刊	Science
年度／卷期／页码	2003，300（5618）：414–415
作者	John Bohannon
DOI 号	DOI：10.1126/science.300.5618.414.
页数	2
编号	E45
标题	Bioterrorism Defense Priorities
期刊	Science

续表

年度／卷期／页码	2003，301（5629）：17
作者	Thomas May，Ross Silverman
DOI 号	DOI：10.1126/science.301.5629.17.
页数	1
编号	E46
标题	**Bioweapons. British Expert Leaves Impressive Arms Control Legacy**
期刊	Science
年度／卷期／页码	2003，301（5632）：445–446
作者	Richard Stone
DOI 号	DOI：10.1126/science.301.5632.445.
页数	2
编号	E47
标题	**Biomedical Research. A Low-Stress Scheme for Overhauling NIH's Structure**
期刊	Science
年度／卷期／页码	2003，301（5633）：574–575
作者	Jocelyn Kaiser
DOI 号	DOI：10.1126/science.301.5633.574.
页数	2
编号	E48
标题	**Thomas Monath Profile. Riding the Biodefense Wave**
期刊	Science
年度／卷期／页码	2003，301（5635）：912–913
作者	Martin Enserink
DOI 号	DOI：10.1126/science.301.5635.912.
页数	2
编号	E49
标题	**U.S. Biodefense Boom：Eight New Study Centers**
期刊	Science
年度／卷期／页码	2003，301（5639）：1450–1451

续表

作者	David Malakoff
DOI 号	DOI：10.1126/science.301.5639.1450a.
页数	2
编号	E50
标题	Building Microbial Forensics as a Response to Bioterrorism
期刊	Science
年度 / 卷期 / 页码	2003，301（5641）：1852–1853
作者	Bruce Budowle，Steven E. Schutzer，Anja Einseln，Lynda C. Kelley，Anne C. Walsh，Jenifer A. L. Smith，Babetta L. Marrone，James Robertson，Joseph Campos
机构	Federal Bureau of Investigation，Laboratory Division，Quantico，VA，USA；University of Medicine and Dentistry of New Jersey–New Jersey Medical School，Department of Medicine，Newark，NJ，USA；Russell Research Center，U.S. Department of Agriculture，Athens，GA，USA；Wadsworth Center，New York State Department of Health，Albany，NY，USA；Los Alamos National Laboratory，Los Alamos，NM，USA；Department of Laboratory Medicine，Children's National Medical Center，Washington，D.C，USA
DOI 号	DOI：10.1126/science.1090083.
页数	2
编号	E51
标题	Biodefense. Researchers Await Government Response to Self-Regulation Plea
期刊	Science
年度 / 卷期 / 页码	2003，302（5644）：368–369
作者	David Malakoff，Martin Enserink
DOI 号	DOI：10.1126/science.302.5644.368.
页数	2
编号	E52
标题	Bioweapons. Plague Researcher Recants Account About Fate of Vials
期刊	Science

续表

年度／卷期／页码	2003，302（5645）：543
作者	David Malakoff
DOI 号	DOI：10.1126/science.302.5645.543.
页数	1
编号	E53
标题	Facing a Security Deadline，Labs Get a ‘Provisional’ Pass
期刊	Science
年度／卷期／页码	2003，302（5647）：962–963
作者	Martin Enserink
DOI 号	DOI：10.1126/science.302.5647.962a.
页数	2
编号	E54
标题	Anthrax Powder：State of the Art？
期刊	Science
年度／卷期／页码	2003，302（5650）：1492–1496
作者	Gary Matsumoto
DOI 号	DOI：10.1126/science.302.5650.1492.
页数	5
编号	E55
标题	Butler Cleared on Most Biosecurity Charges，Convicted of Fraud
期刊	Science
年度／卷期／页码	2003，302（5651）：1637
作者	David Malakoff，Martin Enserink
DOI 号	DOI：10.1126/science.302.5651.1637.
页数	1
编号	E56
标题	Is Biomedical Research Too Dangerous to Pursue？
期刊	Science
年度／卷期／页码	2004，303（5661）：1142

续表

作者	Arthur Caplan
机构	Department of Medical Ethics and Center for Bioethics，University of Pennsylvania，Philadelphia，PA，USA
DOI 号	DOI：10.1126/science.1095698.
页数	1
编号	E57
标题	**Researchers Blast U.S. Bioethics Panel Shuffle**
期刊	Science
年度 / 卷期 / 页码	2004，303（5663）：1447
作者	Constance Holden
DOI 号	DOI：10.1126/science.303.5663.1447.
页数	1
编号	E58
标题	**U.S. Agencies Unveil Plan for Biosecurity Peer Review**
期刊	Science
年度 / 卷期 / 页码	2004，303（5664）：1595
作者	Jennifer Couzin
DOI 号	DOI：10.1126/science.303.5664.1595a.
页数	1
编号	E59
标题	**Boston Weighs a Ban on Biodefense Studies**
期刊	Science
年度 / 卷期 / 页码	2004，304（5671）：665
作者	Andrew Lawler
DOI 号	DOI：10.1126/science.304.5671.665.
页数	1
编号	E60
标题	**Biosecurity and Research：Minimizing Adverse Impacts**
期刊	Science

续表

年度／卷期／页码	2004，304（5671）：687
作者	Jennifer Gaudioso，Reynolds M. Salerno
机构	Sandia National Laboratories，Albuquerque，NM，USA
DOI 号	DOI：10.1126/science.1096911.
页数	1
编号	E61
标题	Accidental Anthrax Shipment Spurs Debate Over Safety
期刊	Science
年度／卷期／页码	2004，304（5678）：1726–1727
作者	Martin Enserink，Jocelyn Kaiser
DOI 号	DOI：10.1126/science.304.5678.1726a.
页数	2
编号	E62
标题	Edward Hammond Profile. Activist Throws a Bright Light on Institutes' Biosafety Panels
期刊	Science
年度／卷期／页码	2004，305（5685）：768–769
作者	Martin Enserink
DOI 号	DOI：10.1126/science.305.5685.768.
页数	2
编号	E63
标题	Biosecurity. Up in the Air
期刊	Science
年度／卷期／页码	2004，305（5688）：1228–1229
作者	Kathryn Brown
DOI 号	DOI：10.1126/science.305.5688.1228.
页数	2
编号	E64
标题	Biosecurity Goes Global
期刊	Science

续表

年度 / 卷期 / 页码	2004，305（5691）：1706
作者	David Malakoff
DOI 号	DOI：10.1126/science.305.5691.1706.
页数	1
编号	E65
标题	**Stem Cell Researchers Mull Ideas for Self-Regulation**
期刊	Science
年度 / 卷期 / 页码	2004，306（5696）：586–587
作者	Constance Holden
DOI 号	DOI：10.1126/science.306.5696.586.
页数	2
编号	E66
标题	**Butler Appeals Conviction，Risking Longer Sentence**
期刊	Science
年度 / 卷期 / 页码	2004，306（5696）：590
作者	David Malakoff
DOI 号	DOI：10.1126/science.306.5696.590a.
页数	1
编号	E67
标题	**1918 Flu Experiments Spark Concerns About Biosafety**
期刊	Science
年度 / 卷期 / 页码	2004，306（5696）：591
作者	Jocelyn Kaiser
DOI 号	DOI：10.1126/science.306.5696.591a.
页数	1
编号	E68
标题	**Has Biodefense Gone Overboard？**
期刊	Science
年度 / 卷期 / 页码	2005，307（5714）：1396–1398

续表

作者	Martin Enserink，Jocelyn Kaiser
DOI 号	DOI：10.1126/science.307.5714.1396.
页数	3
编号	E69
标题	**A Weapon to Counter Bioterrorism**
期刊	Science
年度 / 卷期 / 页码	2005，307（5717）：1881–1882
作者	Margaret A. Somerville，Ronald M. Atlas
机构	McGill Centre for Medicine，Ethics and Law，McGill University，Montreal，Canada；Center of the Deterrence of Biowarfare and Bioterrorism at the University of Louisville，KY，USA
DOI 号	DOI：10.1126/science.1109279.
页数	2
编号	E70
标题	**U.K. Bioethics. Divided Committee Urges Less Restriction on Embryo Research**
期刊	Science
年度 / 卷期 / 页码	2005，308（5718）：30
作者	Mason Inman
DOI 号	DOI：10.1126/science.308.5718.30.
页数	1
编号	E71
标题	**Select Agents. Researchers Relieved by Final Biosecurity Rules**
期刊	Science
年度 / 卷期 / 页码	2005，308（5718）：31
作者	Jocelyn Kaiser
DOI 号	DOI：10.1126/science.308.5718.31a.
页数	1
编号	E72

续表

标题	Elias Zerhouni：Taking Stock
期刊	Science
年度／卷期／页码	2005，308（5727）：1398–1399
作者	Elias Zerhouni
DOI 号	DOI：10.1126/science.308.5727.1398.
页数	2
编号	E73
标题	Issues in Biosecurity and Biosafety
期刊	Science
年度／卷期／页码	2005，308（5730）：1867–1868
作者	Robert M. Cook-Deegan，Ruth Berkelman，E. Megan Davidson，Stuart Finder，Elizabeth Heitman，Maureen C. Kelley，Nancy M. P. King，Ray Moseley，James C. Thomas，Samuel J. Tilden，Nikki M. Vangsnes
DOI 号	DOI：10.1126/science.308.5730.1867c.
页数	2
编号	E74
标题	New Panel to Offer Guidance on Dual-Use Science
期刊	Science
年度／卷期／页码	2005，309（5732）：230
作者	Jocelyn Kaiser
DOI 号	DOI：10.1126/science.309.5732.230b.
页数	1
编号	E75
标题	Biodefense. U.S. University Backs Out of Biolab Bid
期刊	Science
年度／卷期／页码	2005，309（5735）：682
作者	Andrew Lawler
DOI 号	DOI：10.1126/science.309.5735.682b.
页数	1

续表

编号	E76
标题	NIH Funding Reform
期刊	Science
年度／卷期／页码	2005，309（5736）：851
作者	Jerome F. Strauss
DOI 号	DOI：10.1126/science.1111874.
页数	1
编号	E77
标题	Using Ethics to Fight Bioterrorism
期刊	Science
年度／卷期／页码	2005，309（5737）：1012–1017
作者	Mark S. Frankel
DOI 号	DOI：10.1126/science.309.5737.1012b.
页数	6
编号	E78
标题	Toward Inherently Secure and Resilient Societies
期刊	Science
年度／卷期／页码	2005，309（5737）：1034–1036
作者	Brad Allenby，Jonathan Fink
机构	Department of Civil and Environmental Engineering，Arizona State University，Tempe，AZ，USA
DOI 号	DOI：10.1126/science.1111534.
页数	3
编号	E79
标题	Bioethics. Final NIH Rules Ease Stock Limits
期刊	Science
年度／卷期／页码	2005，309（5740）：1469
作者	Jocelyn Kaiser
DOI 号	DOI：10.1126/science.309.5740.1469.
页数	1

续表

编号	E80
标题	**1918 Flu and Responsible Science**
期刊	Science
年度 / 卷期 / 页码	2005，310（5745）：17
作者	Phillip A. Sharp
DOI 号	DOI：10.1126/science.310.5745.17.
页数	1
编号	E81
标题	**Characterization of the Reconstructed 1918 Spanish Influenza Pandemic Virus**
期刊	Science
年度 / 卷期 / 页码	2005，310（5745）：77–80
作者	Terrence M. Tumpey，Christopher F. Basler，Patricia V. Aguilar，Hui Zeng，Alicia Solórzano，David E. Swayne，Nancy J. Cox，Jacqueline M. Katz，Jeffery K. Taubenberger，Peter Palese，Adolfo García-Sastre
机构	Influenza Branch，Mailstop G-16，Division of Viral and Rickettsial Diseases（DVRD），National Center for Infectious Diseases，Centers for Disease Control and Prevention，Atlanta，GA，USA；Department of Microbiology，Mount Sinai School of Medicine，NY，USA；Department of Molecular Pathology，Armed Forces Institute of Pathology，Rockville，MD，USA；Southeast Poultry Research Laboratory，Agricultural Research Laboratory（ARS），U.S. Department of Agriculture（USDA），Athens，GA，USA
DOI 号	DOI：10.1126/science.1119392.
页数	4
编号	E82
标题	**Biodefense. Critics Question Proposed Countermeasures Agency**
期刊	Science
年度 / 卷期 / 页码	2005，310（5749）：755
作者	Jocelyn Kaiser
DOI 号	DOI：10.1126/science.310.5749.755.
页数	1

续表

编号	E83
标题	Détente Declared on NIH Biodefense Funding
期刊	Science
年度／卷期／页码	2005，308（5724）：938
作者	Jocelyn Kaiser
DOI 号	DOI：10.1126/science.308.5724.938b.
页数	1
编号	E84
标题	Research Funding：Peer Review at NIH
期刊	Science
年度／卷期／页码	2006，311（5757）：41
作者	Toni Scarpa
机构	NIH's Center for Scientific Review，Bethesda，MD，USA
DOI 号	DOI：10.1126/science.1122796.
页数	1
编号	E85
标题	In Search of Biosecurity
期刊	Science
年度／卷期／页码	2006，311（5769）：1835
作者	David A. Relman，Eileen Choffnes，Stanley M. Lemon
DOI 号	DOI：10.1126/science.1127725.
页数	1
编号	E86
标题	Re-Aim Blame for NIH' s Hard Times
期刊	Science
年度／卷期／页码	2006，312（5773）：499
作者	J. Michael Bishop，Harold Varmus
DOI 号	DOI：10.1126/science.1128904.
页数	2

续表

编号	E87
标题	Synthetic Biologists Debate Policing Themselves
期刊	Science
年度／卷期／页码	2006，312（5777）：1116
作者	Robert F. Service
DOI 号	DOI：10.1126/science.312.5777.1116.
页数	1
编号	E88
标题	U.S. Bioethics. House Panel Finds Fault with How NIH Handles Tissue Samples
期刊	Science
年度／卷期／页码	2006，312（5781）：1733
作者	Jocelyn Kaiser
DOI 号	DOI：10.1126/science.312.5781.1733.
页数	1
编号	E89
标题	BioShield Is Slow to Build U.S. Defenses Against Bioweapons
期刊	Science
年度／卷期／页码	2006，313（5783）：28–29
作者	Jocelyn Kaiser
DOI 号	DOI：10.1126/science.313.5783.28.
页数	2
编号	E90
标题	U.S. Panel Calls for Extra Review of Dual-Use Research
期刊	Science
年度／卷期／页码	2006，313（5785）：284
作者	Yudhijit Bhattacharjee
DOI 号	DOI：10.1126/science.313.5785.284b.
页数	1

续表

编号	E91
标题	Biodefense. House Passes Plan for Drug，Vaccine R&D
期刊	Science
年度/卷期/页码	2006，314（5796）：39
作者	Jocelyn Kaiser
DOI 号	DOI：10.1126/science.314.5796.39b.
页数	1
编号	E92
标题	NIH in the Post-Doubling Era：Realities and Strategies
期刊	Science
年度/卷期/页码	2006，314（5802）：1088–1090
作者	Elias A. Zerhouni
机构	National Institutes of Health，Bethesda，MD，USA
DOI 号	DOI：10.1126/science.1136931.
页数	3
编号	E93
标题	Arms Control. Little Progress at Bioweapons Talks
期刊	Science
年度/卷期/页码	2006，314（5806）：1673
作者	Martin Enserink
DOI 号	DOI：10.1126/science.314.5806.1673.
页数	1
编号	E94
标题	Science and Security. Practical Experiences in Dual-Use Review
期刊	Science
年度/卷期/页码	2007，316（5830）：1432–1433
作者	E. Megan Davidson，Richard Frothingham，Robert Cook-Deegan

续表

机构	Duke University Medical Center, Durham, NC, USA; Duke Human Vaccine Institute, Duke University Medical Center, Durham, NC, USA; Institute for Genome Sciences and Policy, Duke University, Durham, NC, USA
DOI 号	DOI: 10.1126/science.1142873.
页数	2
编号	E95
标题	**Biosecurity. Rising Asian Threat Leaves Russia in the Lurch**
期刊	Science
年度 / 卷期 / 页码	2007, 317 (5838) : 581
作者	Yudhijit Bhattacharjee
DOI 号	DOI: 10.1126/science.317.5838.581.
页数	1
编号	E96
标题	**Biosecurity. U.K. Labs Suspected as Source of Foot-and-Mouth Outbreak**
期刊	Science
年度 / 卷期 / 页码	2007, 317 (5839) : 732
作者	Martin Enserink
DOI 号	DOI: 10.1126/science.317.5839.732.
页数	1
编号	E97
标题	**Reports Blame Animal Health Lab in Foot-and-Mouth Whodunit**
期刊	Science
年度 / 卷期 / 页码	2007, 317 (5844) : 1486
作者	Martin Enserink
DOI 号	DOI: 10.1126/science.317.5844.1486.
页数	1
编号	E98

续表

标题	Biodefense Research. Lapses in Biosafety Spark Concern
期刊	Science
年度／卷期／页码	2007，317（5844）：1487
作者	Jennifer Couzin
DOI 号	DOI：10.1126/science.317.5844.1487.
页数	1
编号	E99
标题	Accidents Spur a Closer Look at Risks at Biodefense Labs
期刊	Science
年度／卷期／页码	2007，317（5846）：1852–1854
作者	Jocelyn Kaiser
DOI 号	DOI：10.1126/science.317.5846.1852.
页数	3
编号	E100
标题	Lawmakers Worry That Lab Expansion Poses Risks
期刊	Science
年度／卷期／页码	2007，318（5848）：182
作者	Jocelyn Kaiser
DOI 号	DOI：10.1126/science.318.5848.182.
页数	1
编号	E101
标题	Bioterrorism. Panel Provides Peer Review of Intelligence Research
期刊	Science
年度／卷期／页码	2007，318（5856）：1538
作者	Yudhijit Bhattacharjee
DOI 号	DOI：10.1126/science.318.5856.1538.
页数	1
编号	E102

续表

标题	Biodefense Watchdog Project Folds，Leaving a Void
期刊	Science
年度 / 卷期 / 页码	2008，319（5865）：886
作者	Jocelyn Kaiser
DOI 号	DOI：10.1126/science.319.5865.886a.
页数	1
编号	E103
标题	Reconstruction of the Genomes
期刊	Science
年度 / 卷期 / 页码	2008，319（5867）：1196–1197
作者	Drew Endy
机构	Biological Engineering Department，Massachusetts Institute of Technology，Cambridgc，MA，USA
DOI 号	DOI：10.1126/science.1155749.
页数	2
编号	E104
标题	Complete Chemical Synthesis，Assembly，and Cloning of a Mycoplasma Genitalium Genome
期刊	Science
年度 / 卷期 / 页码	2008，319（5867）：1215–1220
作者	Daniel G. Gibson，Gwynedd A. Benders，Cynthia Andrews-Pfannkoch，Evgeniya A. Denisova，Holly Baden-Tillson，Jayshree Zaveri，Timothy B. Stockwell，Anushka Brownley，David W. Thomas，Mikkel A. Algire，Chuck Merryman，Lei Young，Vladimir N. Noskov，John I. Glass，J. Craig Venter，Clyde A. Hutchisonrd，Hamilton O. Smith
机构	J. Craig Venter Institute，Rockville，MD，USA
DOI 号	DOI：10.1126/science.1151721.
页数	6
编号	E105
标题	Senate Bill Would Alter Biosafety，Select Agent Rules
期刊	Science

续表

年度／卷期／页码	2008，320（5883）：1573
作者	Jocelyn Kaiser
DOI 号	DOI：10.1126/science.320.5883.1573.
页数	1
编号	E106
标题	**Scientists Seek Answers，Ponder Future after Anthrax Case Suicide**
期刊	Science
年度／卷期／页码	2008，321（5890）：754–755
作者	Martin Enserink，Yudhijit Bhattacharjee
DOI 号	DOI：10.1126/science.321.5890.754.
页数	2
编号	E107
标题	**Do We Need "Synthetic Bioethics"？**
期刊	Science
年度／卷期／页码	2008，321（5895）：1449
作者	Erik Parens，Josephine Johnston，Jacob Moses
机构	Hastings Center，Garrison，NY，USA
DOI 号	DOI：10.1126/science.1163821.
页数	1
编号	E108
标题	**Protecting Aggregate Genomic Data**
期刊	Science
年度／卷期／页码	2008，322（5898）：44
作者	Elias A. Zerhouni，Elizabeth G. Nabel
DOI 号	DOI：10.1126/science.1165490.
页数	1
编号	E109
标题	**Life Scientists Cautious About Dual-Use Research，Study Finds**
期刊	Science

续表

年度／卷期／页码	2009，323（5915）：699
作者	Yudhijit Bhattacharjee
DOI 号	DOI：10.1126/science.323.5915.699.
页数	1
编号	E110
标题	Army Halts Work at Lab After Finding Untracked Material
期刊	Science
年度／卷期／页码	2009，323（5916）：861
作者	Yudhijit Bhattacharjee
DOI 号	DOI：10.1126/science.323.5916.861.
页数	1
编号	E111
标题	Paul Keim on His Life with the FBI During the Anthrax Investigation
期刊	Science
年度／卷期／页码	2009，323（5920）：1416
作者	Paul Keim
DOI 号	DOI：10.1126/science.323.5920.1416.
页数	1
编号	E112
标题	Army Bans Pathogen Work at Lab After Security Lapse
期刊	Science
年度／卷期／页码	2009，324（5928）：707
作者	Yudhijit Bhattacharjee
DOI 号	DOI：10.1126/science.324_707.
页数	1
编号	E113
标题	Bioethics.Reflections from the Silver Screen
期刊	Science
年度／卷期／页码	2009，324（5930）：1018

续表

作者	Jeremy Sugarman
机构	Berman Institute of Bioethics and the Department of Medicine，Johns Hopkins University，Baltimore，MD，USA
DOI 号	DOI：10.1126/science.1172663.
页数	1
编号	E114
标题	**New Rules for Biosecurity**
期刊	Science
年度 / 卷期 / 页码	2009，324（5931）：1117
作者	Kavita M. Berger，Alan I. Leshner
DOI 号	DOI：10.1126/science.1176543.
页数	1
编号	E115
标题	**Discovery of Untracked Pathogen Vials at Army Lab Sparks Concerns**
期刊	Science
年度 / 卷期 / 页码	2009，324（5935）：1626
作者	Yudhijit Bhattacharjee
DOI 号	DOI：10.1126/science.324_1626.
页数	1
编号	E116
标题	**Antibiotics in Nature：Beyond Biological Warfare**
期刊	Science
年度 / 卷期 / 页码	2009，324（5935）：1637-1639
作者	Christine Mlot
DOI 号	DOI：10.1126/science.324_1637.
页数	3
编号	E117
标题	**Biosecurity. Faulty Risk Analysis Puts Biofacility Plan in Jeopardy**
期刊	Science
年度 / 卷期 / 页码	2009，325（5941）：661

续表

作者	Yudhijit Bhattacharjee
DOI 号	DOI：10.1126/science.325_661.
页数	1
编号	E118
标题	**Biosecurity. Lawmakers Signal Tougher Controls on Pathogen Research**
期刊	Science
年度 / 卷期 / 页码	2009，326（5949）：28–29
作者	Yudhijit Bhattacharjee
DOI 号	DOI：10.1126/science.326_28b.
页数	2
编号	E119
标题	**Educating Scientists about Dual Use**
期刊	Science
年度 / 卷期 / 页码	2009，326（5957）：1193
作者	Jennifer L. Sta Ana，Mark S. Frankel，Kavita M. Berger
机构	Program on Scientific Freedom，Responsibility，and Law，American Association for the Advancement of Science（AAAS），Washington，DC，USA；Center for Science，Technology，and Security Policy，AAAS，Washington，D.C，USA
DOI 号	DOI：10.1126/science.1176127.
页数	1
编号	E120
标题	**Anthrax Investigation. Silicon Mystery Endures in Solved Anthrax Case**
期刊	Science
年度 / 卷期 / 页码	2010，327（5972）：1435
作者	Yudhijit Bhattacharjee
DOI 号	DOI：10.1126/science.327.5972.1435.
页数	1

续表

编号	E121
标题	Obama Picks Pragmatists for New Bioethics Panel
期刊	Science
年度 / 卷期 / 页码	2010，328（5976）：291
作者	Constance Holden
DOI 号	DOI：10.1126/science.328.5976.291.
页数	1
编号	E122
标题	Synthetic Genome Brings New Life to Bacterium
期刊	Science
年度 / 卷期 / 页码	2010，328（5981）：958–959
作者	Elizabeth Pennisi
DOI 号	DOI：10.1126/science.328.5981.958.
页数	2
编号	E123
标题	Synthetic "Life"，Ethics，National Security，and Public Discourse
期刊	Science
年度 / 卷期 / 页码	2010，329（5987）：38–39
作者	Mildred K. Cho，David A. Relman
机构	Stanford University，Stanford，CA，USA；Veterans Affairs Palo Alto Health Care System，Palo Alto，CA，USA
DOI 号	DOI：10.1126/science.1193749.
页数	2
编号	E124
标题	Creation of a Bacterial Cell Controlled by a Chemically Synthesized Genome
期刊	Science
年度 / 卷期 / 页码	2010，329（5987）：52–56

续表

作者	Daniel G. Gibson，John I. Glass，Carole Lartigue，Vladimir N. Noskov，Ray-Yuan Chuang，Mikkel A. Algire，Gwynedd A. Benders，Michael G. Montague，Li Ma，Monzia M. Moodie，Chuck Merryman，Sanjay Vashee，Radha Krishnakumar，Nacyra Assad-Garcia，Cynthia Andrews-Pfannkoch，Evgeniya A. Denisova，Lei Young，Zhi-Qing Qi，Thomas H. Segall-Shapiro，Christopher H. Calvey，Prashanth P. Parmar，Clyde A. Hutchisonrd，Hamilton O. Smith，J. Craig Venter
机构	The J. Craig Venter Institute，9704 Medical Center Drive，Rockville，MD，USA；The J. Craig Venter Institute，San Diego，CA，USA
DOI 号	DOI：10.1126/science.1190719.
页数	5
编号	E125
标题	**U.S. Panel Weighs Guidelines for Synthetic Biology**
期刊	Science
年度／卷期／页码	2010，329（5989）：264–265
作者	Jocelyn Kaiser
DOI 号	DOI：10.1126/science.329.5989.264–b.
页数	2
编号	E126
标题	**New Biosecurity Rules to Target the Riskiest Pathogens**
期刊	Science
年度／卷期／页码	2010，329（5989）：264–265
作者	Yudhijit Bhattacharjee
DOI 号	DOI：10.1126/science.329.5989.264–a.
页数	2
编号	E127

续表

标题	Defining Select Agents by DNA Sequence
期刊	Science
年度／卷期／页码	2010，329（5992）：615
作者	Yudhijit Bhattacharjee
DOI 号	DOI：10.1126/science.329.5992.615.
页数	1
编号	E128
标题	Bioethics. Wrong Turns from Worst Worries
期刊	Science
年度／卷期／页码	2010，329（5999）：1601–1602
作者	Thomas May
机构	The reviewer is at the Center for the Study of Bioethics，Medical College of Wisconsin，Milwaukee，WI，USA
DOI 号	DOI：10.1126/science.1189753.
页数	2
编号	E129
标题	Bioethics. An Embarrassment of Riches
期刊	Science
年度／卷期／页码	2011，331（6016）：402–403
作者	Tim Lewens
机构	Univ Cambridge，Dept Hist & Philosophy Sci，Cambridge，England
DOI 号	DOI：10.1126/science.1198263.
页数	2
编号	E130
标题	Taking Stock of the Biodefense Boom
期刊	Science
年度／卷期／页码	2011，333（6047）：1214–1215

续表

作者	Jocelyn Kaiser
DOI 号	DOI：10.1126/science.333.6047.1214.
页数	2
编号	E131
标题	**Biosecurity and the Politics of Fear**
期刊	Science
年度／卷期／页码	2011，334（6053）：176–177
作者	Philip E. Hulme
DOI 号	DOI：10.1126/science.334.6053.176–c.
页数	2
编号	E132
标题	**Biosecurity. Will Flu Papers Lead to New Research Oversight？**
期刊	Science
年度／卷期／页码	2012，335（6064）：20，22
作者	Martin Enserink，David Malakoff
DOI 号	DOI：10.1126/science.335.6064.20.
页数	2
编号	E133
标题	**Adaptations of Avian Flu Virus Are a Cause for Concern**
期刊	Science
年度／卷期／页码	2012，335（6069）：660–661
作者	Kenneth I. Berns，Arturo Casadevall，Murray L. Cohen，Susan A. Ehrlich，Lynn W. Enquist，J. Patrick Fitch，David R. Franz，Claire M. Fraser-Liggett，Christine M. Grant，Michael J. Imperiale，Joseph Kanabrocki，Paul S. Keim，Stanley M. Lemon，Stuart B. Levy，John R. Lumpkin，Jeffery F. Miller，Randall Murch，Mark E. Nance，Michael T. Osterholm，David A. Relman，James A. Roth，Anne K. Vidaver

续表

机构	Genetics Institute, University of Florida, Gainesville, FL, USA; Albert Einstein School of Medicine, Bronx, NY, USA; Frontline Healthcare Workers Safety Foundation, Ltd., Atlanta, GA, USA; University of Texas Medical Branch, Galveston, TX, USA; Princeton University, Princeton, NJ, USA; Battelle National Biodefense Institute, LLC, Frederick, MD, USA; MRIGlobal, Frederick, MD, USA; University of Maryland School of Medicine, Baltimore, MD, USA; InfecDetect Rapid Diagnostic Tests, LLC, Princeton, NJ, USA; University of Michigan Medical School, Ann Arbor, MI, USA; University of Chicago, Chicago, IL, USA; Northern Arizona University, Flagstaff, AZ, and Translational Genomics Research Institute, Phoenix, AZ, USA; University of North Carolina School of Medicine, Chapel Hill, NC, USA; Tufts University School of Medicine, Boston, MA, USA; The Robert Wood Johnson Foundation, Princeton, NJ, USA; University of California—Los Angeles, Los Angeles, CA, USA; Virginia Polytechnic Institute and State University—Virginia Tech Resource Center, Arlington, VA, USA; GE Healthcare, Princeton, NJ, USA; University of Minnesota, Minneapolis, MN, USA; Stanford University School of Medicine, Stanford, CA, USA; Center for Food Security and Public Health, Iowa State University, Ames, IA, USA; University of Nebraska, Lincoln, NE, USA
DOI 号	DOI: 10.1126/science.1217994.
页数	2
编号	E134
标题	**Restricted Data on Influenza H5N1 Virus Transmission**
期刊	Science
年度 / 卷期 / 页码	2012, 335 (6069) : 662–663
作者	Ron A. M. Fouchier, Sander Herfst, Albert D. M. E. Osterhaus
机构	Department of Virology, Erasmus Medical Center, Rotterdam, The Netherlands
DOI 号	DOI: 10.1126/science.1218376.
页数	2
编号	E135

续表

标题	The Obligation to Prevent the Next Dual-Use Controversy
期刊	Science
年度 / 卷期 / 页码	2012，335（6070）：802–804
作者	Ruth R. Faden，Ruth A. Karron
机构	Johns Hopkins Berman Institute of Bioethics，Johns Hopkins University，Baltimore，MD，USA；Center for Immunization Research，Johns Hopkins Vaccine Initiative，Johns Hopkins Bloomberg School of Public Health，Baltimore，MD，USA
DOI 号	DOI：10.1126/science.1219668.
页数	3
编号	E136
标题	Kansas Veterinary Biosecurity Lab Trampled in Spending Plan
期刊	Science
年度 / 卷期 / 页码	2012，335（6071）：903
作者	David Malakoff
DOI 号	DOI：10.1126/science.335.6071.903.
页数	1
编号	E137
标题	Agencies to Start Screening Biomedical Proposals for Dual Use
期刊	Science
年度 / 卷期 / 页码	2012，336（6077）：21
作者	David Malakoff
DOI 号	DOI：10.1126/science.336.6077.21.
页数	1
编号	E138
标题	European Dual-Use Procedures
期刊	Science
年度 / 卷期 / 页码	2012，336（6086）：1231
作者	Johannes Rath

续表

DOI 号	DOI：10.1126/science.336.6086.1231–a.
页数	1
编号	E139
标题	**Public at Last，H5N1 Study Offers Insight Into Virus’s Possible Path to Pandemic**
期刊	Science
年度 / 卷期 / 页码	2012，336（6088）：1494–1497
作者	Martin Enserink
DOI 号	DOI：10.1126/science.336.6088.1494.
页数	4
编号	E140
标题	**Benefits and Risks of Influenza Research：Lessons Learned**
期刊	Science
年度 / 卷期 / 页码	2012，336（6088）：1522–1523
作者	Anthony S. Fauci，Francis S. Collins
机构	National Institutes of Health，Bethesda，MD，USA
DOI 号	DOI：10.1126/science.1224305.
页数	2
编号	E141
标题	**Regulating the Boundaries of Dual-Use Research**
期刊	Science
年度 / 卷期 / 页码	2012，336（6088）：1523–1525
作者	Mark S. Frankel
机构	Program on Scientific Responsibility，Human Rights and Law，American Association for the Advancement of Science，Washington，DC，USA
DOI 号	DOI：10.1126/science.1221285.
页数	3
编号	E142

续表

标题	Implementing the New U.S. Dual-Use Policy
期刊	Science
年度／卷期／页码	2012，336（6088）：1525–1527
作者	Carrie D. Wolinetz
机构	Association of American Universities，Washington，DC，USA
DOI 号	DOI：10.1126/science.1223995.
页数	3
编号	E143
标题	Securing Medical Research：A Cybersecurity Point of View
期刊	Science
年度／卷期／页码	2012，336（6088）：1527–1529
作者	Bruce Schneier
DOI 号	DOI：10.1126/science.1224321.
页数	3
编号	E144
标题	Airborne Transmission of Influenza A/H5N1 Virus Between Ferrets
期刊	Science
年度／卷期／页码	2012，336（6088）：1534–1541
作者	Sander Herfst，Eefje J. A. Schrauwen，Martin Linster，Salin Chutinimitkul，Emmie de Wit，Vincent J. Munster，Erin M. Sorrell，Theo M. Bestebroer，David F. Burke，Derek J. Smith，Guus F. Rimmelzwaan，Albert D. M. E. Osterhaus，Ron A. M. Fouchier
机构	Department of Virology，Erasmus Medical Center，Rotterdam，The Netherlands；Department of Zoology，University of Cambridge，Cambridge，UK；Fogarty International Center，National Institutes of Health（NIH），Bethesda，MD，USA
DOI 号	DOI：10.1126/science.1213362.
页数	8
编号	E145

续表

标题	The Potential for Respiratory Droplet—Transmissible A/H5N1 Influenza Virus to Evolve in a Mammalian Host
期刊	Science
年度 / 卷期 / 页码	2012，336（6088）：1541–1547
作者	Colin A. Russell，Judith M. Fonville，André E. X. Brown，David F. Burke，David L. Smith，Sarah L. James，Sander Herfst，Sander van Boheemen，Martin Linster，Eefje J. Schrauwen，Leah Katzelnick，Ana Mosterín，Thijs Kuiken，Eileen Maher，Gabriele Neumann，Albert D. M. E. Osterhaus，Yoshihiro Kawaoka，Ron A. M. Fouchier，Derek J. Smith
机构	Department of Zoology，University of Cambridge，Cambridge，UK；World Health Organization（WHO）Collaborating Center for Modeling，Evolution，and Control of Emerging Infectious Diseases，Cambridge，UK；Fogarty International Center，National Institutes of Health，Bethesda，MD，USA；Medical Research Council Laboratory of Molecular Biology，Cambridge，UK；Department of Epidemiology，Johns Hopkins Bloomberg School of Public Health，Baltimore，MD，USA；Malaria Research Institute，Johns Hopkins Bloomberg School of Public Health，Baltimore，MD，USA；Department of Virology，Erasmus Medical Center，Rotterdam，the Netherlands；Center for Research in Health and Economics，Universitat Pompeu Fabra，Barcelona，Spain；Department of Pathobiological Sciences，School of Veterinary Medicine，University of Wisconsin，Madison，WI，USA；Department of Special Pathogens，International Research Center for Infectious Diseases，Institute of Medical Science，University of Tokyo，Shirokanedai，Minato-ku，Tokyo，Japan；Division of Virology，Department of Microbiology and Immunology，Institute of Medical Science，University of Tokyo，Shirokanedai，Minato-ku，Tokyo，Japan；Exploratory Research for Advanced Technology（ERATO）Infection-Induced Host Responses Project，Japan Science and Technology Agency，Saitama，Japan
DOI 号	DOI：10.1126/science.1222526.
页数	7
编号	E146
标题	The Dual-Use Conundrum
期刊	Science

续表

年度／卷期／页码	2012，337（6100）：1273
作者	Paul Berg
DOI 号	DOI：10.1126/science.1229789.
页数	1
编号	E147
标题	Dual Use Research. New U.S. Rules Increase Oversight of H5N1 Studies，Other Risky Science
期刊	Science
年度／卷期／页码	2013，339（6123）：1025
作者	David Malakoff，Martin Enserink
DOI 号	DOI：10.1126/science.339.6123.1025.
页数	1
编号	E148
标题	A Framework for Decisions about Research with HPAI H5N1 Viruses
期刊	Science
年度／卷期／页码	2013，339（6123）：1036–1037
作者	Amy P. Patterson，Lawrence A. Tabak，Anthony S. Fauci，Francis S. Collins，Sally Howard
机构	National Institutes of Health，Bethesda，MD，USA；Department of Health and Human Services，Washington，DC，USA
DOI 号	DOI：10.1126/science.1236194.
页数	2
编号	E149
标题	Dual Use Research. Australian Researchers Rattled by Export Control Law
期刊	Science
年度／卷期／页码	2013，339（6125）：1263
作者	Leigh Dayton
DOI 号	DOI：10.1126/science.339.6125.1263.
页数	1

续表

编号	E150
标题	**Biosecurity's Weakest Link**
期刊	Science
年度／卷期／页码	2013，340（6129）：141–142
作者	Philip E. Hulme
DOI 号	DOI：10.1126/science.340.6129.141–b.
页数	2
编号	E151
标题	**H5N1 Hybrid Viruses Bearing 2009/H1N1 Virus Genes Transmit in Guinea Pigs by Respiratory Droplet**
期刊	Science
年度／卷期／页码	2013，340（6139）：1459–1463
作者	Ying Zhang，Qianyi Zhang，Huihui Kong，Yongping Jiang，Yuwei Gao，Guohua Deng，Jianzhong Shi，Guobin Tian，Liling Liu，Jinxiong Liu，Yuntao Guan，Zhigao Bu，Hualan Chen
机构	State Key Laboratory of Veterinary Biotechnology，Harbin Veterinary Research Institute，Chinese Academy of Agricultural Sciences，Harbin，China；College of Veterinary Medicine，Gansu Agricultural University，Lanzhou，China
DOI 号	DOI：10.1126/science.1229455.
页数	5
编号	E152
标题	**Gain-of-Function Experiments on H7N9**
期刊	Science
年度／卷期／页码	2013，341（6146）：612–613
作者	Ron A. M. Fouchier，Yoshihiro Kawaoka，Carol Cardona，Richard W. Compans，Adolfo García-Sastre，Elena A. Govorkova，Yi Guan，Sander Herfst，Walter A. Orenstein，J. S. Malik Peiris，Daniel R. Perez，Juergen A. Richt，Charles Russell，Stacey L. Schultz-Cherry，Derek J. Smith，John Steel，S. Mark Tompkins，David J. Topham，John J. Treanor，Ralph A. Tripp，Richard J. Webby，Robert G. Webster
DOI 号	DOI：10.1126/science.341.6146.612.

续表

页数	2
编号	E153
标题	Protecting Privacy for Dual-Use Researchers
期刊	Science
年度／卷期／页码	2013，341（6152）：1342
作者	Daniel J. Rozell
DOI 号	DOI：10.1126/science.341.6152.1342-a.
页数	1
编号	E154
标题	Dual-use Research. Dutch H5N1 Ruling Raises New Questions
期刊	Science
年度／卷期／页码	2013，342（6155）：178
作者	Martin Enserink
DOI 号	DOI：10.1126/science.342.6155.178.
页数	1
编号	E155
标题	The Bioethics Commission on Incidental Findings
期刊	Science
年度／卷期／页码	2013，342（6164）：1321-1323
作者	Amy Gutmann
机构	Chair，Presidential Commission for the Study of Bioethical Issues，Washington，DC，USA；President，University of Pennsylvania，Philadelphia，PA，USA
DOI 号	DOI：10.1126/science.1248764.
页数	3
编号	E156
标题	Regulating Dual-Use Research in Europe
期刊	Science
年度／卷期／页码	2014，343（6169）：368-369
作者	Giorgio Palù

续表

机构	President of the European Society for Virology, Department of Molecular Medicine, University of Padova, Italy
DOI 号	DOI：10.1126/science.343.6169.368-b.
页数	2
编号	E157
标题	**Total Synthesis of a Functional Designer Eukaryotic Chromosome**
期刊	Science
年度／卷期／页码	2014，344（6179）：55–58
作者	Narayana Annaluru, Héloïse Muller, Leslie A. Mitchell, Sivaprakash Ramalingam, Giovanni Stracquadanio, Sarah M. Richardson, Jessica S. Dymond, Zheng Kuang, Lisa Z. Scheifele, Eric M. Cooper, Yizhi Cai, Karen Zeller, Neta Agmon, Jeffrey S. Han, Michalis Hadjithomas, Jennifer Tullman, Katrina Caravelli, Kimberly Cirelli, Zheyuan Guo, Viktoriya London, Apurva Yeluru, Sindurathy Murugan, Karthikeyan Kandavelou, Nicolas Agier, Gilles Fischer, Kun Yang, J. Andrew Martin, Murat Bilgel, Pavlo Bohutski, Kristin M. Boulier, Brian J. Capaldo, Joy Chang, Kristie Charoen, Woo Jin Choi, Peter Deng, James E. DiCarlo, Judy Doong, Jessilyn Dunn, Jason I. Feinberg, Christopher Fernandez, Charlotte E. Floria, David Gladowski, Pasha Hadidi, Isabel Ishizuka, Javaneh Jabbari, Calvin Y. L. Lau, Pablo A. Lee, Sean Li, Denise Lin, Matthias E. Linder, Jonathan Ling, Jaime Liu, Jonathan Liu, Mariya London, Henry Ma, Jessica Mao, Jessica E. McDade, Alexandra McMillan, Aaron M. Moore, Won Chan Oh, Yu Ouyang, Ruchi Patel, Marina Paul, Laura C. Paulsen, Judy Qiu, Alex Rhee, Matthew G. Rubashkin, Ina Y. Soh, Nathaniel E. Sotuyo, Venkatesh Srinivas, Allison Suarez, Andy Wong, Remus Wong, Wei Rose Xie, Yijie Xu, Allen T. Yu, Romain Koszul, Joel S. Bader, Jef D. Boeke, Srinivasan Chandrasegaran
机构	Department of Environmental Health Sciences, Johns Hopkins University School of Public Health, Baltimore, MD, USA; High Throughput Biology Center, Johns Hopkins University School of Medicine, Baltimore, MD, USA; Department of Biomedical Engineering and Institute of Genetic Medicine, Whiting School of Engineering, Johns Hopkins University, Baltimore, MD, USA;

续表

机构	Institut Pasteur，Group Spatial regulation of genomes，Department of Genomes；Genetics，Paris，France；CNRS，Paris，France；Johns Hopkins University Applied Physics Laboratory，Research and Exploratory；Development Department，Biological Sciences，Laurel，MD，USA；Department of Biology，Loyola University Maryland，Baltimore，MD，USA；Carnegie Institution of Washington，Baltimore，MD，USA；Department of Biology，Johns Hopkins University，Baltimore，MD，USA；University of Edinburgh，Edinburgh，Scotland，UK；Pondicherry Biotech Private Limited，Pillaichavady，Puducherry，India；Sorbonne Universités，UPMC Univ Paris 06，UMR，Génomique des Microorganismes，Paris，France；CNRS，Génomique des Microorganismes，Paris，France；NYU Langone Medical Center，New York，NY，USA
DOI 号	DOI：10.1126/science.1249252.
页数	4
编号	E158
标题	Lab Safety. Alarm Over Biosafety Blunders
期刊	Science
年度／卷期／页码	2014，345（6194）：247–248
作者	Jon Cohen
DOI 号	DOI：10.1126/science.345.6194.247.
页数	2
编号	E159
标题	Gene Drives Raise Dual-Use Concerns
期刊	Science
年度／卷期／页码	2014，345（6200）：1010–1011
作者	Kenneth A. Oye，Kevin M. Esvelt
机构	Center for International Studies，Massachusetts Institute of Technology，Cambridge，MA，USA；Executive Director，Global Solutions for Infectious Diseases，South San Francisco，CA，USA
DOI 号	DOI：10.1126/science.345.6200.1010-c.
页数	2

续表

编号	E160
标题	The Catalyst
期刊	Science
年度／卷期／页码	2014，345（6201）：1112–1115
作者	Jocelyn Kaiser
DOI 号	DOI：10.1126/science.345.6201.1112.
页数	4
编号	E161
标题	U.S. Halts Two Dozen Risky Virus Studies
期刊	Science
年度／卷期／页码	2014，346（6208）：404
作者	Jocelyn Kaiser
DOI 号	DOI：10.1126/science.346.6208.404.
页数	1
编号	E162
标题	Bioethics. Embryo Engineering Alarm
期刊	Science
年度／卷期／页码	2015，347（6228）：1301
作者	Gretchen Vogel
DOI 号	DOI：10.1126/science.347.6228.1301.
页数	1
编号	E163
标题	Combating Emerging Viral Threats
期刊	Science
年度／卷期／页码	2015，348（6232）：282–283
作者	Elena Bekerman，Shirit Einav
机构	Department of Medicine，Division of Infectious Diseases and Geographic Medicine，and Department of Microbiology and Immunology，Stanford University School of Medicine，Stanford，CA，USA
DOI 号	DOI：10.1126/science.aaa3778.

续表

页数	2
编号	E164
标题	**Embryo Engineering Study Splits Scientific Community**
期刊	Science
年度／卷期／页码	2015，348（6234）：486–487
作者	Jocelyn Kaiser，Dennis Normile
DOI 号	DOI：10.1126/science.348.6234.486.
页数	2
编号	E165
标题	**Ebola Virus Vaccines—Preparing for the Unexpected**
期刊	Science
年度／卷期／页码	2015，349（6249）：693–694
作者	Hans-Dieter Klenk，Stephan Becker
机构	Institut für Virologie，Philipps-Universität Marburg，Germany
DOI 号	DOI：10.1126/science.aad0681.
页数	2
编号	E166
标题	**Assessing the Bioweapons Threat：Is There a Foundation of Agreement among Experts about Risk？**
期刊	Science
年度／卷期／页码	2015，349（6250）：792–793
作者	Crystal Boddie，Matthew Watson，Gary Ackerman，Gigi Kwik Gronvall
机构	Univ Pittsburgh，Med Ctr，UPMC Ctr Hlth Secur，Baltimore，MD，USA；Unconventional Weapons and Technology Division，National Consortium for the Study of Terrorism and Response to Terrorism（START），University of Maryland，College Park，MD，USA
DOI 号	DOI：10.1126/science.aab0713.
页数	2

续表

编号	E167
标题	**Safeguarding Gene Drive Experiments in the Laboratory**
期刊	Science
年度／卷期／页码	2015，349（6251）：927–929
作者	Omar S. Akbari，Hugo J. Bellen，Ethan Bier，Simon L. Bullock，Austin Burt，George M. Church，Kevin R. Cook，Peter Duchek，Owain R. Edwards，Kevin M. Esvelt0，Valentino M. Gantz，Kent G. Golic，Scott J. Gratz，Melissa M. Harrison，Keith R. Hayes，Anthony A. James，Thomas C. Kaufman，Juergen Knoblich，Harmit S. Malik，Kathy A. Matthews，Kate M. O' Connor-Giles，Annette L. Parks，Norbert Perrimon，Fillip Port，Steven Russell0，Ryu Ueda，Jill Wildonger
机构	Department of Entomology，Univ. of California，Riverside，CA，USA；Center for Disease Vector Research，Institute for Integrative Genome Biology，University of California，Riverside，CA，USA；Department of Molecular and Human Genetics，Baylor College of Medicine，Houston，TX，USA；Howard Hughes Medical Institute，Baylor College of Medicine，Houston，TX，USA；Section of Cell and Developmental Biology，University of California，San Diego，La Jolla，CA，USA；Division of Cell Biology，Medical Research Council Laboratory of Molecular Biology，Cambridge，UK；Department of Life Sciences，Imperial College London，Silwood Park，Ascot，Berks UK；Wyss Institute for Biologically Inspired Engineering，Harvard Medical School，Boston，MA，USA；Department of Genetics，Harvard Medical School，Boston，MA USA；Bloomington Drosophila Stock Center，Department of Biology，Indiana University，Bloomington，IN，USA；Institute of Molecular Biotechnology of the Austrian Academy of Sciences，Austria；CSIRO Centre for Environment and Life Sciences，Underwood Avenue，Floreat，WA，Australia；Department of Biology，University of Utah，Salt Lake City，UT，USA；Laboratory of Genetics，University of Wisconsin-Madison，Madison，WI，USA；Department of Biomolecular Chemistry，University of Wisconsin，Madison，WI，USA；CSIRO Biosecurity Flagship，General Post office Box 1538，Hobart，Tasmania，Australia；Departments of Microbiology & Molecular Genetics and Molecular Biology & Biochemistry，University of California at

续表

机构	Irvine, Irvine, CA, USA; Division of Basic Sciences, Fred Hutchinson Cancer Research Center, Seattle, WA, USA; Howard Hughes Medical Institute, Fred Hutchinson Cancer Research Center, Seattle, WA, USA; Laboratory of Cell and Molecular Biology, University of Wisconsin, Madison, WI, USA; Howard Hughes Medical Institute, Harvard Medical School, Boston, MA, USA; Department of Genetics, University of Cambridge, Cambridge, Cambridgeshire, UK; Department of Genetics, Graduate University for Advanced Studies, Mishima, Shizuoka, Japan; NIG-Fly Stock Center, National Institute of Genetics, Mishima, Shizuoka, Japan; Department of Biochemistry, University of WisconsinMadison, Madison, WI, USA
DOI 号	DOI：10.1126/science.aac7932.
页数	3
编号	E168
标题	Flu Study Raises Questions about U.S. Ban
期刊	Science
年度 / 卷期 / 页码	2015, 349（6253）：1153
作者	Jon Cohen
DOI 号	DOI：10.1126/science.349.6253.1153.
页数	1
编号	E169
标题	Germline Editing Dominates DNA Summit
期刊	Science
年度 / 卷期 / 页码	2015, 350（6266）：1299–1300
作者	John Travis
DOI 号	DOI：10.1126/science.350.6266.1299.
页数	2
编号	E170
标题	Design and Synthesis of a Minimal Bacterial Genome
期刊	Science
年度 / 卷期 / 页码	2016, 351（6280）：aad6253-1–aad6253-11

续表

作者	Clyde A. Hutchisonrd，Ray-Yuan Chuang，Vladimir N. Noskov，Nacyra Assad-Garcia，Thomas J. Deerinck，Mark H. Ellisman，John Gill，Krishna Kannan，Bogumil J. Karas，Li Ma，James F. Pelletier，Zhi-Qing Qi，R. Alexander Richter，Elizabeth A. Strychalski，Lijie Sun，Yo Suzuki，Billyana Tsvetanova，Kim S. Wise，Hamilton O. Smith，John I. Glass，Chuck Merryman，Daniel G. Gibson，J. Craig Venter
机构	J. Craig Venter Institute，La Jolla，CA，USA；National Center for Microscopy and Imaging Research，University of California-San Diego，La Jolla，CA，USA；Synthetic Genomics，La Jolla，CA，USA；National Institute of Standards and Technology，Gaithersburg，MD，USA
DOI 号	DOI：10.1126/science.aad6253.
页数	12
编号	E171
标题	**Bioethics. NIH Plans to Fund Human-Animal Chimera Research**
期刊	Science
年度 / 卷期 / 页码	2016，353（6300）：634–635
作者	Jocelyn Kaiser
DOI 号	DOI：10.1126/science.353.6300.634.
页数	2
编号	E172
标题	**The Vaccine Wars**
期刊	Science
年度 / 卷期 / 页码	2017，356（6336）：364–365
作者	Meredith Wadman，Jia You
DOI 号	DOI：10.1126/science.356.6336.364.
页数	2
编号	E173
标题	**Biodefense in the 21st Century**
期刊	Science
年度 / 卷期 / 页码	2017，356（6338）：588

续表

作者	Gigi Kwik Gronvall
机构	The Reviewer is at the Center for Health Security, Johns Hopkins University, Baltimore, MD, USA
DOI 号	DOI：10.1126/science.aan1118.
页数	1
编号	E174
标题	**Labmade Smallpox Is Possible, Study Shows**
期刊	Science
年度 / 卷期 / 页码	2017, 357（6347）：115–116
作者	Kai Kupferschmidt
DOI 号	DOI：10.1126/science.357.6347.115.
页数	2
编号	E175
标题	**Revisit NIH Biosafety Guidelines**
期刊	Science
年度 / 卷期 / 页码	2017, 357（6352）：627
作者	Kenneth A. Oye, Maureen O' Leary, Margaret F. Riley
机构	Massachusetts Institute of Technology, Cambridge, MA, USA；Logical Safety Association International and Director of Environmental and Health Safety at Dartmouth College, Hanover, NH, USA；University of Virginia, Charlottesville, VA, USA
DOI 号	DOI：10.1126/science.aao6398.
页数	1
编号	E176
标题	**Risk-based Reboot for Global Lab Biosafety**
期刊	Science
年度 / 卷期 / 页码	2018, 360（6386）：260–262
作者	Kazunobu Kojima, Catherine Makison Booth, Kathrin Summermatter, Allan Bennett, Marianne Heisz, Stuart D. Blacksell, Michelle McKinney

续表

机构	World Health Organization，Geneva，Switzerland；Health and Safety Laboratory，Buxton，UK；Institute of Virology and Immunology，Mittelhäusern，Switzerland；Public Health England，Salisbury，UK；Public Health Agency of Canada，Ottawa，Canada；Mahidol Oxford Tropical Medicine Research Unit，Bangkok，Thailand；Centre for Tropical Medicine and Global Health，Nuffield Department of Clinical Medicine，University of Oxford，Churchill Hospital，Oxford，UK；Centers for Disease Control and Prevention，Washington，DC，USA
DOI 号	DOI：10.1126/science.aar2231.
页数	3
编号	E177
标题	**Agricultural Research，or a New Bioweapon System？**
期刊	Science
年度／卷期／页码	2018，362（6410）：35–37
作者	R. G. Reeves, S. Voeneky, D. Caetano-Anollés, F.Beck, C.Boëte
机构	Department of Evolutionary Genetics，Max Planck Institute for Evolutionary Biology，Plön，Germany； Institute of International Law and Ethics of Law，University of Freiburg，Germany；ISEM，Univ Montpellier，CNRS，EPHE，IRD，Montpellier，France
DOI 号	DOI：10.1126/science.aat7664.
页数	3
编号	E178
标题	**Moratorium for Germline Editing Splits Biologists**
期刊	Science
年度／卷期／页码	2019，363（6432）：1130–1131
作者	Jon Cohen
DOI 号	DOI：10.1126/science.363.6432.1130.
页数	2
编号	E179

续表

标题	Promoting Biosecurity by Professionalizing Biosecurity
期刊	Science
年度／卷期／页码	2020，367（6480）：856–858
作者	Rebecca L. Moritz，Kavita M. Berger，Barbara R. Owen，David R. Gillum
机构	University of Wisconsin-Madison，Madison，WI，USA；Gryphon Scientific，Takoma Park，MD，USA；Merck & Co.，Inc.，Kenilworth，NJ，USA；Arizona State University，Tempe，AZ，USA
DOI 号	DOI：10.1126/science.aba0376.
页数	3
编号	E180
标题	Learning to Deal with Dual Use
期刊	Science
年度／卷期／页码	2020，367（6482）：1057
作者	Megan J. Palmer
机构	Center for International Security and Cooperation（CISAC）at Stanford University，Stanford，CA，USA
DOI 号	DOI：10.1126/science.abb1466.
页数	1
编号	E181
标题	Embrace Experimentation in Biosecurity Governance
期刊	Science
年度／卷期／页码	2020，368（6487）：138–140
作者	Sam Weiss Evans，Jacob Beal，Kavita Berger，Diederik A. Bleijs，Alessia Cagnetti，Francesca Ceroni，Gerald L. Epstein，Natàlia Garcia-Reyero，David R. Gillum，Graeme Harkess，Nathan J. Hillson，Petra A. M. Geneviève Lacroix，Rebecca Moritz，Seán S. ÓhÉigeartaigh，Megan J. Palmer，Mark W. J. van Passel

续表

机构	Program on Science, Technology, and Society, Harvard University, Cambridge, MA, USA；Program on Emerging Technology, Massachusetts Institute of Technology, Cambridge, MA, USA；Centre for the Study of Existential Risk, University of Cambridge, Cambridge, UK；Raytheon BBN Technologies, Cambridge, MA, USA；Gryphon Scientific, Takoma Park, MD, USA；Netherlands Biosecurity Office, National Institute for Public Health and the Environment, Bilthoven, Netherlands；Polo d'Innovazione Genomica Genetica e Biologia（PoloGGB）, Terni, Italy；Department of Chemical Engineering, Imperial College London, London, UK；Imperial College Centre for Synthetic Biology, London, UK；Center for the Study of Weapons of Mass Destruction, National Defense University, Washington, DC, USA；Engineer Research and Development Center, U.S. Army, Vicksburg, MS, USA；Arizona State University, Tempe, AZ, USA；Pirbright Institute, Pirbright, UK；Joint Genome Institute, U.S. Department of Energy, Berkeley, CA, USA；Nuclear Threat Initiative, Washington, DC, USA；Centre for Biosecurity, Public Health Agency of Canada, Ottawa, Canada；University of Wisconsin, Madison, WI, USA；Center for International Security and Cooperation, Stanford University, Stanford, CA, USA
DOI 号	DOI：10.1126/science.aba2932.
页数	3
编号	E182

N Engl J Med

标题	Index Case of Fatal Inhalational Anthrax Due to Bioterrorism in the United States
期刊	N Engl J Med
年度／卷期／页码	2001，345（22）：1607–1610
作者	Larry M. Bush, M.D., Barry H. Abrams, M.D., Anne Beall, B.S., M.T., Caroline. Johnson, M.D.
机构	Infectious Disease Associates, J.F.K. Medical Center, Atlantis, Florida, USA

DOI 号	DOI：10.1056/NEJMoa012948.
页数	4
编号	F1
标题	Ready or Not-Preparedness for Bioterrorism
期刊	N Engl J Med
年度 / 卷期 / 页码	2001，345（4）：287–289
作者	Ali S. Khan，David A. Ashford
机构	Centers for Disease Control and Prevention Atlanta，GA，USA
DOI 号	DOI：10.1056/NEJM200107263450411.
页数	3
编号	F2
标题	Smallpox and Bioterrorism
期刊	N Engl J Med
年度 / 卷期 / 页码	2002，346（17）：1262–1263
作者	Drazen，Jeffrey M.
DOI 号	DOI：10.1056/NEJM200204253461702.
页数	2
编号	F3
标题	Bioterrorism，Public Health，and Civil Liberties
期刊	N Engl J Med
年度 / 卷期 / 页码	2002，346（17）：1337–1342
作者	George J. Annas
机构	Health Law Department，Boston University School of Medicine，Boston，USA
DOI 号	DOI：10.1056/NEJM200204253461722.
页数	6
编号	F4
标题	Bioethics and the Political Distortion of Biomedical Science
期刊	N Engl J Med
年度 / 卷期 / 页码	2004，350（14）：1379–1380

续表

作者	Elizabeth Blackburn
机构	University of California，San Francisco，School of Medicine，USA
DOI 号	DOI：10.1056/NEJMp048072.
页数	2
编号	F5
标题	**Biomedical Research and Biosecurity**
期刊	N Engl J Med
年度 / 卷期 / 页码	2005，353（21）：2212–2214
作者	Robert Steinbrook
DOI 号	DOI：10.1056/NEJMp058278.
页数	3
编号	F6
标题	**The NIH Budget and the Future of Biomedical Research**
期刊	N Engl J Med
年度 / 卷期 / 页码	2006，354（16）：1665–1667
作者	Joseph Loscalzo
机构	Brigham and Women's Hospital，Boston，USA
DOI 号	DOI：10.1056/NEJMp068050.
页数	3
编号	F7
标题	**Bioterrorism—Preparing to Fight the Next War**
期刊	N Engl J Med
年度 / 卷期 / 页码	2006，354（2）：113–115
作者	David A. Relman
机构	Department of Medicine，Stanford University，Stanford，Calif，USA
DOI 号	DOI：10.1056/NEJMp058078.
页数	3
编号	F8

续表

标题	Clinical Management of Potential Bioterrorism-Related Conditions
期刊	N Engl J Med
年度／卷期／页码	2015，372（10）：954–962
作者	Amesh A. Adalja，Eric Toner，Thomas V. Inglesby
DOI 号	DOI：10.1056/NEJMra1409755.
页数	9
编号	F9
标题	Ebola Virus Disease Among Male and Female Persons in West Africa
期刊	N Engl J Med
年度／卷期／页码	2016，374（1）：96–98
作者	Junerlyn Agua-Agum，Archchun Ariyarajah，Isobel M. Blake，Anne Cori，Christl A. Donnelly，Ilaria Dorigatti，Christopher Dye，Tim Eckmanns，Neil M. Ferguson，Christophe Fraser，Tini Garske，Wes Hinsley，Thibaut Jombart，Harriet L. Mills，Gemma Nedjati-Gilani，Emily Newton，Pierre Nouvellet，Devin Perkins，Steven Riley，Dirk Schumacher，Anita Shah，Lisa J. Thomas，Maria D. Van Kerkhove
DOI 号	DOI：10.1056/NEJMc1510305.
页数	3
编号	F10

Lancet

标题	From Mustard Gas to Biowarfare—Congress Tackles Military Medicine
期刊	Lancet
年度／卷期／页码	1998，351（9112）：1340
作者	Nigel Glass
DOI 号	DOI：10.1016/S0140–6736（05）79079–6.
页数	1

编号	G1
标题	Bioterrorism：Thinking the Unthinkable
期刊	Lancet
年度 / 卷期 / 页码	1998，351（9113）：1378
作者	Richard Wise
机构	Department of Clinical Microbiology，City Hospital，Birmingham，UK
DOI 号	DOI：10.1016/S0140-6736（05）79441-1.
页数	1
编号	G2
标题	Biological Warfare
期刊	Lancet
年度 / 卷期 / 页码	1998，352（9126）：491-492
作者	Mery Nass
DOI 号	DOI：10.1016/S0140-6736（05）79233-3.
页数	2
编号	G3
标题	Biosafety Consequences of Eradication of Wild-Type Polioviruses
期刊	Lancet
年度 / 卷期 / 页码	2001，358（9277）：166-168
作者	P. D. Minor
机构	National Institute for Biological Standards and Control，Potters Bar，Herts，UK
DOI 号	DOI：10.1016/s0140-6736（01）05399-5.
页数	3
编号	G4
标题	Attacks Heighten US Concern About Threat of Bioterrorism
期刊	Lancet
年度 / 卷期 / 页码	2001，358（9287）：1071
作者	Michael McCarthy

续表

DOI 号	DOI：10.1016/S0140-6736（01）06237-7.
页数	1
编号	G5
标题	US Anthrax Scares Prompt Action on Bioterrorism
期刊	Lancet
年度 / 卷期 / 页码	2001，358（9291）：1435
作者	Daniel S. Greenberg
DOI 号	DOI：10.1016/s0140-6736（01）06543-6.
页数	1
编号	G6
标题	USA Goes It Alone Again on Bioweapons Convention
期刊	Lancet
年度 / 卷期 / 页码	2001，358（9298）：2058
作者	Clare Kapp
DOI 号	DOI：10.1016/S0140-6736（01）07153-7.
页数	1
编号	G7
标题	War，Bioterrorism，and the Political Landscape
期刊	Lancet
年度 / 卷期 / 页码	2001，358（9299）：2137
作者	Paniel S. Greenberg
DOI 号	DOI：10.1016/S0140-6736（01）07240-3.
页数	1
编号	G8
标题	WHO Executive Board Addresses Poverty and Bioterrorism
期刊	Lancet
年度 / 卷期 / 页码	2002，359（9302）：239
作者	Clare Kapp
DOI 号	DOI：10.1016/S0140-6736（02）07488-3.

续表

页数	1
编号	G9
标题	US Health Bodies Reap Funds for Bioterrorism
期刊	Lancet
年度／卷期／页码	2002，359（9308）：771
作者	Daniel S. Greenberg
DOI 号	DOI：10.1016/s0140-6736（02）07913-8.
页数	1
编号	G10
标题	Climate Change：The New Bioterrorism
期刊	Lancet
年度／卷期／页码	2002，359（9323）：2119
作者	Philip Stott
DOI 号	DOI：10.1016/S0140-6736（02）08931-6.
页数	1
编号	G11
标题	The Reality of the Modern Bioterrorism Response
期刊	Lancet
年度／卷期／页码	2002，360（S）：S33-S34
作者	Joseph A. Barbera，Anthony G. Macintyre
机构	Institute for Crisis，Disaster，and Risk Management，George Washington University，Washington DC，USA
DOI 号	DOI：10.1016/s0140-6736（02）11812-5.
页数	2
编号	G12
标题	Europe’s Response to Bioterrorism Starts Slowly but Gathers Pace
期刊	Lancet
年度／卷期／页码	2002，360（9335）：733-734
作者	Haroon Ashraf

续表

DOI 号	DOI：10.1016/S0140-6736（02）09943-9.
页数	2
编号	G13
标题	**Court Forces Japan to Admit to Dark Past of Bioweapons Programme**
期刊	Lancet
年度 / 卷期 / 页码	2002，360（9336）：857
作者	Jonathan Watts
DOI 号	DOI：10.1016/S0140-6736（02）11015-4.
页数	1
编号	G14
标题	**USA Lays Out Aggressive Bioterrorism Programme**
期刊	Lancet
年度 / 卷期 / 页码	2004，363（9420）：1532
作者	Michael McCarthy
DOI 号	DOI：10.1016/S0140-6736（04）16190-4.
页数	1
编号	G15
标题	**The Doctor' s Role in Bioterrorism**
期刊	Lancet
年度 / 卷期 / 页码	2004，364（S1）：S26-S27
作者	Bruce Clements，R. Gregory Evans
机构	Institute for BioSecurity，School of Public Health，St Louis University，St Louis，MO，USA
DOI 号	DOI：10.1016/S0140-6736（04）17629-0.
页数	2
编号	G16
标题	**From the Bible to Bioterrorism：Anthrax Through the Ages**
期刊	Lancet
年度 / 卷期 / 页码	2004，364（9430）：239-240

续表

作者	Hannah Brown
机构	Lancet，London，England
DOI 号	DOI：10.1016/S0140-6736（04）16695-6.
页数	2
编号	G17
标题	**Anthrax and Bioterrorism：Are We Prepared？**
期刊	Lancet
年度／卷期／页码	2004，364（9432）：393-395
作者	Jeremy Mogridge
机构	Laboratory Medicine and Pathobiology，Medical Sciences Building，University of Toronto，Toronto，Ontario，Canada
DOI 号	DOI：10.1016/S0140-6736（04）16779-2.
页数	3
编号	G18
标题	**Clinical Predictors of Bioterrorism-Related Inhalational Anthrax**
期刊	Lancet
年度／卷期／页码	2004，364（9432）：449-452
作者	Demetrios N. Kyriacou，Adam C. Stein，Paul R. Yarnold，D. Mark Courtney，Regina R. Nelson，Gary A. Noskin，Jonathan A. Handler，Ralph R. Frerichs
机构	Department of Emergency Medicine，Department of Preventive Medicine，and Division of Infectious Diseases，Northwestern University Feinberg School of Medicine，Chicago，lL，USA；Department of Epidemiology，UCLA School of Public Health，Los Angeles，CA，USA
DOI 号	DOI：10.1016/S0140-6736（04）16769-X.
页数	4
编号	G19
标题	**Bioethics，Health，and Inequality**
期刊	Lancet

续表

年度／卷期／页码	2004，364（9439）：1017–1019
作者	Melissa Lane
机构	Centre for History and Economics，King's College，Cambridge University，Cambridge，UK
DOI 号	DOI：10.1016/S0140–6736（04）17074–8.
页数	3
编号	G20
标题	**Bioethics，Health，and Inequality**
期刊	Lancet
年度／卷期／页码	2004，364（9439）：1086–1091
作者	Giovanni Berlinguer
DOI 号	DOI：10.1016/S0140–6736（04）17066–9.
页数	6
编号	G21
标题	**Doctors and Bioterrorism**
期刊	Lancet
年度／卷期／页码	2005，365（9462）：844
作者	Paul P. Rega
DOI 号	DOI：10.1016/S0140–6736（05）71036–9.
页数	1
编号	G22
标题	**Should Journals Publish Industry-Funded Bioethics Articles？**
期刊	Lancet
年度／卷期／页码	2005，366（9483）：422–424
作者	Carl Elliott
机构	Center for Bioethics，University of Minnesota，Minneapolis，USA
DOI 号	DOI：10.1016/S0140–6736（05）66794–3.
页数	3
编号	G23

续表

标题	Bioethics Beyond the Lifespan
期刊	Lancet
年度 / 卷期 / 页码	2008，371（9618）：1066–1067
作者	Larry R. Churchill
DOI 号	DOI：10.1016/s0140–6736（08）60474–2.
页数	2
编号	G24
标题	H1N1，Public Health Security，Bioethics，and Human Rights
期刊	Lancet
年度 / 卷期 / 页码	2009，373（9681）：2107–2108
作者	D. Tarantola，J. Amon，A. Zwi，S. Gruskin，L. Gostin
DOI 号	DOI：10.1016/S0140–6736（09）61143–0.
页数	2
编号	G25
标题	US Bioethics Commission Hears Expert Testimonies
期刊	Lancet
年度 / 卷期 / 页码	2011，377（9769）：889
作者	Nellie Bristol
DOI 号	DOI：10.1016/s0140–6736（11）60333–4.
页数	1
编号	G26
标题	Vaccine Production，Distribution，Access，and Uptake
期刊	Lancet
年度 / 卷期 / 页码	2011，378（9789）：428–438
作者	Jon Smith，Marc Lipsitch，Jeffrey W. Almond
机构	Sanofi Pasteur，Marcy L'Etoile，France；Department of Epidemiology and Department of Immunology and Infectious Diseases，Center for Communicable Disease Dynamics，Harvard School of Public Health，Boston，MA，USA
DOI 号	DOI：10.1016/S0140–6736（11）60478–9.

续表

页数	11
编号	G27
标题	**Anthrax and Smallpox Errors Highlight Gaps in US Biosafety**
期刊	Lancet
年度／卷期／页码	2014，384（9940）：294
作者	Brian Owens
DOI 号	DOI：10.1016/s0140-6736（14）61246-0.
页数	1
编号	G28
标题	**Cuba-US Collaboration and the Role of Bioethics**
期刊	Lancet
年度／卷期／页码	2015，385（9972）：945
作者	Roberto Cañete，Kenneth W. Goodman
机构	University of Medical Sciences and Provincial Centre of Hygiene，Epidemiology，and Microbiology，Matanzas City，Cuba
DOI 号	DOI：10.1016/S0140-6736（15）60523-2.
页数	1
编号	G29

Lancet Infect Dis

标题	**Bioterrorism and the Epidemiology of Fear**
期刊	Lancet Infect Dis
年度／卷期／页码	2002，2（6）：326
作者	Ronald E. LaPorte，Anne Ronan，Francois Sauer，Rania Saad，Eugene Shubnikov
机构	University of Pittsburgh，Pittsburgh，PA，USA；Hunter Genetic Unit，Waratah，NSW，Australia；Brush CreekEnterprise，Kansas City，MO，USA；Ministry of Health，Cairo，Egypt；Center for Endocrinology “Sibdiab”，Novorsibirsk，Russia

续表

DOI 号	DOI：10.1016/s1473-3099（02）00286-4.
页数	1
编号	H1
标题	**WHA Takes on Bioterrorism and Poverty**
期刊	Lancet Infect Dis
年度 / 卷期 / 页码	2002，2（7）：389
作者	Clare Kapp
DOI 号	DOI：10.1016/s1473-3099（02）00333-x.
页数	1
编号	H2
标题	**Michael Osterholm—Medical Detective to Fighting Bioterrorism**
期刊	Lancet Infect Dis
年度 / 卷期 / 页码	2002，2（8）：502-505
作者	Pam Das
DOI 号	DOI：10.1016/s1473-3099（02）00348-1.
页数	4
编号	H3
标题	**Will Influenza be the Next Bioweapon？**
期刊	Lancet Infect Dis
年度 / 卷期 / 页码	2003，3（9）：533
作者	Marilynn Larkin
DOI 号	DOI：10.1016/S1473-3099（03）00765-5.
页数	1
编号	H4
标题	**Bioterrorism Assessments from the CDC**
期刊	Lancet Infect Dis
年度 / 卷期 / 页码	2004，4（1）：3
作者	Priya Shetty
DOI 号	DOI：10.1016/S1473-3099（03）00873-9.

续表

页数	1
编号	H5
标题	Biosafety Laboratories Proliferate Across the USA
期刊	Lancet Infect Dis
年度 / 卷期 / 页码	2004，4（10）：596
作者	Roxanne Nelson
DOI 号	DOI：10.1016/s1473-3099（04）01157-0.
页数	1
编号	H6
标题	Laboratory-acquired SARS Raises Worries on Biosafety
期刊	Lancet Infect Dis
年度 / 卷期 / 页码	2004，4（2）：64
作者	Claudia Orellana
DOI 号	DOI：10.1016/s1473-3099（04）00911-9.
页数	1
编号	H7
标题	USA Establishes Advisory Board for “Dual Use” Research
期刊	Lancet Infect Dis
年度 / 卷期 / 页码	2004，4（5）：258
作者	Mary Quirk
DOI 号	DOI：10.1016/s1473-3099（04）01020-5.
页数	1
编号	H8
标题	SARS，Emerging Infections，and Bioterrorism Preparedness
期刊	Lancet Infect Dis
年度 / 卷期 / 页码	2004，4（8）：483-484
作者	Stephen G. Weber，Ed Bottei，Richard Cook，Michael O' Connor

续表

机构	Section of Infectious Diseases，Department of Medicine，Department of Anesthesia and Critical Care Medicine，University of Chicago Hospitals，Chicago，IL，USA；Iowa Statewide Poison Control Center，Sioux City，IA，USA
DOI 号	DOI：10.1016/S1473–3099（04）01098–9.
页数	2
编号	H9
标题	More Bioterrorism Education Needed
期刊	Lancet Infect Dis
年度／卷期／页码	2005，5（11）：678
作者	Jane Bradbury
DOI 号	DOI：10.1016/S1473–3099（05）70259–0.
页数	1
编号	H10
标题	Bioterrorism Helpline
期刊	Lancet Infect Dis
年度／卷期／页码	2006，6（4）：190
作者	Bernard Dixon
DOI 号	DOI：10.1016/S1473–3099（06）70422–4.
页数	1
编号	H11
标题	Deadly “Paleoviruses”：A Bioweapon Pandora’s Box？
期刊	Lancet Infect Dis
年度／卷期／页码	2006，6（5）：254–255
作者	Jean-Nicolas Tournier，Daniel Garin
DOI 号	DOI：10.1016/S1473–3099（06）70442–X.
页数	2
编号	H12
标题	Biosafety and Tuberculosis Laboratories in Africa
期刊	Lancet Infect Dis

续表

年度 / 卷期 / 页码	2010，10（9）：582–583
作者	Thomas Hänscheid，Martin Peter Grobusch
DOI 号	DOI：10.1016/S1473–3099（10）70158–4.
页数	2
编号	H13
标题	**Avian Influenza and the Dual-Use Research Debate**
期刊	Lancet Infect Dis
年度 / 卷期 / 页码	2012，12（3）：167
DOI 号	DOI：10.1016/S1473–3099（12）70035–X.
页数	1
编号	H14
标题	**The Rise and Fall of Bioterrorism Research**
期刊	Lancet Infect Dis
年度 / 卷期 / 页码	2012，12（6）：423
DOI 号	DOI：10.1016/S1473–3099（12）70125–1.
页数	1
编号	H15
标题	**The Threat of Bioterrorism**
期刊	Lancet Infect Dis
年度 / 卷期 / 页码	2019，19（1）：18–19
作者	Jean-Nicolas Tournier，Christophe N. Peyrefitte，Fabrice Biot，Audrey Merens，Fabrice Simon
机构	Microbiology and Infectious Diseases Department，Institut de Recherche Biomédicale des Armées，France；Viral Genomics and Vaccination Unit，Institut Pasteur，Paris，France；French National Reference Center for Anthrax，Brétigny sur Orge，France
DOI 号	DOI：10.1016/S1473–3099（18）30709–6.
页数	2
编号	H16

续表

标题	Confronting the Threat of Bioterrorism：Realities，Challenges，and Defensive Strategies
期刊	Lancet Infect Dis
年度／卷期／页码	2019，19（1）：e2–e13
作者	Manfred S. Green，James Le Duc，Daniel Cohen，David R. Franz
机构	School of Public Health，University of Haifa，Haifa，Israel；Galveston National Laboratory，University of Texas Medical Branch，Galveston，TX，USA；School of Public Health，Tel Aviv University，Tel Aviv，Israel；College of Veterinary Medicine，Kansas State University，Manhattan，KS，USA
DOI 号	DOI：10.1016/S1473–3099（18）30298–6.
页数	12
编号	H17

EMBO

标题	Pandemic Influenza Viruses：Time to Recognize Our Inability to Predict the Unpredictable and Stop Dangerous Gain-of-Function Experiments
期刊	EMBO Mol Med
年度／卷期／页码	2013，5（11）：1637–1641
作者	Simon Wain-Hobson
机构	Institut Pasteur，Paris，France；The Foundation for Vaccine Research，Washington，DC，USA
DOI 号	DOI：10.1002/emmm.201303475.
页数	5
编号	I1
标题	Responding to Bioterrorism
期刊	EMBO Rep
年度／卷期／页码	2001，2（12）：1053
作者	Holger Breithaupt

续表

DOI 号	DOI：10.1093/embo-reports/kve256.
页数	1
编号	I2
标题	Not Every Truth Is Good. The Dangers of Publishing Knowledge about Potential Bioweapons
期刊	EMBO Rep
年度／卷期／页码	2002，3（2）：102–104
作者	Antoine Danchin
机构	HKU-Pasteur Research Centre，Hong Kong，China
DOI 号	DOI：10.1093/embo-reports/kvf040.
页数	3
编号	I3
标题	The History of Biological Warfare. Human Experimentation，Modern Nightmares and Lone Madmen in the Twentieth Century
期刊	EMBO Rep
年度／卷期／页码	2003，4（S1）：S47–S52
作者	Friedrich Frischknecht
机构	Malaria Biology and Genetics Unit，Department of Parasitology，Institut Pasteur，Paris，France
DOI 号	DOI：10.1038/sj.embor.embor849.
页数	6
编号	I4
标题	Advances in Life Sciences and Bioterrorism. Risks，Perspectives and Responsibilities
期刊	EMBO Rep
年度／卷期／页码	2003，4（S1）：S53–S56
作者	Volker Beck
机构	Federal Government Commissioner for Disarmament and Arms Control at the German Foreign Office in Berlin，Germany
DOI 号	DOI：10.1038/sj.embor.embor853.

续表

页数	4
编号	I5
标题	Infectious Diseases and Bioweapons. Science and Political Economics of Affiction
期刊	EMBO Rep
年度／卷期／页码	2003，4（S1）：S1–S3
作者	Halldor Stefansson
DOI 号	DOI：10.1038/sj.embor.embor843.
页数	3
编号	I6
标题	Genetic Engineering and Biological Weapons. New Technologies, Desires and Threats from Biological Research
期刊	EMBO Rep
年度／卷期／页码	2003，4（S1）：S57–S60
作者	Jan van Aken，Edward Hammond
机构	Sunshine Project in Hamburg，Germany；Austin，Texas，USA
DOI 号	DOI：10.1038/sj.embor.embor860.
页数	4
编号	I7
标题	Strengthening the BTWC. The Role of Biological and Toxin Weapons Convention in Combating Natural and Deliberate Disease Outbreaks
期刊	EMBO Rep
年度／卷期／页码	2003，4（S1）：S61–S64
作者	John R. Walker
机构	Arms Control and Disarmament Research Unit，Foreign and Commonwealth Office，London，UK
DOI 号	DOI：10.1038/sj.embor.embor852.
页数	4
编号	I8

续表

标题	When Risk Outweighs Benefit. Dual-use Research Needs a Scientifically Sound Risk-Benefit Analysis and Legally Binding Biosecurity Measures
期刊	EMBO Rep
年度／卷期／页码	2006，7（Special Issue）：S10–S13
作者	Jan van Aken
DOI 号	DOI：10.1038/sj.embor.7400726.
页数	4
编号	I9
标题	Bioethics for the World
期刊	EMBO Rep
年度／卷期／页码	2006，7（4）：354–358
作者	Howard Wolinsky
DOI 号	DOI：10.1038/sj.embor.7400670.
页数	5
编号	I10
标题	Bioethics in China：Although National Guidelines Are in Place，Their Implementation Remains Difficult
期刊	EMBO Rep
年度／卷期／页码	2006，7（9）：850–854
作者	Wolfgang Hennig
机构	CAS-Max-Planck-Partner Institute for Computational Biology，PICB，Shanghai Institutes for Biological Sciences，Shanghai，China
DOI 号	DOI：10.1038/sj.embor.7400794.
页数	5
编号	I11
标题	Protein Engineering：Security Implications. The Increasing Ability to Manipulate Protein Toxins for Hostile Purposes Has Prompted Calls for Regulation
期刊	EMBO Rep
年度／卷期／页码	2006，7（Special Issue）：S14–S17

续表

作者	Jonathan B. Tucker，Craig Hooper
机构	Center for Nonproliferation Studies，Monterey Institute of International Studies，CA，USA
DOI 号	DOI：10.1038/sj.embor.7400677.
页数	4
编号	I12
标题	Empowerment and Restraint in Scientific Communication. New Developments Make It Easier to Share Information，but More Difficult to Deal With Dual-Use Biology
期刊	EMBO Rep
年度 / 卷期 / 页码	2006，7（Special Issue）：S18–S22
作者	Philip Campbell
DOI 号	DOI：10.1038/sj.embor.7400710.
页数	5
编号	I13
标题	The Test-Tube Synthesis of a Chemical Called Poliovirus. The Simple Synthesis of a Virus Has Far-Reaching Societal Implications
期刊	EMBO Rep
年度 / 卷期 / 页码	2006，7（Special Issue）：S3–S9
作者	Eckard Wimmer
机构	Department of Molecular Genetics and Microbiology，School of Medicine，Stony Brook University，Stony Brook，NY，USA
DOI 号	DOI：10.1038/sj.embor.7400728.
页数	7
编号	I14
标题	Scientists and the History of Biological Weapons. A Brief Historical Overview of the Development of Biological Weapons in the Twentieth Century
期刊	EMBO Rep
年度 / 卷期 / 页码	2006，7（Special Issue）：S45–S49
作者	Jeanne Guillemin

续表

机构	Security Studies Program，Massachusetts Institute of Technology in Cambridge，MA，USA
DOI 号	DOI：10.1038/sj.embor.7400689.
页数	5
编号	I15
标题	A Hippocratic Oath for Life Scientists. A Hippocratic-style Oath in the Life Sciences Could Help to Educate Researchers About the Dangers of Dual-Use Research
期刊	EMBO Rep
年度 / 卷期 / 页码	2006，7（Special Issue）：S55–S60
作者	James Revill，Malcolm R Dando
机构	Department of Peace Studies，University of Bradford，UK
DOI 号	DOI：10.1038/sj.embor.7400708.
页数	6
编号	I16
标题	Bioethics Goes Global. A Growing Coalition of Scientists，Ethicists and Wealthy Benefactors Is Turning Its Attention to Global Health Problems
期刊	EMBO Rep
年度 / 卷期 / 页码	2007，8（6）：534–536
作者	Howard Wolinsky
DOI 号	DOI：10.1038/sj.embor.7400995.
页数	3
编号	I17
标题	Synthetic Biology and Biosecurity. From Low Levels of Awareness to a Comprehensive Strategy
期刊	EMBO Rep
年度 / 卷期 / 页码	2009，10（Special Issue）：S23–S27
作者	Alexander Kelle
机构	Department of European Studies and Modern Languages，University of Bath，Claverton Down，UK

续表

DOI 号	DOI：10.1038/embor.2009.119.
页数	5
编号	I18
标题	Managing the Unimaginable. Regulatory Responses to the Challenges Posed by Synthetic Biology and Synthetic Genomics
期刊	EMBO Rep
年度 / 卷期 / 页码	2009，10（1）：7–11
作者	Gabrielle N. Samuel，Michael J. Selgelid，Ian Kerridge
机构	Centre for Values，Ethics and the Law in Medicine，University of Sydney，Australia
DOI 号	DOI：10.1038/embor.2008.232.
页数	5
编号	I19
标题	The Mousepox Experience. An Interview with Ronald Jackson and Ian Ramshaw on Dual-Use Research
期刊	EMBO Rep
年度 / 卷期 / 页码	2010，11（1）：18–24
作者	Michael J. Selgelid，Lorna Weir
DOI 号	DOI：10.1038/embor.2009.270.
页数	7
编号	I20
标题	H5N1 Infects the Biosecurity Debate. Governments and Life Scientists Are Waking Up to the Problem of Dual-Use Research
期刊	EMBO Rep
年度 / 卷期 / 页码	2012，13（7）：604–607
作者	Philip Hunter
DOI 号	DOI：10.1038/embor.2012.80.
页数	4
编号	I21

续表

标题	Protecting Society. Biological Security and Dual-Use Dilemma in the Life Sciences—Status Quo and Options for the Future
期刊	EMBO Rep
年度／卷期／页码	2013，14（1）：25–30
作者	Christine Uhlenhaut，Reinhard Burger，Lars Schaade
机构	Robert Koch Institute，Berlin，Germany
DOI 号	DOI：10.1038/embor.2012.195.
页数	6
编号	I22
标题	The Responsibility of the Scientist. What Can History Teach Us About How Scientists Should Handle Research That Has the Potential to Create Harm？
期刊	EMBO Rep
年度／卷期／页码	2013，14（9）：759–764
作者	Peter Herrlich
机构	Leibniz Institute for Age Research-Fritz Lipmann Institute，Jena
DOI 号	DOI：10.1038/embor.2013.116.
页数	6
编号	I23

mBio

标题	Bioterrorism：Lessons Learned Since the Anthrax Mailings
期刊	mBio
年度／卷期／页码	2011，2（6）：e00232–11
作者	Michael J. Imperiale，Arturo Casadevall
DOI 号	DOI：10.1128/mBio.00232–11.
页数	2
编号	J1

续表

标题	Mammalian-transmissible H5N1 Influenza：The Dilemma of Dual-Use Research
期刊	mBio
年度 / 卷期 / 页码	2012，3（1）：e00005–12
作者	Robert G. Webster
机构	Division of Virology，Department of Infectious Diseases，St. Jude Children's Research Hospital，Memphis，Tennessee，USA
DOI 号	DOI：10.1128/mBio.00005–12.
页数	2
编号	J2
标题	The NSABB Recommendations：Rationale，Impact，and Implications
期刊	mBio
年度 / 卷期 / 页码	2012，3（1）：e00021–12
作者	Paul S. Keim
机构	National Science Advisory Board for Biosecurity，Office of Biotechnology Activities，National Institutes of Health，Bethesda，Maryland，USA
DOI 号	DOI：10.1128/mBio.00021–12.
页数	2
编号	J3
标题	The H5N1 Manuscript Redaction Controversy
期刊	mBio
年度 / 卷期 / 页码	2012，3（1）：e00022–12
作者	Arturo Casadevall，Thomas Shenk
DOI 号	DOI：10.1128/mBio.00022–12.
页数	1
编号	J4
标题	Biosafety Considerations of Mammalian-Transmissible H5N1 Influenza
期刊	mBio
年度 / 卷期 / 页码	2012，3（2）：e00043–12
作者	Michael J. Imperiale，Michael G. Hannard

续表

机构	Department of Microbiology and Immunology，University of Michigan，Ann Arbor，Michigan，USA
DOI 号	DOI：10.1128/mBio.00043–12.
页数	2
编号	J5
标题	Biocontainment in Gain-of-Function Infectious Disease Research
期刊	mBio
年度 / 卷期 / 页码	2012，3（5）：e00290–12
作者	W. Ian Lipkin
机构	Columbia University，New York，USA
DOI 号	DOI：10.1128/mBio.00290–12.
页数	3
编号	J6
标题	Research on Highly Pathogenic H5N1 Influenza Virus：The Way Forward
期刊	mBio
年度 / 卷期 / 页码	2012，3（5）：e00359–12
作者	Anthony S. Fauci
机构	National Institute of Allergy and Infectious Diseases，National Institutes of Health，Bethesda，Maryland，USA
DOI 号	DOI：10.1128/mBio.00359–12.
页数	2
编号	J7
标题	Rethinking Biosafety in Research on Potential Pandemic Pathogens
期刊	mBio
年度 / 卷期 / 页码	2012，3（5）：e00360–12
作者	Marc Lipsitch，Barry R. Bloom
机构	Department of Epidemiology and Center for Communicable Disease Dynamics，Harvard School of Public Health，Boston，Massachusetts，USA
DOI 号	DOI：10.1128/mBio.00360–12.
页数	3

续表

编号	J8
标题	Influenza Viruses：Breaking All the Rules
期刊	mBio
年度／卷期／页码	2013，4（4）：e00365-13
作者	Jeffery K. Taubenberger，David M. Morens
机构	Viral Pathogenesis and Evolution Section，Laboratory of Infectious Diseases，National Institute of Allergy and Infectious Diseases，National Institutes of Health，Bethesda，Maryland，USA
DOI 号	DOI：10.1128/mBio.00365-13.
页数	6
编号	J9
标题	"But Nature Started It"：Examining Taubenberger and Morens' View on Influenza a Virus and Dual-Use Research of Concern
期刊	mBio
年度／卷期／页码	2013，4（4）：e00547-13
作者	Nicholas G. Evans
DOI 号	DOI：10.1128/mBio.00547-13.
页数	1
编号	J10
标题	Reply to " 'But Nature Started It' ：Examining Taubenberger and Morens' View on Influenza a Virus and Dual-Use Research of Concern"
期刊	mBio
年度／卷期／页码	2013，4（4）：e00579-13
作者	Jeffery K. Taubenberger，David M. Morens
DOI 号	DOI：10.1128/mBio.00579-13.
页数	1
编号	J11
标题	Redaction of Sensitive Data in the Publication of Dual Use Research of Concern
期刊	mBio
年度／卷期／页码	2013，5（1）：e00991-13

续表

作者	Arturo Casadevall，Lynn Enquist，Michael J. Imperiale，Paul Keim，Michael T. Osterholm，David A. Relman
DOI 号	DOI：10.1128/mBio.00991-13.
页数	2
编号	J12
标题	**Is Virology Dead ?**
期刊	mBio
年度 / 卷期 / 页码	2014，5（2）：e01003-14
作者	Daniel Dimaio
机构	Department of Genetics，Yale School of Medicine and Yale Cancer Center，New Haven，Connecticut，USA
DOI 号	DOI：10.1128/mBio.01003-14.
页数	4
编号	J13
标题	**Risks and Benefits of Gain-of-Function Experiments with Pathogens of Pandemic Potential，Such as Influenza Virus：A Call for a Science-Based Discussion**
期刊	mBio
年度 / 卷期 / 页码	2014，5（4）：e01730-14
作者	Arturo Casadevall，Michael J. Imperiale
机构	Department of Microbiology and Immunology，Albert Einstein College of Medicine，Bronx，New York，USA
DOI 号	DOI：10.1128/mBio.01730-14.
页数	5
编号	J14
标题	**An Avian H7N1 Gain-of-Function Experiment of Great Concern**
期刊	mBio
年度 / 卷期 / 页码	2014，5（5）：e01882-14
作者	Simon Wain-Hobson
机构	Institut Pasteur，Paris，France；Foundation for Vaccine Research，Washington，DC，USA

续表

DOI 号	DOI：10.1128/mBio.01882-14.
页数	3
编号	J15
标题	The Decision to Publish an Avian H7N1 Influenza Virus Gain-of-Function Experiment
期刊	mBio
年度／卷期／页码	2014，5（5）：e01985-14
作者	Terence S. Dermody，Arturo Casadevall，Michael J. Imperiale，Rozanne M. Sandri-Goldin，Thomas Shenk
DOI 号	DOI：10.1128/mBio.01985-14.
页数	2
编号	J16
标题	Valuing Knowledge：A Reply to the Epistemological Perspective on the Value of Gain-of-Function Experiments
期刊	mBio
年度／卷期／页码	2014，5（5）：e01993-14
作者	Nicholas Greig Evans
机构	Department of Medical Ethics and Health Policy，Perelman School of Medicine at the University of Pennsylvania，Philadelphia，Pennsylvania，USA
DOI 号	DOI：10.1128/mBio.01993-14.
页数	2
编号	J17
标题	Reply to "Can Limited Scientific Value of Potential Pandemic Pathogen Experiments Justify the Risks？"
期刊	mBio
年度／卷期／页码	2014，5（5）：e02053-14
作者	Arturo Casadevall，Don Howard，Michael J. Imperiale
机构	Department of Microbiology & Immunology，Albert Einstein College of Medicine，Bronx，New York，USA；Department of Philosophy，University of Notre Dame，Notre Dame，Indiana，USA；Department of Microbiology and Immunology，University of Michigan，Ann Arbor，Michigan，USA

续表

DOI 号	DOI：10.1128/mBio.02053–14.
页数	2
编号	J18
标题	The Apocalypse as a Rhetorical Device in the Influenza Virus Gain-of-Function Debate
期刊	mBio
年度 / 卷期 / 页码	2014，5（5）：e02062–14
作者	Arturo Casadevall，Don Howard，Michael J. Imperiale
机构	Department of Microbiology & Immunology，Albert Einstein College of Medicine，Bronx，New York，USA；Department of Philosophy，University of Notre Dame，Notre Dame，Indiana，USA；Department of Microbiology and Immunology，University of Michigan，Ann Arbor，Michigan，USA
DOI 号	DOI：10.1128/mBio.02062–14.
页数	2
编号	J19
标题	Vagueness and Costs of the Pause on Gain-of-Function（GOF）Experiments on Pathogens with Pandemic Potential，Including Influenza Virus
期刊	mBio
年度 / 卷期 / 页码	2014，5（6）：e02292–14
作者	Michael J. Imperiale，Arturo Casadevall
机构	Department of Microbiology and Immunology，Albert Einstein College of Medicine，Bronx，New York，USA；Department of Microbiology and Immunology，Albert Einstein College of Medicine，Bronx，New York，USA；Division of Infectious Diseases，Department of Medicine，Albert Einstein College of Medicine，Bronx，New York，USA
DOI 号	DOI：10.1128/mBio.02292–14.
页数	3
编号	J20

续表

标题	**Moratorium on Research Intended to Create Novel Potential Pandemic Pathogens**
期刊	mBio
年度／卷期／页码	2014，5（6）：e02366–14
作者	Marc Lipsitch，Thomas V. Inglesby
机构	Department of Epidemiology，Center for Communicable Disease Dynamics，Harvard School of Public Health，Boston，Massachusetts，USA；UPMC Center for Health Security，Baltimore，Maryland，USA
DOI 号	DOI：10.1128/mBio.02366–14.
页数	7
编号	J21
标题	**Influenza Gain-of-Function Experiments：Their Role in Vaccine Virus Recommendation and Pandemic Preparedness**
期刊	mBio
年度／卷期／页码	2014，5（6）：e02430–14
作者	S. Schultz-Cherry，R. J. Webby，R. G. Webster，A. Kelso，I. G. Barr，J. W. McCauley，R. S. Daniels，D. Wang，Y. Shu，E. Nobusawa，S. Itamura，M. Tashiro，Y. Harada，S. Watanabe，T. Odagiri，Z. Ye，G. Grohmann，R. Harvey，O. Engelhardt，D. Smith0，K. Hamilton，F. Claes，G. Dauphin
机构	WHO Collaborating Center for Studies on the Ecology of Inflfluenza in Animals，Department of Infectious Diseases，St. Jude Children's Research Hospital，Memphis，Tennessee，USA；WHO Collaborating Centre for Reference and Research on Inflfluenza，Peter Doherty Institute for Infection and Immunity，Melbourne，Victoria，Australia；WHO Collaborating Centre for Reference and Research on Inflfluenza，Division of Virology，MRC National Institute for Medical Research，Mill Hill，London，United Kingdom；WHO Collaborating Center for Reference and Research on Inflfluenza，Chinese National Inflfluenza Center，National Institute for Viral Disease Control and Prevention China CDC，Beijing，People's Republic of China；WHO Collaborating Centre for Reference and Research on Inflfluenza，National Institute of Infectious Diseases，Laboratory of Inflfluenza Virus Surveillance，Inflfluenza Virus Research Center，Tokyo，Japan；Division of Viral Products，Offifice

续表

机构	of Vaccines Research and Review, Center for Biologics Evaluation and Research, Food and Drug Administration, Rockville, Maryland, USA; Immunology and Vaccines, Therapeutic Goods Administration Laboratories, Woden, ACT, Australia; National Institute for Biological Standards and Control, Medicines and Healthcare Products Regulatory Agency, Potters Bar, United Kingdom; Center for Pathogen Evolution, Department of Zoology, WHO CC for Modeling Evolution and Control of Emerging Infectious Diseases, University of Cambridge, Cambridge, United Kingdom; OIE Scientifific and Technical Department, OIE, Paris, France; OFFLU/EMPRES Laboratory Unit, Animal Health Service, FAO, Rome, Italy
DOI 号	DOI：10.1128/mBio.02430-14.
页数	7
编号	J22
标题	**Use of Highly Pathogenic Avian Influenza a (H5N1) Gain-of-Function Studies for Molecular-Based Surveillance and Pandemic Preparedness**
期刊	mBio
年度 / 卷期 / 页码	2014, 5 (6) : e02431-14
作者	C. Todd Davis, Li-Mei Chen, Claudia Pappas, James Stevens, Terrence M. Tumpey, Larisa V. Gubareva, Jacqueline M. Katz, Julie M. Villanueva, Ruben O. Donis, Nancy J. Cox
机构	Influenza Division, National Center for Immunization and Respiratory Diseases, Centers for Disease Control and Prevention, Atlanta, Georgia, USA
DOI 号	DOI：10.1128/mBio.02431-14.
页数	6
编号	J23
标题	**Reply to "Studies on Influenza Virus Transmission Between Ferrets: The Public Health Risks Revisited"**
期刊	mBio
年度 / 卷期 / 页码	2015, 6 (1) : e00041-15
作者	Marc Lipsitch, Thomas V. Inglesby

续表

机构	Center for Communicable Disease Dynamics, Department of Epidemiology, Harvard School of Public Health, Boston, Massachusetts, USA; UPMC Center for Health Security, Baltimore, Maryland, USA
DOI 号	DOI: 10.1128/mBio.00041-15.
页数	6
编号	J24
标题	**Is the Debate and "Pause" on Experiments That Alter Pathogens with Pandemic Potential Influencing Future Plans of Graduate Students and Postdoctoral Fellows ?**
期刊	mBio
年度 / 卷期 / 页码	2015, 6 (1) : e02525-14
作者	Julie K. Pfeiffer
机构	Department of Microbiology, University of Texas Southwestern Medical Center, Dallas, Texas, USA
DOI 号	DOI: 10.1128/mBio.02525-14.
页数	2
编号	J25
标题	**Studies on Influenza Virus Transmission Between Ferrets: The Public Health Risks Revisited**
期刊	mBio
年度 / 卷期 / 页码	2015, 6 (1) : e02560-14
作者	Ron A. M. Fouchier
机构	Department of Viroscience, Erasmus MC, Rotterdam, The Netherlands
DOI 号	DOI: 10.1128/mBio.02560-14.
页数	4
编号	J26
标题	**The Reemergent 1977 H1N1 Strain and the Gain-of-Function Debate**
期刊	mBio
年度 / 卷期 / 页码	2015, 6 (4) : e01013-15

续表

作者	Michelle Rozo，Gigi Kwik Gronvall
机构	UPMC Center for Health Security，Baltimore，Maryland，USA
DOI 号	DOI：10.1128/mBio.01013-15.
页数	6
编号	J27
标题	Assessing and Managing the Risks of Potential Pandemic Pathogen Research
期刊	mBio
年度 / 卷期 / 页码	2015，6（4）：e01075-15
作者	Daniel J. Rozell
机构	Department of Technology and Society，Stony Brook University，Stony Brook，New York，USA
DOI 号	DOI：10.1128/mBio.01075-15.
页数	4
编号	J28
标题	Dual-Use Research of Concern（DURC）Review at American Society for Microbiology Journals
期刊	mBio
年度 / 卷期 / 页码	2015，6（4）：e01236-15
作者	Arturo Casadevall，Terence S. Dermody，Michael J. Imperiale，Rozanne M. Sandri-Goldin，Thomas Shenk
机构	Division of Infectious Diseases，Departments of Microbiology and Immunology and Medicine，Johns Hopkins Bloomberg School of Public Health，Baltimore，Maryland，USA；Departments of Pediatrics and of Pathology，Microbiology，and Immunology and Elizabeth B. Lamb Center for Pediatric Research，Vanderbilt University School of Medicine，Nashville，Tennessee，USA；Department of Microbiology and Immunology，University of Michigan，Ann Arbor，Michigan，USA；Department of Microbiology and Molecular Genetics，University of California Irvine，California，USA；Department of Molecular Biology，Princeton University，Princeton，New Jersey，USA
DOI 号	DOI：10.1128/mBio.01236-15.

续表

页数	3
编号	J29
标题	The 1977 H1N1 Influenza Virus Reemergence Demonstrated Gain-of-Function Hazards
期刊	mBio
年度／卷期／页码	2015，6（5）：e01434–15
作者	Martin Furmanski
机构	Center for Arms Control and Nonproliferation，Washington，DC，USA
DOI 号	DOI：10.1128/mBio.01434–15.
页数	1
编号	J30
标题	Dual-Use Research of Concern（DURC）Review at American Society for Microbiology Journals and Its Effect on Other Organizations
期刊	mBio
年度／卷期／页码	2015，6（5）：e01512–15
作者	Stuart Nightingale
机构	Consultant（Contractor），National Institutes of Health，Bethesda，Maryland，USA
DOI 号	DOI：10.1128/mBio.01512–15.
页数	1
编号	J31
标题	Reply to "The 1977 H1N1 Influenza Virus Reemergence Demonstrated Gain-of-Function Hazards"
期刊	mBio
年度／卷期／页码	2015，6（5）：e01524–15
作者	Michelle Rozo，Gigi Kwik Gronvall
机构	UPMC Center for Health Security，Baltimore，Maryland，USA
DOI 号	DOI：10.1128/mBio.01524–15.
页数	1
编号	J32

续表

标题	Rational Design of Biosafety Level 2-Approved, Multidrug-Resistant Strains of Mycobacterium Tuberculosis Through Nutrient Auxotrophy
期刊	mBio
年度／卷期／页码	2018，9（3）：e00938–18
作者	Catherine Vilchèze，Jacqueline Copeland，Tracy L Keiser，Torin Weisbrod，Jacqueline Washington，Paras Jain，Adel Malek，Brian Weinrick，William R. Jacobs Jr
机构	Howard Hughes Medical Institute，Department of Microbiology and Immunology，Albert Einstein College of Medicine，Bronx，New York，USA；Department of Biology and Chemistry，Nyack College，Nyack，New York，USA
DOI 号	DOI：10.1128/mBio.00938–18.
页数	12
编号	J33

Biosecur Bioterror

标题	The Dual-Use Dilemma for the Life Sciences：Perspectives，Conundrums，and Global Solutions
期刊	Biosecur Bioterror
年度／卷期／页码	2006，4（3）：276–286
作者	Ronald M. Atlas，Malcolm Dando
机构	Center for Health Hazard Preparedness，University of Louisville，KY，USA；Disarmament Research Centre，University of Bradford，Bradford，West Yorkshire，England
DOI 号	DOI：10.1089/bsp.2006.4.276.
页数	11
编号	K1
标题	Public Health Response to an Anthrax Attack：An Evaluation of Vaccination Policy Options
期刊	Biosecur Bioterror
年度／卷期／页码	2007，5（1）：26–34

续表

作者	Prasith Baccam，Michael Boechler
机构	IEM，Inc.，Bel Air，MA，USA；IEM，Inc.，Baton Rouge，LA，USA
DOI 号	DOI：10.1089/bsp.2006.0001.
页数	9
编号	K2
标题	**Bioterrorism-Related Inhalational Anthrax：Can Extrapolated Adult Guidelines Be Applied to a Pediatric Population？**
期刊	Biosecur Bioterror
年度／卷期／页码	2007，5（1）：35–42
作者	Rick C. Place，Dan Hanfling，John M. Howell，Thom A. Mayer
机构	Department of Emergency Medicine，Inova Fairfax Hospital，Falls Church，VA，USA
DOI 号	DOI：10.1089/bsp.2006.0011.
页数	8
编号	K3
标题	**Biosecurity in Scandinavia**
期刊	Biosecur Bioterror
年度／卷期／页码	2007，5（1）：62–71
作者	Kristian H. Bork，Vibeke Halkjaer-Knudsen，John-Erik Stig Hansen，Erik D. Heegaard
机构	Centre for Biological Defence，Statens Serum Institut，Copenhagen，Denmark
DOI 号	DOI：10.1089/bsp.2006.0026.
页数	10
编号	K4
标题	**High-Containment Biodefense Research Laboratories：Meeting Report and Center Recommendations**
期刊	Biosecur Bioterror
年度／卷期／页码	2007，5（1）：75–85
作者	Gigi Kwik Gronvall，Joe Fitzgerald，Allison Chamberlain，Thomas V. Inglesby，Tara O’ Toole

续表

机构	Center for Biosecurity of The University of Pittsburgh Medical Center，Baltimore，MD，USA
DOI 号	DOI：10.1089/bsp.2007.0902.
页数	11
编号	K5
标题	**The Science of Biodefense：RNAi**
期刊	Biosecur Bioterror
年度 / 卷期 / 页码	2007，5（2）：104–106
作者	Allison Chamberlain，Gigi Kwik Gronvall
机构	Center for Biosecurity，University of Pittsburgh Medical Center，Baltimore，MD，USA
DOI 号	DOI：10.1089/bsp.2007.0018.
页数	3
编号	K6
标题	**Strengthening Bioterrorism Prevention：Global Biological Materials Management**
期刊	Biosecur Bioterror
年度 / 卷期 / 页码	2007，5（2）：107–116
作者	Reynolds M. Salerno，Lauren T. Hickok
机构	International Biological Threat Reduction，Global Security Programs，Sandia National Laboratories，Albuquerque，NM，USA；Johns Hopkins School of Advanced International Studies，Washington，DC，USA
DOI 号	DOI：10.1089/bsp.2006.0027.
页数	10
编号	K7
标题	**Billions for Biodefense：Federal Agency Biodefense Funding，FY2007–FY2008**
期刊	Biosecur Bioterror
年度 / 卷期 / 页码	2007，5（2）：117–133
作者	Crystal Franco，Shana Deitch

续表

机构	Center for Biosecurity，University of Pittsburgh Medical Center，Baltimore，MD，USA
DOI 号	DOI：10.1089/bsp.2007.0014.
页数	17
编号	K8
标题	Incentives for Biodefense Countermeasure Development
期刊	Biosecur Bioterror
年度／卷期／页码	2007，5（3）：228–238
作者	Jason Matheny，Michael Mair，Andrew Mulcahy，Bradley T. Smith
DOI 号	DOI：10.1089/bsp.2007.0030.
页数	11
编号	K9
标题	The National Disaster Medical System：Past，Present，and Suggestions for the Future
期刊	Biosecur Bioterror
年度／卷期／页码	2007，5（4）：319–325
作者	Crystal Franco，Eric Toner，Richard Waldhorn，Thomas V. Inglesby，Tara O' Toole
机构	Center for Biosecurity of the University of Pittsburgh Medical Center，Baltimore，MD，USA
DOI 号	DOI：10.1089/bsp.2007.0049.
页数	7
编号	K10
标题	Synthetic Genomics：Options for Governance
期刊	Biosecur Bioterror
年度／卷期／页码	2007，5（4）：359–362
作者	Michele S. Garfinkel，Drew Endy，Gerald L. Epstein，Robert M. Friedman

续表

机构	J. Craig Venter Institute, Rockville, MD, USA; Department of Biological Engineering, Massachusetts Institute of Technology, Cambridge, MD, USA; Gerald L. Science and Security, Homeland Security Program, Center for Strategic and International Studies（CSIS）, Washington, DC, USA
DOI 号	DOI：10.1089/bsp.2007.0923.
页数	4
编号	K11
标题	**HHS Releases Pandemic and All-Hazards Preparedness Act Progress Report：Convenes First Meeting of the National Biodefense Science Board**
期刊	Biosecur Bioterror
年度 / 卷期 / 页码	2008，6（1）：1–12
作者	Franco Crystal
DOI 号	DOI：10.1089/bsp.2008.0904.
页数	12
编号	K12
标题	**An Evaluation of the Role and Effectiveness of Institutional Biosafety Committees in Providing Oversight and Security at Biocontainment Laboratories**
期刊	Biosecur Bioterror
年度 / 卷期 / 页码	2008，6（1）：19–35
作者	Margaret S. Race，Edward Hammond
机构	SETI Institute, Mountain View, CA, USA; Sunshine Project, Austin, TX, USA
DOI 号	DOI：10.1089/bsp.2007.0048.
页数	17
编号	K13
标题	**Lidars：A Key Component of Urban Biodefense**
期刊	Biosecur Bioterror
年度 / 卷期 / 页码	2008，6（1）：45–56
作者	Shane D. Mayor，Paul Benda，Christina E. Murata，Richard J. Danzig

续表

机构	National Center for Atmospheric Research，Boulder，CO，USA；Pentagon Force Protection Agency，Arlington，VA，USA；Center for Strategic and International Studies，Washington，DC，USA
DOI 号	DOI：10.1089/bsp.2007.0053.
页数	12
编号	K14
标题	**Economic Aspects of Agricultural and Food Biosecurity**
期刊	Biosecur Bioterror
年度 / 卷期 / 页码	2008，6（1）：66–77
作者	David A. Hennessy
机构	Department of Economics，College of Agriculture and Life Sciences，Iowa State University，Ames，IA，USA
DOI 号	DOI：10.1089/bsp.2007.0016.
页数	12
编号	K15
标题	**Billions for Biodefense：Federal Agency Biodefense Funding，FY2008–FY2009**
期刊	Biosecur Bioterror
年度 / 卷期 / 页码	2008，6（2）：131–146
作者	Crystal Franco
机构	Center for Biosecurity of the University of Pittsburgh Medical Center，Baltimore，MD，USA
DOI 号	DOI：10.1089/bsp.2008.0025.
页数	16
编号	K16
标题	**Missouri Nurses' Bioterrorism Preparedness**
期刊	Biosecur Bioterror
年度 / 卷期 / 页码	2008，6（3）：243–251
作者	Terri Rebmann，Lisa Buettner Mohr
机构	Saint Louis University School of Public Health，Saint Louis，MO，USA

续表

DOI 号	DOI：10.1089/bsp.2008.0022.
页数	9
编号	K17
标题	Willingness of New England Dental Professionals to Provide Assistance During a Bioterrorism Event
期刊	Biosecur Bioterror
年度／卷期／页码	2008，6（3）：253–260
作者	Thayer E. Scott，Sangeetha Bansal，Ana Karina Mascarenhas
机构	Division of Dental Public Health，Department of Health Policy and Health Services Research，Boston University Goldman School of Dental Medicine，Boston，MA，USA
DOI 号	DOI：10.1089/bsp.2008.0014.
页数	8
编号	K18
标题	Strengthening Biodefense Internationally：Illusion and Reality
期刊	Biosecur Bioterror
年度／卷期／页码	2008，6（3）：261–267
作者	Marc L. Ostfield
机构	U.S. Department of State，Office of International Health and Biodefense，Washington，DC，USA
DOI 号	DOI：10.1089/bsp.2008.0033.
页数	7
编号	K19
标题	Comments from the Center for Biosecurity of UPMC on Draft Guidances for Pandemic Influenza Planning
期刊	Biosecur Bioterror
年度／卷期／页码	2008，6（3）：279–284
作者	Michael Mair，Ann Norwood
DOI 号	DOI：10.1089/bsp.2008.0729.
页数	6
编号	K20

续表

标题	Biodefense Research：A Win-Win Challenge
期刊	Biosecur Bioterror
年度 / 卷期 / 页码	2008，6（4）：291-292
作者	Arturo Casadevall，Susan A. Ehrlich，David R. Franz，Michael J. Imperiale，Paul S. Keim
DOI 号	DOI：10.1089/bsp.2008.1114.
页数	2
编号	K21
标题	Biosafety Laboratories
期刊	Biosecur Bioterror
年度 / 卷期 / 页码	2008，6（4）：299-307
作者	Gigi Gronvall，Nidhi Bouri
机构	Center for Biosecurity of the University of Pittsburgh Medical Center，Baltimore，MD，USA
DOI 号	DOI：10.1089/bsp.2008.1126.
页数	9
编号	K22
标题	Scientists Urge DHS to Improve Bioterrorism Risk Assessment
期刊	Biosecur Bioterror
年度 / 卷期 / 页码	2008，6（4）：353-356
作者	Gregory S. Parnell，Luciana L. Borio，Gerald G. Brown，David Banks，Alyson G. Wilson
机构	Department of Systems Engineering，United States Military Academy，West Point，NY，USA；Center for Biosecurity of the University of Pittsburgh Medical Center，Baltimore，MD，USA；Operations Research Department，Naval Postgraduate School，Monterey，CA，USA；Department of Statistics and Decision Science，Duke University，Durham，NC，USA；Department of Statistics，Iowa State University，IA，USA
DOI 号	DOI：10.1089/bsp.2008.0930.
页数	4
编号	K23

续表

标题	Probabilistic Risk Analysis and Bioterrorism Risk
期刊	Biosecur Bioterror
年度／卷期／页码	2009，7（1）：108–110
作者	Barry Charles Ezell，Detlof von Winterfeldt
机构	Virginia Modeling，Analysis，and Simulation Center，Old Dominion University，Suffolk，VA，USA；International Institute for Applied Systems Analysis，Laxenburg，Austria
DOI 号	DOI：10.1089/bsp.2009.0010.
页数	3
编号	K24
标题	Ready or Not? Protecting the Public' s Health from Diseases，Disasters，and Bioterrorism
期刊	Biosecur Bioterror
年度／卷期／页码	2009，7（1）：113–115
作者	Trust for America' s Health
DOI 号	DOI：10.1089/bsp.2008.0914.
页数	3
编号	K25
标题	Biosecurity Memos to the Obama Administration
期刊	Biosecur Bioterror
年度／卷期／页码	2009，7（1）：25–28
作者	O' Toole Tara，Inglesby Thomas
DOI 号	DOI：10.1089/bsp.2009.1001.
页数	4
编号	K26
标题	Biosecurity Policies at International Life Science Journals
期刊	Biosecur Bioterror
年度／卷期／页码	2009，7（1）：61–71
作者	Jan van Aken，Iris Hunger

续表

机构	Research Group for Biological Arms Control, Weizsäcker Centre for Science and Peace Research, University of Hamburg, Hamburg, Germany
DOI 号	DOI: 10.1089/bsp.2008.0027.
页数	11
编号	K27
标题	**Biodefense and Public Health Preparedness in Virginia**
期刊	Biosecur Bioterror
年度 / 卷期 / 页码	2009, 7 (1) : 73–84
作者	Charsey Cole Porse
机构	Department of Biodefense, George Mason University, Fairfax, VA, USA
DOI 号	DOI: 10.1089/bsp.2008.0041.
页数	12
编号	K28
标题	**Sustaining Progress in the Life Sciences: Strategies for Managing Dual Use Research of Concern–Progress at the National Level**
期刊	Biosecur Bioterror
年度 / 卷期 / 页码	2009, 7 (1) : 93–100
作者	Seumas Miller, Leila Macedo Oda, George Chakhava, C Kameswara Rao, Khalid R. Temsamani, Filippa Lentzos, Anwar Nasim, Irma Reyes Makalino, Andrzej Gorski, Paul Nampala
机构	Center for Applied Philosophy and Public Ethics, Charles Sturt University, Canberra, Australia; Brazilian Biosafety Association in Rio de Janeiro, Brazil; Strategic Development Center, Tbilisi State Medical University, Tbilisi, Georgia; Foundation for Biotechnology Awareness and Education, Bangalore, India; Ministry on Biosafety and Biosecurity and Science Ethics, Moroccan Ministry of Education, Training, Higher Education and Scientific Research, Rabat, Morocco; BIOS Centre, London School of Economics, London, England; Manila College of Medicine, University of the Philippines, Manila; Polish Academy of Sciences in Warsaw, Poland; Uganda National Academy of Sciences, Makere University, Kampala, Uganda

续表

DOI 号	DOI：10.1089/bsp.2009.1018.
页数	8
编号	K29
标题	Bioterrorism：Redefining Prevention
期刊	Biosecur Bioterror
年度／卷期／页码	2009，7（2）：125–126
作者	Bob Graham，Jim Talent
DOI 号	DOI：10.1089/bsp.2009.0610.
页数	2
编号	K30
标题	Triage and Management of Accidental Laboratory Exposures to Biosafety level-3 and-4 Agents
期刊	Biosecur Bioterror
年度／卷期／页码	2009，7（2）：135–143
作者	Peter Jahrling，Colleen Rodak，Mike Bray，Richard T. Davey
机构	Integrated Research Facility，National Institute of Allergy and Infectious Diseases，Frederick，MD，USA；Division of Clinical Research，NIAID，Bethesda，MD，USA
DOI 号	DOI：10.1089/bsp.2009.0002.
页数	9
编号	K31
标题	Government as Biosecurity Communicator：The 2006 Spinach Advisory
期刊	Biosecur Bioterror
年度／卷期／页码	2009，7（2）：144–152
作者	Caron Chess，Mary Anne Reilly，Cara Cuite
机构	Department of Human Ecology，Rutgers University，New Brunswick，NJ，USA
DOI 号	DOI：10.1089/bsp.2008.0051.
页数	9
编号	K32

续表

标题	**Survey Finds Biodefense Researcher Anxiety-Over Inadvertently Violating Regulations**
期刊	Biosecur Bioterror
年度／卷期／页码	2009，7（2）：225–226
作者	Victoria Sutton
机构	Center for Biodefense，Texas Tech University School of Law，USA
DOI 号	DOI：10.1089/bsp.2009.0015.
页数	2
编号	K33
标题	**Billions for Biodefense：Federal Agency Biodefense Funding，FY2009–FY2010**
期刊	Biosecur Bioterror
年度／卷期／页码	2009，7（3）：291–309
作者	Crystal Franco
机构	Center for Biosecurity of the University of Pittsburgh Medical Center，Baltimore，MD，USA
DOI 号	DOI：10.1089/bsp.2009.0035.
页数	19
编号	K34
标题	**Exposure to Bioterrorism and Mental Health Response Among Staff on Capitol Hill**
期刊	Biosecur Bioterror
年度／卷期／页码	2009，7（4）：379–388
作者	Carol S. North，Betty Pfefferbaum，Meena Vythilingam，Gregory J. Martin，John K. Schorr，Angela S. Boudreaux，Edward L. Spitznagel，Barry A. Hong
机构	Division of Emergency Medicine，University of Texas Southwestern Medical Center，Dallas，TX，USA；Department of Psychiatry and Behavioral Sciences，University of Oklahoma Health Sciences Center，Terrorism and Disaster Center of the National Child Traumatic Stress Network，Oklahoma City，OK，USA；Psychological Health Strategic Operations，Force Health Protection & Readiness，Office of the Assistant Secretary of Defense（Health Affairs），Falls Church，VA，USA；Infectious Diseases Clinical Research Program，

续表

机构	Uniformed Services University，Bethesda，MD，USA；Department of Sociology and Anthropology，Stetson University，DeLand，FL，USA；Stetson Institute for Social Research，Stetson University，DeLand，FL，USA；Department of Mathematics with a joint appointment in the Division of Biostatistics，Washington University，St. Louis，MO，USA；Clinical Affairs（Psychiatry），Washington University School of Medicine，St. Louis，MO，USA
DOI 号	DOI：10.1089/bsp.2009.0031.
页数	10
编号	K35
标题	A New Model of Bioterrorism Risk Assessment
期刊	Biosecur Bioterror
年度／卷期／页码	2009，7（4）：443–451
作者	Vladan Radosavljevic，Goran Belojevic
机构	Military Institute of Preventive Medicine in Belgrade，Serbia；University of Belgrade，Institute of Hygiene and Medical Ecology，Belgrade，Serbia
DOI 号	DOI：10.1089/bsp.2009.0016.
页数	9
编号	K36
标题	Bioinformatics for Biodefense：Challenges and Opportunities
期刊	Biosecur Bioterror
年度／卷期／页码	2010，8（1）：69–77
作者	Willy A. Valdivia-Granda
机构	Orion Integrated Biosciences，Inc.，New Rochelle，NY，USA
DOI 号	DOI：10.1089/bsp.2009.0024.
页数	9
编号	K37
标题	Comments from the Center for Biosecurity of UPMC on DHS Proposed Guidance for Responders During a Wide-Area Anthrax Attack
期刊	Biosecur Bioterror

续表

年度／卷期／页码	2010，8（1）：85–88
DOI 号	DOI：10.1089/bsp.2009.1123.
页数	4
编号	K38
标题	**DTRA-CB and Biodefense：Employing Systems Biology to Improve Medical Countermeasure Development**
期刊	Biosecur Bioterror
年度／卷期／页码	2010，8（1）：89–91
DOI 号	DOI：10.1089/bsp.2009.0519.
页数	3
编号	K39
标题	**The Social Context Shaping Bioweapons（Non）proliferation**
期刊	Biosecur Bioterror
年度／卷期／页码	2010，8（1）：9–24
作者	Sonia Ben Ouagrham-Gormley，Kathleen M. Vogel
机构	Biodefense Program，George Mason University，Fairfax，VA，USA；Department of Science and Technology Studies and the Peace Studies Program，Cornell University，Ithaca，NY，USA
DOI 号	DOI：10.1089/bsp.2009.0054.
页数	16
编号	K40
标题	**Environmental Decontamination Following a Large-Scale Bioterrorism Attack：Federal Progress and Remaining Gaps**
期刊	Biosecur Bioterror
年度／卷期／页码	2010，8（2）：107–117
作者	Crystal Franco，Nidhi Bouri
机构	Center for Biosecurity of UPMC，Baltimore，MD，USA
DOI 号	DOI：10.1089/bsp.2010.0009.
页数	11
编号	K41

续表

标题	Federal Agency Biodefense Funding，FY2010–FY2011
期刊	Biosecur Bioterror
年度／卷期／页码	2010，8（2）：129–149
作者	Crystal Franco，Tara Kirk Sell
机构	Center for Biosecurity of the University of Pittsburgh Medical Center，Baltimore，MD，USA
DOI 号	DOI：10.1089/bsp.2010.0013.
页数	21
编号	K42
标题	Xylella Fastidiosa：A Model for Analyzing Agricultural Biosecurity
期刊	Biosecur Bioterror
年度／卷期／页码	2010，8（2）：171–182
作者	Veronica Ancona，David N. Appel，Paul de Figueiredo
机构	Department of Plant Pathology and Microbiology，Department of Veterinary Pathobiology，Texas A&M University，College Station，TX，USA
DOI 号	DOI：10.1089/bsp.2009.0021.
页数	12
编号	K43
标题	Where Are the Countermeasures？ Protecting America's Health From CBRN Threats：A Report of the National Biodefense Science Board
期刊	Biosecur Bioterror
年度／卷期／页码	2010，8（2）：203–207
作者	Leigh Sawyer
机构	National Biodefense Science Board，Department of Health and Human Services，Washington，DC，USA
DOI 号	DOI：10.1089/bsp.2010.0016.
页数	5
编号	K44
标题	Seeking Innovation：Incentive Funding for Biodefense Biotechs
期刊	Biosecur Bioterror

续表

年度／卷期／页码	2010，8（4）：365–372
作者	John M. Nolan，Emad U. Samad，Lawrence F. Jindra，Stephen G. Brozak
机构	WBB Securities，Clark，NJ，USA
DOI 号	DOI：10.1089/bsp.2010.0044.
页数	8
编号	K45
标题	Center for Biosecurity of UPMC Comments on HHS Action Plan to Prevent Healthcare-Associated Infections
期刊	Biosecur Bioterror
年度／卷期／页码	2010，8（4）：377–378
作者	Amesh A. Adalja
机构	Center for Biosecurity of the University of Pittsburgh Medical Center，621 East Pratt Street，Baltimore，MD，USA
DOI 号	DOI：10.1089/bsp.2010.0128.
页数	2
编号	K46
标题	Managing Biosecurity Threats in China
期刊	Biosecur Bioterror
年度／卷期／页码	2011，9（1）：31–40
作者	Yanzhong Huang
机构	John C. Whitehead School of Diplomacy and International Relations，Seton Hall University，South Orange，NJ，USA
DOI 号	DOI：10.1089/bsp.2010.0060.
页数	10
编号	K47
标题	Dual-Use Review Policies of Biomedical Research Journals
期刊	Biosecur Bioterror
年度／卷期／页码	2011，9（1）：49–54
作者	David B. Resnik，Dionne D. Barner，Gregg E. Dinse

续表

机构	National Institute of Environmental Health Sciences, National Institutes of Health, Research Triangle Park, NC, USA
DOI 号	DOI：10.1089/bsp.2010.0067.
页数	6
编号	K48
标题	**Unfinished Business：Efforts to Define Dual-Use Research of Bioterrorism Concern**
期刊	Biosecur Bioterror
年度 / 卷期 / 页码	2011，9（4）：372–378
作者	Anna Zmorzynska，Jonathan E. Suk，Walter Biederbick，Heinrich Maidhof，Julia Sasse，Jan C. Semenza，Iris Hunger
机构	Research Group for Biological Arms Control，Weizsäcker Centre for Science and Peace Research，University of Hamburg，Hamburg，Germany；Office of the Chief Scientist，European Centre for Disease Prevention and Control（ECDC），Stockholm，Sweden；Robert Koch Institute，Berlin，Germany
DOI 号	DOI：10.1089/bsp.2011.0021.
页数	7
编号	K49
标题	**A Decade of Countering Bioterrorism：Incremental Progress，Fundamental Failings**
期刊	Biosecur Bioterror
年度 / 卷期 / 页码	2012，10（1）：49–54
作者	Richard Danzig
机构	Center for a New American Security，Washington，DC，USA
DOI 号	DOI：10.1089/bsp.2011.0104.
页数	6
编号	K50
标题	**Federal Agency Biodefense Funding，FY2012–FY2013**
期刊	Biosecur Bioterror
年度 / 卷期 / 页码	2012，10（2）：162–181

续表

作者	Crystal Franco，Tara Kirk Sell
机构	Center for Biosecurity of UPMC，Baltimore，MD，USA
DOI 号	DOI：10.1089/bsp.2012.0025.
页数	20
编号	K51
标题	Predicting Response to Reassurances and Uncertainties in Bioterrorism Communications for Urban Populations in New York and California
期刊	Biosecur Bioterror
年度 / 卷期 / 页码	2012，10（2）：188–202
作者	Elaine Vaughan，Tim L. Tinker，Benedict I. Truman，Paul Edelson，Stephen S. Morse
机构	Department of Psychology and Social Behavior，University of California，Irvine，CA，USA；Risk and Crisis Communication Capability，Booz Allen Hamilton，Inc.，Rockville，MD，USA；Centers for Disease Control and Prevention，Atlanta，GA，USA；Mailman School of Public Health，Columbia University，New York，NY，USA
DOI 号	DOI：10.1089/bsp.2011.0100.
页数	15
编号	K52
标题	A Program Against Bacterial Bioterrorism：Improved Patient Management and Acquisition of New Knowledge on Infectious Diseases
期刊	Biosecur Bioterror
年度 / 卷期 / 页码	2012，10（2）：203–207
作者	Michael Kemp，Rimtas Dargis，Keld Andresen，Jens Jørgen E. Christensen
机构	Microbiological Surveillance and Research，Statens Serum Institut，Copenhagen，Denmark
DOI 号	DOI：10.1089/bsp.2011.0055.
页数	5
编号	K53

续表

标题	Biosecurity Measures in 48 Isolation Facilities Managing Highly Infectious Diseases
期刊	Biosecur Bioterror
年度／卷期／页码	2012，10（2）：208–214
作者	Vincenzo Puro，Francesco M. Fusco，Stefan Schilling，Gail Thomson，Giuseppina De Iaco，Philippe Brouqui，Helena C. Maltezou，Barbara Bannister，René Gottschalk，Hans-Rheinhard Brodt，Giuseppe Ippolito，European Network For Highly Infectious Diseases
机构	Emerging and Re-emerging Infection Unit，Department of Epidemiology and Pre-clinical Research，National Institute for Infectious Diseases "L. Spallanzani，" Rome，Italy；Department of Infectious Diseases，University Hospital Frankfurt，Frankfurt am Main，Germany；Department of Rare and Imported Pathogens，Health Protection Agency，Porton，United Kingdom；Department of Infectious Diseases and Tropical Medicine，CHU Nord AP-HM，Marseille，France；Department for Interventions in Health-Care Facilities，Hellenic Centre for Disease Control and Prevention，Athens，Greece；Department of Infectious Diseases，Royal Free Hospital，London，UK；City Health Authorities，Frankfurt am Main，Germany；National Institute for Infectious Diseases "L. Spallanzani，" Rome，Italy
DOI 号	DOI：10.1089/bsp.2011.0098.
页数	7
编号	K54
标题	Can Biosecurity Be Embedded into the Culture of the Life Sciences ?
期刊	Biosecur Bioterror
年度／卷期／页码	2012，10（2）：241–246
作者	Laura H. Kahn
机构	Princeton University，Program on Science and Global Security，Princeton，NJ，USA
DOI 号	DOI：10.1089/bsp.2012.0023.
页数	6
编号	K55

续表

标题	**Biosecurity and the Review and Publication of Dual-Use Research of Concern**
期刊	Biosecur Bioterror
年度 / 卷期 / 页码	2012，10（3）：290–298
作者	Daniel Patrone，David Resnik，Lisa Chin
机构	Philosophy Department，State University of New York at Oneonta/ Broome Community College，Binghamton，NY，USA；National Institute for Environmental Health Sciences，National Institutes of Health，Research Triangle Park，NC，USA；Department of Public Health，University of London International Programmes，London，UK
DOI 号	DOI：10.1089/bsp.2012.0011.
页数	9
编号	K56
标题	**Biodefense Funding：Changes from President's Budget to Congressional Appropriations**
期刊	Biosecur Bioterror
年度 / 卷期 / 页码	2012，10（3）：321–327
作者	Tara Kirk Sell，Kate Gilles，Crystal Franco
机构	Center for Biosecurity of UPMC，Baltimore，MD，USA
DOI 号	DOI：10.1089/bsp.2012.0042.
页数	7
编号	K57
标题	**A Multidisciplinary Approach to Increasing Preparedness Against Bioterrorism**
期刊	Biosecur Bioterror
年度 / 卷期 / 页码	2013，11（S1）：S1–S2
作者	Bernd Appel
机构	Department of Biological Safety，Federal Institute for Risk Assessment（BfR），Berlin，Germany
DOI 号	DOI：10.1089/bsp.2013.0861.
页数	2

续表

编号	K58
标题	**Guidelines for Biosafety Training Programs for Workers Assigned to BSL-3 Research Laboratories**
期刊	Biosecur Bioterror
年度／卷期／页码	2013，11（1）：10–19
作者	Lesley C. Homer，T. Scott Alderman，Heather Ann Broussard，Robert P. Ellis，Jay Frerotte，Eleanor W. Low，Travis R. McCarthy，Jessica M. McCormick，JeT'Aime M. Newton，Francine C. Rogers，Ryan Schlimgen，Jennifer M. Stabenow，Diann Stedman，Cheryl Warfield，Corrie A. Ntiforo，Carol T. Whetstone，Domenica Zimmerman，Emmett Barkley
机构	Environmental Health and Safety，University of Pittsburgh，Pittsburgh，PA，USA；Human Vaccine Institute，Duke University Medical Center，Durham，NC，USA；Environmental Health Services，Colorado State University，Fort Collins，CO，USA；Environmental Health and Safety Department，Biological and Chemical Safety，University of Texas Medical Branch，Galveston，TX，USA；Department of Occupational Health and Safety，University of Alabama at Birmingham，AL，USA；Animal Welfare and Biosafety Program，Office of Research Compliance，University of Hawaii at Manoa，Honolulu，HI，USA；Laboratory for Infectious Disease Research，University of Missouri，Columbia，MO，USA；JEmergency Management and Occupational Health and Safety，University of Medicine and Dentistry of New Jersey，Newark，NJ，USA；University of Tennessee Health Science Center，Memphis，TN，USA；Tufts Cummings School of Veterinary Medicine，Environmental Health and Safety，Tufts University，Grafton，MA，USA；Regional Biocontainment Lab，University of Tennessee Health Science Center，Memphis，TN，USA；Environmental Health and Safety Office，George Mason University，Fairfax，VA，USA；Environmental Health and Safety，University of Louisville，Louisville，KY，USA
DOI 号	DOI：10.1089/bsp.2012.0038.
页数	10
编号	K59

续表

标题	Implementation of a Personnel Reliability Program as a Facilitator of Biosafety and Biosecurity Culture in BSL-3 and BSL-4 Laboratories
期刊	Biosecur Bioterror
年度／卷期／页码	2013，11（2）：130–137
作者	Jacki J. Higgins，Patrick Weaver，J. Patrick Fitch，Barbara Johnson，R. Marene Pearl
机构	National Biodefense Analysis and Countermeasures Center，Fort Detrick，MD，USA
DOI 号	DOI：10.1089/bsp.2013.0024.
页数	8
编号	K60
标题	Federal Agency Biodefense Funding，FY2013–FY2014
期刊	Biosecur Bioterror
年度／卷期／页码	2013，11（3）：196–216
作者	Tara Kirk Sell，Matthew Watson
机构	UPMC Center for Health Security，Baltimore，MD，USA
DOI 号	DOI：10.1089/bsp.2013.0047.
页数	21
编号	K61
标题	The Plague of Athens：An Ancient Act of Bioterrorism？
期刊	Biosecur Bioterror
年度／卷期／页码	2013，11（3）：228–229
作者	Manolis J. Papagrigorakis，Philippos N. Synodinos，Angeliki Stathi，Chrysanthi L. Skevaki，Levantia Zachariadou
机构	Museum Studies Research Centre，University of Athens，Athens，Greece；Aghia Sophia Children's Hospital，Athens，Greece
DOI 号	DOI：10.1089/bsp.2013.0057.
页数	2
编号	K62

续表

标题	Detecting Bioterrorism：How to Detect the Unexpected ?
期刊	Biosecur Bioterror
年度 / 卷期 / 页码	2013，11（S1）：S123
作者	Peter R. Wielinga
机构	National Food Institute，Technical University of Denmark（DTU），Søborg，Denmark
DOI 号	DOI：10.1089/bsp.2013.0863.
页数	1
编号	K63
标题	Analysis of Research Publications That Relate to Bioterrorism and Risk Assessment
期刊	Biosecur Bioterror
年度 / 卷期 / 页码	2013，11（S1）：S124–S133
作者	Gary C. Barker
机构	Institute of Food Research，Gut Health and Food Safety，Norwich Research Park，Colney，Norwich，United Kingdom
DOI 号	DOI：10.1089/bsp.2013.0019.
页数	10
编号	K64
标题	Review of a New Molecular Virus Pathotyping Method in the Context of Bioterrorism
期刊	Biosecur Bioterror
年度 / 卷期 / 页码	2013，11（S1）：S241–S246
作者	Mikael Leijon，Sándor Belák
机构	National Veterinary Institute，Uppsala，Sweden
DOI 号	DOI：10.1089/bsp.2012.0087.
页数	6
编号	K65
标题	Rodents as Potential Couriers for Bioterrorism Agents
期刊	Biosecur Bioterror
年度 / 卷期 / 页码	2013，11（S1）：S247–S257

续表

作者	Mare Lõhmus，Ingmar Janse，Frank van de Goot，Bart J van Rotterdam
机构	Department of Zoonoses & Environmental Microbiology，Centre for Infectious Disease Control，National Institute for Public Health and the Environment （RIVM），Section I & V，Bilthoven，the Netherlands
DOI 号	DOI：10.1089/bsp.2012.0085.
页数	11
编号	K66
标题	**Social Media and Its Dual Use in Biopreparedness：Communication and Visualization Tools in an Animal Bioterrorism Incident**
期刊	Biosecur Bioterror
年度／卷期／页码	2013，11（S1）：S264–S275
作者	Elisabeth Sjöberg，Gary C Barker，Jonas Landgren，Isaac Griberg，Jeffrey E. Skiby，Anna Tubbin，Anne von Stapelmohr，Malin Härenstam，Mikael Jansson，Rickard Knutsson
机构	Department of Security，National Veterinary Institute，Uppsala，Sweden；Institute of Food Research，Gut Health and Food Safety，Norwich Research Park，Colney，Norwich，United Kingdom；Chalmers University of Technology and Gothenburg University，Sweden；International Committee of the Red Cross Institute，Geneva，Switzerland；Division of Food Microbiology，Technical University of Denmark，Søborg，Denmark；Swedish Board of Agriculture，Jönköping Sweden；Swedish Contingency Agency，Stockholm，Sweden；National Veterinary Institute，Uppsala，Sweden；Swedish University of Agricultural Sciences，Uppsala，Sweden；Security Department，National Veterinary Institute，Uppsala，Sweden
DOI 号	DOI：10.1089/bsp.2013.0014.
页数	12
编号	K67
标题	**Development of a Comparative Risk Ranking System for Agents Posing a Bioterrorism Threat to Human or Animal Populations**
期刊	Biosecur Bioterror
年度／卷期／页码	2013，11（S1）：S3–S16

续表

作者	Katharina Tomuzia，Andrea Menrath，Hendrik Frentzel，Matthias Filter，Armin A. Weiser，Juliane Bräunig，Anja Buschulte，Bernd Appel
机构	Department Biological Safety，Federal Institute for Risk Assessment（BfR），Berlin，Germany
DOI 号	DOI：10.1089/bsp.2012.0070.
页数	14
编号	K68
标题	**Pre-PCR Processing in Bioterrorism Preparedness：Improved Diagnostic Capabilities for Laboratory Response Networks**
期刊	Biosecur Bioterror
年度 / 卷期 / 页码	2013，11（S1）：S87–S101
作者	Johannes Hedman，Rickard Knutsson，Ricky Ansell，Peter Rådström，Birgitta Rasmusson
机构	Applied Microbiology，Lund University
DOI 号	DOI：10.1089/bsp.2012.0090.
页数	15
编号	K69
标题	**Hospital Bioterrorism Planning and Burn Surge**
期刊	Biosecur Bioterror
年度 / 卷期 / 页码	2014，12（1）：20–28
作者	Randy D. Kearns，Brent Myers，Charles B. Cairns，Preston B. Rich，C. Scott Hultman，Anthony G. Charles，Samuel W. Jones，Grace L. Schmits，Mary Beth Skarote，James H. Holmes IV，Bruce A. Cairns
DOI 号	DOI：10.1089/bsp.2013.0065.
页数	9
编号	K70
标题	**Do Latin American Scientific Journals Follow Dual-Use Review Policies？**
期刊	Biosecur Bioterror
年度 / 卷期 / 页码	2014，12（2）：94–105

续表

作者	Edith Gladys Valles，Adriana Silvina Bernacchi
机构	Scientific and Technical Research Institute for Defense，Buenos Aires，Argentina
DOI 号	DOI：10.1089/bsp.2013.0088.
页数	12
编号	K71
标题	**Prioritizing the Defense Department's Response to Biological Warfare Threat Agents**
期刊	Biosecur Bioterror
年度 / 卷期 / 页码	2014，12（6）：370–372
作者	W. Seth Carus，Noreen A. Hynes
机构	Center for the Study of WMD，National Defense University，Ft. McNair，Washington，DC，USA；Geographic Medicine Center of the Division of Infectious Diseases，Johns Hopkins School of Medicine，Baltimore，MD，USA
DOI 号	DOI：10.1089/bsp.2014.0054.
页数	3
编号	K72

Health Secur

标题	**Marburg Biosafety and Biosecurity Scale（MBBS）：A Framework for Risk Assessment and Risk Communication**
期刊	Health Secur
年度 / 卷期 / 页码	2015，13（2）：88–95
作者	Petra Dickmann，Franklin Apfel，Nadine Biedenkopf，Markus Eickmann，Stephan Becker
机构	Dickmann Risk Communication，London，UK；Institute of Virology，Marburg，and the German Centre for Infection Research，Philipps University，Marburg，Germany
DOI 号	DOI：10.1089/hs.2014.0065.

续表

页数	8
编号	K73
标题	Federal Funding for Health Security in FY2016
期刊	Health Secur
年度／卷期／页码	2015，13（3）：186–206
作者	Crystal Boddie，Tara Kirk Sell，Matthew Watson
机构	UPMC Center for Health Security，Baltimore，MD，USA
DOI 号	DOI：10.1089/hs.2015.0017.
页数	21
编号	K74
标题	The History of Biological Weapons Use：What We Know and What We Don' t
期刊	Health Secur
年度／卷期／页码	2015，13（4）：219–255
作者	W. Seth Carus
机构	Center for the Study of WMD，National Defense University，Ft. McNair，Washington，DC，USA
DOI 号	DOI：10.1089/hs.2014.0092.
页数	37
编号	K75
标题	Transfer of Select Agents and Toxins：2003–2013
期刊	Health Secur
年度／卷期／页码	2015，13（4）：256–266
作者	Bryan D. Shelby，Debora Cartagena，Vondguraus McClee，Denise Gangadharan，Robbin Weyant
DOI 号	DOI：10.1089/hs.2015.0009.
页数	11
编号	K76
标题	The Role of Practical Advice in Bioterrorism News Coverage
期刊	Health Secur

续表

年度／卷期／页码	2015，13（5）：327–338
作者	Kristen Alley Swain
机构	Meek School of Journalism and New Media，University of Mississippi，University，MS，USA
DOI 号	DOI：10.1089/hs.2015.0008.
页数	12
编号	K77
标题	**The ABCs of the US Broad Spectrum Antimicrobials Program：Antibiotics，Biosecurity，and Congress**
期刊	Health Secur
年度／卷期／页码	2015，13（6）：349–354
作者	John K. Billington
DOI 号	DOI：10.1089/hs.2015.0034.
页数	6
编号	K78
标题	**US Competitiveness in Synthetic Biology**
期刊	Health Secur
年度／卷期／页码	2015，13（6）：378–389
作者	Gigi Kwik Gronvall
机构	UPMC Center for Health Security，Baltimore，MD，USA
DOI 号	DOI：10.1089/hs.2015.0046.
页数	12
编号	K79
标题	**Singapore-Malaysia-Indonesia-US Dialogue on Biosecurity**
期刊	Health Secur
年度／卷期／页码	2015，13（6）：399–405
作者	Gigi Kwik Gronvall，Sanjana Ravi，Tom Inglesby，Anita Cicero
机构	UPMC Center for Health Security，Baltimore，MD，USA
DOI 号	DOI：10.1089/hs.2015.0051.
页数	7

续表

编号	K80
标题	**Roger Gerrard Breeze，1946—2016：Led the World into the Modern Era of Biodefense and Biosecurity**
期刊	Health Secur
年度／卷期／页码	2016，14（4）：203—204
作者	Jason Paragas，Joe Dudley，William Karesh，Terry Leighton，Alan Rudolph
DOI 号	DOI：10.1089/hs.2016.0061.
页数	2
编号	K81
标题	**A Biosecurity Survey in Kenya，November 2014 to February 2015**
期刊	Health Secur
年度／卷期／页码	2016，14（4）：205—213
作者	Edwardina Otieno Ndhine，Hans-Christian Slotved，Eric Mogaka Osoro，Katja N. Olsen，Moses Rugutt，Cathryn W. Wanjohi，Walter Mwanda，Benson Mburu Kinyagia，Nina R. Steenhard，John-Erik Stig Hansen
机构	Center for Biosecurity and Biopreparedness，Copenhagen，Denmark；Department of Preventive and Promotive Health，Ministry of Health，Nairobi，Kenya；Policy Coordination and Capacity Development，Directorate of Veterinary Services，Ministry of Agriculture，Livestock and Fisheries，Nairobi，Kenya；University of Nairobi Institutes of Tropical and Infectious Diseases（UNITID），Nairobi Kenya
DOI 号	DOI：10.1089/hs.2016.0009.
页数	9
编号	K82
标题	**Barriers to Implementation of Optimal Laboratory Biosafety Practices in Pakistan**
期刊	Health Secur
年度／卷期／页码	2016，14（4）：214—219
作者	Sadia Shakoor，Humaira Shafaq，Rumina Hasan，Shahida M. Qureshi，Maqboola Dojki，Molly A. Hughes，Anita K. M. Zaidi，Erum Khan

续表

机构	Department of Pediatrics & Child Health, Aga Khan University, Karachi, Pakistan; Department of Pathology & Laboratory Medicine, Aga Khan University, Karachi, Pakistan; Department of Medicine, University of Virginia, Charlottesville, VA, USA
DOI 号	DOI：10.1089/hs.2016.0031.
页数	6
编号	K83
标题	**Refugees of the Syrian Civil War: Impact on Reemerging Infections, Health Services, and Biosecurity in Turkey**
期刊	Health Secur
年度 / 卷期 / 页码	2016, 14（4）：220–225
作者	Mehmet Doganay, Hayati Demiraslan
机构	Department of Infectious Diseases, Faculty of Medicine, Erciyes University, Kayseri, Turkey
DOI 号	DOI：10.1089/hs.2016.0054.
页数	6
编号	K84
标题	**Biocidal and Sporicidal Efficacy of Pathoster® 0.35% and Pathoster® 0.50% Against Bacterial Agents in Potential Bioterrorism Use**
期刊	Health Secur
年度 / 卷期 / 页码	2016, 14（4）：250–257
作者	Antonio Candeliere, Emanuele Campese, Adelia Donatiello, Stefania Pagano, Michela Iatarola, Francesco Tolve, Leonardo Antonino, Antonio Fasanella
机构	Cerichem Biopharm srl, Cerignola FG, Italy
DOI 号	DOI：10.1089/hs.2016.0003.
页数	8
编号	K85
标题	**Open-Air Biowarfare Testing and the Evolution of Values**
期刊	Health Secur
年度 / 卷期 / 页码	2016, 14（5）：315–322
作者	Leonard A. Cole

续表

机构	Rutgers New Jersey Medical School，Newark，NJ，USA
DOI 号	DOI：10.1089/hs.2016.0040.
页数	8
编号	K86
标题	A Biosafety Agenda to Spur Biotechnology Development and Prevent Accidents
期刊	Health Secur
年度／卷期／页码	2017，15（1）：25–27
作者	Gigi Kwik Gronvall
DOI 号	DOI：10.1089/hs.2016.0095.
页数	3
编号	K87
标题	Existential Risk and Cost-Effective Biosecurity
期刊	Health Secur
年度／卷期／页码	2017，15（4）：373–383
作者	Piers Millett，Andrew Snyder-Beattie
机构	University of Oxford，Future of Humanity Institute，Oxford，England
DOI 号	DOI：10.1089/hs.2017.0028.
页数	11
编号	K88
标题	Network Experiences From a Cross-Sector Biosafety Level-3 Laboratory Collaboration：A Swedish Forum for Biopreparedness Diagnostics
期刊	Health Secur
年度／卷期／页码	2017，15（4）：384–391
作者	Johanna Thelaus，Anna Lindberg，Susanne Thisted Lambertz，Mona Byström，Mats Forsman，Hans Lindmark，Rickard Knutsson，Viveca Båverud，Andreas Bråve，Pontus Jureen，Annelie Lundin Zumpe，Öjar Melefors

续表

机构	Division of CBRN Defence and Security，Swedish Defence Research Agency (FOI)，Umeå，Sweden；National Veterinary Institute (SVA)，Uppsala，Sweden；National Food Agency，Uppsala，Sweden；Public Health Agency of Sweden，Solna，Sweden
DOI 号	DOI：10.1089/hs.2016.0082.
页数	8
编号	K89
标题	**The De Novo Synthesis of Horsepox Virus：Implications for Biosecurity and Recommendations for Preventing the Reemergence of Smallpox**
期刊	Health Secur
年度／卷期／页码	2017，15（6）：620–628
作者	Gregory D. Koblentz
机构	Schar School of Policy and Government，George Mason University，Fairfax，VA，USA；Center for Arms Control and Non-Proliferation in Washington，DC，USA
DOI 号	DOI：10.1089/hs.2017.0061.
页数	9
编号	K90
标题	**Biosecurity Implications for the Synthesis of Horsepox，an Orthopoxvirus**
期刊	Health Secur
年度／卷期／页码	2017，15（6）：629–637
作者	Diane DiEuliis，Kavita Berger，Gigi Gronvall
机构	Center for the Study of Weapons of Mass Destruction，National Defense University，Washington，DC，USA；Johns Hopkins Center for Health Security，Baltimore，MD，USA
DOI 号	DOI：10.1089/hs.2017.0081.
页数	9
编号	K91
标题	**A Systems Approach to Agricultural Biosecurity**
期刊	Health Secur
年度／卷期／页码	2018，16（1）：58–68

续表

作者	Manish Anand
机构	The Energy and Resources Institute（TERI），New Delhi，India
DOI 号	DOI：10.1089/hs.2017.0035.
页数	11
编号	K92
标题	**A Publicly Available Landscape Analysis Tool for Biodefense Policy**
期刊	Health Secur
年度 / 卷期 / 页码	2018，16（1）：77–78
作者	Kristin M. Omberg，Lyndsey R. Franklin，Daniel R. Jackson，Karen L. Taylor，Karen L. Wahl，Ann Lesperance，Ellen M. Wynkoop，Jessica A. S. Gray，Owen P. Leiser，Sarah L. Frazar，Richard Ozanich，Rachel Bartholomew
DOI 号	DOI：10.1089/hs.2017.0088.
页数	2
编号	K93
标题	**Distinguishing Respiratory Features of Category A/B Potential Bioterrorism Agents from Community-Acquired Pneumonia**
期刊	Health Secur
年度 / 卷期 / 页码	2018，16（4）：224–238
作者	Elena H. Kwon，Ronald B. Reisler，Anthony P. Cardile，Theodore J. Cieslak，Michael J. D' Onofrio，Angela L. Hewlett，Karen A. Martins，Chi Ritchie，Mark G. Kortepeter
机构	Medical Division，United States Army Medical Research Institute of Infectious Diseases（USAMRIID），Fort Detrick，MD，USA；Nebraska Biocontainment Unit，College of Public Health，University of Nebraska，Omaha，NE，USA；Walter Reed National Military Medical Center，Bethesda，MD，USA；Nebraska Biocontainment Unit，University of Nebraska Medical Center，Omaha，NE，USA；College of Public Health，University of Nebraska，Omaha，NE，USA
DOI 号	DOI：10.1089/hs.2018.0017.
页数	15
编号	K94

续表

标题	Federal Funding for Health Security in FY2019
期刊	Health Secur
年度／卷期／页码	2018，16（5）：281–303
作者	Crystal Watson，Matthew Watson，Daniel Gastfriend，Tara Kirk Sell
机构	Johns Hopkins Bloomberg School of Public Health，Baltimore，MD，USA
DOI 号	DOI：10.1089/hs.2018.0077.
页数	23
编号	K95
标题	Lincoln's Biodefense Strategy：Protecting the Agricultural Base
期刊	Health Secur
年度／卷期／页码	2019，17（1）：80–81
作者	Alan Rudolph，Sarah Nusser，Patrick Stover，Prasant Mohapatra，Robert Wilhelm，Peter Dorhout
机构	Colorado State University；Iowa State University；Kansas State University；Texas A&M University；University of California at Davis；Research and Economic Development University of Nebraska，NE，USA
DOI 号	DOI：10.1089/hs.2018.0124.
页数	2
编号	K96
标题	Biodefense Policy Analysis—A Systems-based Approach
期刊	Health Secur
年度／卷期／页码	2019，17（2）：83–99
作者	Diane DiEuliis，Venkat Rao，Emily A. Billings，Corey B. Meyer，Kavita Berger
机构	National Defense University，Fort Lesley J. McNair，Washington，DC，USA；Health Market，Parsons Government Services，Washington，DC，USA；Gryphon Scientific，LLC，Takoma Park，MD，USA
DOI 号	DOI：10.1089/hs.2018.0082.
页数	17

续表

编号	K97
标题	Awareness and Attitudes of Research Students Toward Dual-use Research of Concern in Pakistan：A Cross-sectional Questionnaire
期刊	Health Secur
年度／卷期／页码	2019，17（3）：229–239
作者	Samreen Sarwar，Sadaf Ilyas，Bilal Ahmed Khan，Danielle C. Lohman，Saleha Haffez，Madiha Rafique，Faizan Rashid，Junaid Akhtar，Saeed Khan，Aurora O. Amoah
机构	University of Health Sciences，Lahore，Pakistan；Sadaf Ilyas，School of Biological Sciences，University of Punjab，Lahore；Department of Pathology，Dow University of Health Sciences，Karachi，Pakistan；Health Security Partners，Washington，DC，USA；Department of Industrial Biotechnology，ASAB，National University of Science and Technology，Islamabad，Pakistan；Department of Pathology，Bahawalpur Medical and Dental College，Bahawalpur，Pakistan；University of Haripur，Haripur，Pakistan；Allied Health Sciences，Sargodha Medical College，University of Sargodha，Sargodha，Pakistan；Department of Pathology，Dow University of Health Sciences，Karachi，Pakistan；Data Analytics Research & Evaluation Group，Washington，DC，USA
DOI 号	DOI：10.1089/hs.2019.0002.
页数	11
编号	K98
标题	Building Biosafety Capacity in Our Nation' s Laboratories
期刊	Health Secur
年度／卷期／页码	2019，17（5）：353–363
作者	Christina L. Chung，Kimberly Spencer Bellis，Amy Pullman，Angelica O' Connor，Alvin Shultz
机构	Division of Preparedness and Emerging Infections，National Center for Emerging and oonotic Infectious Diseases，Centers for Disease Control and Prevention，Atlanta，GA，USA
DOI 号	DOI：10.1089/hs.2019.0056.
页数	11

续表

编号	K99
标题	Survey of Suspected Laboratory-Acquired Infections and Biosafety Practices in Research, Clinical, and Veterinary Laboratories in Karachi, Pakistan
期刊	Health Secur
年度／卷期／页码	2019, 17（5）：372–383
作者	Shamsul Arfin Qasmi, Bilal Ahmed Khan
机构	Department of Pathology, Fazaia Ruth Pfau Medical College, Karachi, Pakistan
DOI 号	DOI：10.1089/hs.2019.0057.
页数	12
编号	K100
标题	Mapping the Synthetic Biology Industry：Implications for Biosecurity
期刊	Health Secur
年度／卷期／页码	2019, 17（5）：403–406
作者	Sarah Carter, Diane DiEuliis
机构	Sarah R. Carter, PhD, is a Principal at Science Policy Consulting, LLC, Arlington, VA, USA；Center for the Study of Weapons of Mass Destruction, National Defense University, Washington, DC, USA
DOI 号	DOI：10.1089/hs.2019.0078.
页数	4
编号	K101
标题	Accelerating Action in Global Health Security：Global Biosecurity Dialogue as a Model for Advancing the Global Health Security Agenda
期刊	Health Secur
年度／卷期／页码	2019, 17（6）：495–503
作者	Sabrina Brizee, Katherine Budeski, Wilmot James, Michelle Nalabandian, Diederik A. Bleijs, Scott J. Becker, Sacha Wallace-Sankarsingh, Anthony Ahumibe, Emmanuel Agogo, Chikwe Ihekweazu, Simo Nikkari, Maureen Ellis, Ernesto Gozzer, Immaculate Sware Semesi, Zibusiso M. Masuku, Aamer Ikram, Faheem Tahir, Irma Makalinao, Hayley Anne Severance, Mark W. J. van Passel, Elizabeth E. Cameron

续表

机构	Global Biological Policy and Programs，NTI，Washington，DC，National Institute for Public Health and the Environment，Bilthoven，The Netherlands；Global Biological and Policy Programs，NTI，Washington，DC，USA；Columbia University，New York，NY，USA；National Institute for Public Health and the Environment，Bilthoven，The Netherlands；Association of Public Health Laboratories，Silver Spring，MD，USA；Laboratory Services and Networks，Caribbean Public Health Agency，Port of Spain，Trinidad and Tobago；Nigeria Centre for Disease Control，Abuja，Nigeria；Centre for Biothreat Preparedness，Helsinki，Finland；International Federation of Biosafety Associations，Ottawa，Ontario，Canada；Universidad Peruana Cayetano Heredia，Lima，Peru. Parliament of the United Republic of Tanzania，Dodoma，Tanzania；Institutional Biosafety and Biosecurity Committee，National Institute for Communicable Diseases，Johannesburg，South Africa；National Institute of Health，Islamabad，Pakistan；Public Health Laboratories Division，National Institute of Health，Islamabad，Pakistan；College of Medicine，University of the Philippines，Manila，Philippines
DOI 号	DOI：10.1089/hs.2019.0121.
页数	9
编号	K102
标题	**Public Understanding，Perceptions，and Information Sources About Bioterrorism：Pilot Study from the Republic of Serbia**
期刊	Health Secur
年度 / 卷期 / 页码	2020，18（1）：29–35
作者	Una Radovanović Nenadić，Smilja Teodorović
机构	Department of Military Mechanical Engineering，University of Defence，Military Academy，Belgrade，Serbia；Department of Forensic Sciences，University of Criminal Investigation and Police Studies，Belgrade，Serbia
DOI 号	DOI：10.1089/hs.2019.0046.
页数	7
编号	K103

续表

标题	Inside the Hot Zone：A Soldier on the Front Lines of Biological Warfare
期刊	Health Secur
年度 / 卷期 / 页码	2020，18（2）：150–151
作者	Amesh A. Adalja
机构	Johns Hopkins Center for Health Security，Baltimore，MD，USA
DOI 号	DOI：10.1089/hs.2020.0025.
页数	2
编号	K104

Emerg Infect Dis

标题	Bioterrorism as a Public Health Threat
期刊	Emerg Infect Dis
年度 / 卷期 / 页码	1998，4（3）：488–492
作者	D. A. Henderson
机构	Johns Hopkins University，Baltimore，MD，USA
DOI 号	DOI：10.3201/eid0403.980340.
页数	5
编号	L1
标题	Air Evacuation Under High-Level Biosafety Containment：The Aeromedical Isolation Team
期刊	Emerg Infect Dis
年度 / 卷期 / 页码	1999，5（2）：241–246
作者	George W. Christopher，Edward M. Eitzen Jr
机构	U.S. Army Medical Research Institute of Infectious Diseases，Fort Detrick，MD，USA
DOI 号	DOI：10.3201/eid0502.990208.
页数	6
编号	L2

续表

标题	About the First National Symposium on Medical and Public Health Response to Bioterrorism-Preface
期刊	Emerg Infect Dis
年度／卷期／页码	1999，5（4）：491
作者	D. A. Henderson
机构	Johns Hopkins Center for Civilian Biodefense Studies
DOI 号	DOI：10.3201/eid0504.990401.
页数	1
编号	L3
标题	Bioterrorism：How Prepared Are We？
期刊	Emerg Infect Dis
年度／卷期／页码	1999，5（4）：492–493
作者	Donna E. Shalala
机构	U.S. Secretary of Health and Human Services，USA
DOI 号	DOI：10.3201/eid0504.990402.
页数	2
编号	L4
标题	The Emerging Threat of Bioterrorism
期刊	Emerg Infect Dis
年度／卷期／页码	1999，5（4）：494–495
作者	James M. Hughes
机构	Centers for Disease Control and Prevention，Atlanta，GA，USA
DOI 号	DOI：10.3201/eid0504.990403.
页数	2
编号	L5
标题	Finding the Right Balance Against Bioterrorism
期刊	Emerg Infect Dis
年度／卷期／页码	1999，5（4）：497
作者	Richard A. Clarke
机构	The White House，Washington，DC，USA

续表

DOI 号	DOI：10.3201/eid0504.990405.
页数	1
编号	L6
标题	Historical Trends Related to Bioterrorism：An Empirical Analysis
期刊	Emerg Infect Dis
年度／卷期／页码	1999，5（4）：498–504
作者	Jonathan B. Tucker
机构	Monterey Institute of International Studies，Monterey，CA，USA
DOI 号	DOI：10.3201/eid0504.990406.
页数	7
编号	L7
标题	Nuclear Blindness：An Overview of the Biological Weapons Programs of the Former Soviet Union and Iraq
期刊	Emerg Infect Dis
年度／卷期／页码	1999，5（4）：509–512
作者	Christopher J. Davis
机构	Johns Hopkins University Center for Civilian Biodefense Studies，USA
DOI 号	DOI：10.3201/eid0504.990408.
页数	4
编号	L8
标题	The Prospect of Domestic Bioterrorism
期刊	Emerg Infect Dis
年度／卷期／页码	1999，5（4）：517–522
作者	Jessica Stern
机构	Council on Foregin Relations，Washington，DC，USA
DOI 号	DOI：10.3201/eid0504.990410.
页数	6
编号	L9

续表

标题	Epidemiology of Bioterrorism
期刊	Emerg Infect Dis
年度／卷期／页码	1999，5（4）：528–530
作者	Julie A. Pavlin
机构	Walter Reed Army Institute of Research，Washington，DC，USA
DOI 号	DOI：10.3201/eid0504.990412.
页数	3
编号	L10
标题	Vaccines in Civilian Defense Against Bioterrorism
期刊	Emerg Infect Dis
年度／卷期／页码	1999，5（4）：531–533
作者	Philip K. Russell
机构	Johns Hopkins School of Public Health，Baltimore，MD，USA
DOI 号	DOI：10.3201/eid0504.990413.
页数	3
编号	L11
标题	Vaccines，Pharmaceutical Products，and Bioterrorism：Challenges for the U.S. Food and Drug Administration
期刊	Emerg Infect Dis
年度／卷期／页码	1999，5（4）：534–536
作者	Kathryn C. Zoon
机构	U.S. Food and Drug Administration，Rockville，MD，USA
DOI 号	DOI：10.3201/eid0504.990414.
页数	3
编号	L12
标题	Addressing the Potential Threat of Bioterroris—Value Added to an Improved Public Health Infrastructure
期刊	Emerg Infect Dis
年度／卷期／页码	1999，5（4）：591–592
作者	Joseph E. McDade

续表

机构	Centers for Disease Control and Prevention，Atlanta，GA，USA
DOI 号	DOI：10.3201/eid0504.990428.
页数	2
编号	L13
标题	**Bioterrorism-Related Inhalational Anthrax：The First 10 Cases Reported in the United States**
期刊	Emerg Infect Dis
年度／卷期／页码	2001，7（6）：933–944
作者	John A. Jernigan，David S. Stephens，David A. Ashford，Carlos Omenaca，Martin S. Topiel，Mark Galbraith，Michael Tapper，Tamara L. Fisk，Sherif Zaki，Tanja Popovic，Richard F. Meyer，Colin P. Quinn，Scott A. Harper，Sherif K. Fridkin，James J. Sejvar，Colin W. Shepard，Michelle McConnell，Jeannette Guarner，Wun-Ju Shieh，Jean M. Malecki，Julie L. Gerberding，James M. Hughes，Bradley A. Perkins，Anthrax Bioterrorism Investigation Team
机构	Centers for Disease Control and Prevention，Atlanta，GA，USA；Emory University School of Medicine，Atlanta，Georgia，USA；Cedars Medical Center，Miami，FL，USA；Virtua Health，Mount Holly，NJ，USA；Winchester Medical Center，Winchester，VA，USA；Lenox Hill Hospital，New York City，NY，USA；Palm Beach County Department of Public Health，West Palm Beach，FL，USA
DOI 号	DOI：10.3201/eid0706.010604.
页数	12
编号	L14
标题	**Anthrax Bioterrorism：Lessons Learned and Future Directions**
期刊	Emerg Infect Dis
年度／卷期／页码	2002，8（10）：1013–1014
作者	James M. Hughes，Julie Louise Gerberding
机构	National Center for Infectious Disease，Centers for Disease Control and Prevention，Atlanta，GA，USA
DOI 号	DOI：10.3201/eid0810.020466.

续表

页数	2
编号	L15
标题	**Public Health in the Time of Bioterrorism**
期刊	Emerg Infect Dis
年度／卷期／页码	2002，8（10）：1015–1018
作者	Bradley A. Perkins，Tanja Popovic，Kevin Yeskey
机构	Centers for Disease Control and Prevention，Atlanta，GA，USA
DOI 号	DOI：10.3201/eid0810.020444.
页数	4
编号	L16
标题	**Investigation of Bioterrorism-Related Anthrax，United States，2001：Epidemiologic Findings**
期刊	Emerg Infect Dis
年度／卷期／页码	2002，8（10）：1019–1028
作者	Daniel B. Jernigan，Pratima L. Raghunathan，Beth P. Bell，Ross Brechner，Eddy A. Bresnitz，Jay C. Butler，Marty Cetron，Mitch Cohen，Timothy Doyle，Marc Fischer，Carolyn Greene，Kevin S. Griffith，Jeannette Guarner，James L. Hadler，James A. Hayslett，Richard Meyer，Lyle R. Petersen，Michael Phillips，Robert Pinner，Tanja Popovic，Conrad P. Quinn，Jennita Reefhuis，Dori Reissman，Nancy Rosenstein，Anne Schuchat，Wun-Ju Shieh，Larry Siegal，David L. Swerdlow，Fred C. Tenover，Marc Traeger，John W. Ward，Isaac Weisfuse，Steven Wiersma，Kevin Yeskey，Sherif Zaki，David A. Ashford，Bradley A. Perkins，Steve Ostroff，James Hughes，David Fleming，Jeffrey P. Koplan，Julie L. Gerberding，National Anthrax Epidemiologic Investigation Team
机构	Centers for Disease Control and Prevention，Atlanta，GA，USA；Maryland Department of Health and Hygiene，Baltimore，MD，USA；New Jersey Department of Health and Senior Services，Trenton，NJ，USA；Connecticut Department of Public Health，Hartford，CT，USA；District of Columbia Department of Health，Washington，DC，USA；New York City Department of Health，New York，NY，USA；Florida Department of Health，Tallahassee，FL，USA
DOI 号	DOI：10.3201/eid0810.020353.

续表

页数	10
编号	L17
标题	**First Case of Bioterrorism-Related Inhalational Anthrax in the United States，Palm Beach County，Florida，2001**
期刊	Emerg Infect Dis
年度／卷期／页码	2002，8（10）：1029–1034
作者	Marc S. Traeger, Steven T. Wiersma, Nancy E. Rosenstein, Jean M. Malecki，Colin W. Shepard，Pratima L. Raghunathan，Segaran P. Pillai，Tanja Popovic，Conrad P. Quinn，Richard F. Meyer，Sharif R. Zaki, Savita Kumar, Sherrie M. Bruce, James J. Sejvar, Peter M. Dull，Bruce C. Tierney，Joshua D. Jones，Bradley A. Perkins，Florida Investigation Team
机构	Centers for Disease Control and Prevention，Atlanta，GA，USA；Florida Department of Health，Tallahassee，FL，USA；Palm Beach County Department of Public Health，West Palm Beach，FL，USA；Florida Department of Health，Miami，FL，USA
DOI 号	DOI：10.3201/eid0810.020354.
页数	6
编号	L18
标题	**First Case of Bioterrorism-Related Inhalational Anthrax，Florida，2001：North Carolina Investigation**
期刊	Emerg Infect Dis
年度／卷期／页码	2002，8（10）：1035–1038
作者	Jean-Marie Maillard，Marc Fischer，Kelly T. McKee Jr，Lou F. Turner，J. Steven Cline
机构	North Carolina Department of Health and Human Services，Rleigh，NC，USA；Centers for Disease Control and Prevention，Atlanta，GA，USA
DOI 号	DOI：10.3201/eid0810.020389.
页数	4
编号	L19
标题	**Epidemiologic Investigations of Bioterrorism-Related Anthrax，New Jersey，2001**
期刊	Emerg Infect Dis

续表

年度／卷期／页码	2002，8（10）：1048–1055
作者	Carolyn M. Greene，Jennita Reefhuis，Christina Tan，Anthony E. Fiore，Susan Goldstein，Michael J. Beach，Stephen C. Redd，David Valiante，Gregory Burr，James Buehler，Robert W. Pinner，Eddy Bresnitz，Beth P. Bell，CDC New Jersey Anthrax Investigation Team
机构	Centers for Desease Control and Prevention，Atlanta，GA，USA；New Jersey Department of Health and Senior Services，Trenton，NJ，USA
DOI 号	DOI：10.3201/eid0810.020329.
页数	8
编号	L20
标题	**Bioterrorism-Related Anthrax：International Response by the Centers for Disease Control and Prevention**
期刊	Emerg Infect Dis
年度／卷期／页码	2002，8（10）：1056–1059
作者	Christina S. Polyak，Jonathan T. Macy，Margarita Irizarry-De La Cruz，James E. Lai，Jay F. McAuliffe，Tanja Popovic，Segaran P. Pillai，Eric D. Mintz，Emergency Operations Center International Team
机构	Centers for Desease Control and Prevention，Atlanta，GA，USA；Department of Health，Bureau of Laboratories，Miami，FL，USA
DOI 号	DOI：10.3201/eid0810.020345.
页数	4
编号	L21
标题	**Bioterrorism-Related Anthrax Surveillance，Connecticut，September-December，2001**
期刊	Emerg Infect Dis
年度／卷期／页码	2002，8（10）：1078–1082
作者	Alcia A. Williams，Umesh D. Parashar，Adrian Stoica，Renee Ridzon，David L. Kirschke，Richard F. Meyer，Jennifer McClellan，Marc Fischer，Randy Nelson，Matt Cartter，James L. Hadler，John A. Jernigan，Eric E. Mast，David L. Swerdlow，Connecticut Anthrax Investigation Team
机构	Centers for Desease Control and Prevention，Atlanta，GA，USA；Connecticut State Department of Public Health，Hartford，CT，USA

续表

DOI 号	DOI：10.3201/eid0810.020399.
页数	5
编号	L22
标题	Call-Tracking Data and the Public Health Response to Bioterrorism-Related Anthrax
期刊	Emerg Infect Dis
年度 / 卷期 / 页码	2002，8（10）：1088–1092
作者	Joshua A. Mott, Tracee A. Treadwell, Thomas W. Hennessy, Paula A. Rosenberg，Mitchell I. Wolfe，Clive M. Brown，Jay C. Butler
机构	Centers for Desease Control and Prevention，Atlanta，GA，USA；Centers for Disease Control and Prevention，Anchorage，AK，USA
DOI 号	DOI：10.3201/eid0810.020355.
页数	5
编号	L23
标题	Laboratory Response to Anthrax Bioterrorism，New York City，2001
期刊	Emerg Infect Dis
年度 / 卷期 / 页码	2002，8（10）：1096–1102
作者	Michael B. Heller，Michel L. Bunning，Martin E. B. France，Debra M. Niemeyer，Leonard Peruski，Tim Naimi，Phillip M. Talboy，Patrick H. Murray，Harald W. Pietz，John Kornblum，William Oleszko，Sara T. Beatrice，Joint Microbiological Rapid Response Team，New York City Anthrax Investigation Working Group
机构	New York City Department of Health，New York，NY，USA；Centers for Disease Control and Prevention，Atlanta，GA，USA；Warfighting Concepts and Architecture Integration Division（J-8），The Joint Staff，Washington，DC，USA；Joint Program Office for Biological Defense，Falls Church，VA，USA；Naval Medical Research Center，Silver Spring，MD，USA；Seymour Johnson Air Force Base，Goldsboro，NC，USA
DOI 号	DOI：10.3201/eid0810.020376.
页数	7
编号	L24

续表

标题	Collaboration Between Public Health and Law Enforcement：New Paradigms and Partnerships for Bioterrorism Planning and Response
期刊	Emerg Infect Dis
年度／卷期／页码	2002，8（10）：1152–1156
作者	Jay C. Butler，Mitchell L. Cohen，Cindy R. Friedman，Robert M. Scripp，Craig G. Watz
机构	Centers for Desease Control and Prevention，Atlanta，GA，USA；Federal Bureau of Investigation，Washington，DC，USA
DOI 号	DOI：10.3201/eid0810.020400.
页数	5
编号	L25
标题	Biological Warfare at the 1346 Siege of Caffa
期刊	Emerg Infect Dis
年度／卷期／页码	2002，8（9）：971–975
作者	Mark Wheelis
机构	Division of Biological Sciences，Section of Microbiology，University of California，Davis，CA，USA
DOI 号	DOI：10.3201/eid0809.010536.
页数	5
编号	L26
标题	Fear of Bioterrorism and Implications for Public Health Preparedness
期刊	Emerg Infect Dis
年度／卷期／页码	2003，9（4）：503–505
作者	Mark S Dworkin，Xinfang Ma，Roman G. Golash
机构	Illinois Department of Public Health，Chicago，IL，USA
DOI 号	DOI：10.3201/eid0904.020593.
页数	3
编号	L27
标题	Endemic，Notifiable Bioterrorism-Related Diseases，United States，1992–1999
期刊	Emerg Infect Dis

续表

年度／卷期／页码	2003，9（5）：556–564
作者	Man-huei Chang，M. Kathleen Glynn，Samuel L. Groseclose
机构	Centers for Disease Control and Prevention，Atlanta，GA，USA
DOI 号	DOI：10.3201/eid0905.020477.
页数	9
编号	L28
标题	Evaluating Detection and Diagnostic Decision Support Systems for Bioterrorism Response
期刊	Emerg Infect Dis
年度／卷期／页码	2004，10（1）：100–108
作者	Dena M. Bravata，Vandana Sundaram，Kathryn M. McDonald，Wendy M. Smith，Herbert Szeto，Mark D. Schleinitz，Douglas K. Owens
机构	University of California San Francisco-Stanford Evidence-based Practice Center，Stanford，CA，USA；Stanford University School of Medicine，Stanford，CA，USA；VA Palo Alto Healthcare System，Palo Alto，CA，USA；Kaiser Permanente，Redwood City，CA，USA；Rhode Island Hospital，Providence，R，USA；Brown University School of Medicine，Providence，R，USA
DOI 号	DOI：10.3201/eid1001.030243.
页数	9
编号	L29
标题	Bacillus Anthracis Incident，Kameido，Tokyo，1993
期刊	Emerg Infect Dis
年度／卷期／页码	2004，10（1）：117–120
作者	Hiroshi Takahashi，Paul Keim，Arnold F. Kaufmann，Christine Keys，Kimothy L. Smith，Kiyosu Taniguchi，Sakae Inouye，Takeshi Kurata
机构	National Institute of Infectious Diseases，Tokyo，Japan；Northern Arizona University，Flagstaff，AZ，USA；Stone Mountain，GA，USA
DOI 号	DOI：10.3201/eid1001.030238.
页数	4

续表

编号	L30
标题	Demand for Prophylaxis After Bioterrorism-Related Anthrax Cases, 2001
期刊	Emerg Infect Dis
年度/卷期/页码	2005, 11（1）：42–47
作者	Edward A. Belongia, Burney Kieke, Ruth Lynfield, Jeffrey P. Davis, Richard E. Besser
机构	Marshfield Clinic Research Foundation, Marshfield, WI, USA; Minnesota Department of Health, Minneapolis, MN, USA; Wisconsin Division of Public Health, Madison, WI, USA; Centers for Disease Control and Prevention, Atlanta, GA, USA
DOI 号	DOI：10.3201/eid1101.040272.
页数	6
编号	L31
标题	Laboratory Exposures to Brucellae and Implications for Bioterrorism
期刊	Emerg Infect Dis
年度/卷期/页码	2005, 11（8）：1180–1185
作者	Pablo Yagupsky, Ellen Jo Baron
机构	Ben-Gurion University of the Negev, Beer-Sheva, Israel; Stanford University Medical School, Stanford, CA, USA
DOI 号	DOI：10.3201/eid1108.041197.
页数	6
编号	L32
标题	Pandemic Influenza Threat and Preparedness
期刊	Emerg Infect Dis
年度/卷期/页码	2006, 12（1）：73–77
作者	Anthony S. Fauci
机构	National Institutes of Health, Bethesda, MD, USA
DOI 号	DOI：10.3201/eid1201.050983.
页数	5
编号	L33

续表

标题	Prophylaxis and Treatment of Pregnant Women for Emerging Infections and Bioterrorism Emergencies
期刊	Emerg Infect Dis
年度／卷期／页码	2006，12（11）：1631–1637
作者	Joanne Cono，Janet D. Cragan，Denise J. Jamieson，Sonja A. Rasmussen
机构	Centers for Disease Control and Prevention，Atlanta，GA，USA
DOI 号	DOI：10.3201/eid1211.060618.
页数	7
编号	L34
标题	Animals as Sentinels of Bioterrorism Agents
期刊	Emerg Infect Dis
年度／卷期／页码	2006，12（4）：647–652
作者	Peter Rabinowitz，Zimra Gordon，Daniel Chudnov，Matthew Wilcox，Lynda Odofin，Ann Liu，Joshua Dein
机构	Yale University School of Medicine，New Haven，CT，USA；Rippowam Animal Hospital，Stamford，CT，USA；US Geological Survey National Wildlife Health Center，Madison，WI，USA
DOI 号	DOI：10.3201/eid1204.051120.
页数	6
编号	L35
标题	Biodefense Shield and Avian Influenza
期刊	Emerg Infect Dis
年度／卷期／页码	2006，12（5）：873–875
作者	Ken Alibek，Ge Liu
机构	George Mason University，Manassas，VA，USA；AFG Biosolutions，Inc.，Germantown，MD，USA
DOI 号	DOI：10.3201/eid1205.051480.
页数	3
编号	L36

续表

标题	Framework for Leadership and Training of Biosafety Level 4 Laboratory Workers
期刊	Emerg Infect Dis
年度／卷期／页码	2008，14（11）：1685–1688
作者	James W. Le Duc，Kevin Anderson，Marshall E. Bloom，James E. Estep，Heinz Feldmann，Joan B. Geisbert，Thomas W. Geisbert，Lisa Hensley，Michael Holbrook，Peter B. Jahrling，Thomas G. Ksiazek，George Korch，Jean Patterson，John P. Skvorak，Hana Weingartl
机构	University of Texas Medical Branch，Galveston，TX，USA；National Biodefense Analysis and Countermeasures Center，Frederick，MD，USA；National Institutes of Health，Hamilton，MT，USA；Public Health Agency of Canada，Winnipeg，Manitoba，Canada；Boston University School of Medicine，Boston，MA，USA；US Army Medical Research Institute of Infectious Diseases，Fort Detrick，Frederick；National Institutes of Health，Bethesda，MD，USA；Centers for Disease Control and Prevention，Atlanta，GA，USA；Southwest Foundation for Biomedical Research，San Antonio，TX，USA；Canadian Food Inspection Agency，Winnipeg
DOI 号	DOI：10.3201/eid1411.080741.
页数	4
编号	L37
标题	Managing Potential Laboratory Exposure to Ebola Virus by Using a Patient Biocontainment Care Unit
期刊	Emerg Infect Dis
年度／卷期／页码	2008，14（6）：881–887
作者	Mark G. Kortepeter, James W. Martin, Janice M. Rusnak, Theodore J. Cieslak，Kelly L. Warfield，Edwin L. Anderson，Manmohan V. Ranadive
机构	US Army Medical Research Institute of Infectious Diseases，Fort Detrick，MD，USA；San Antonio Military Pediatric Center，San Antonio，TX，USA
DOI 号	DOI：10.3201/eid1406.071489.
页数	7

续表

编号	L38
标题	Preparing a Community Hospital to Manage Work-Related Exposures to Infectious Agents in BioSafety Level 3 and 4 Laboratories
期刊	Emerg Infect Dis
年度／卷期／页码	2010，16（3）：373–378
作者	George F. Risi，Marshall E. Bloom，Nancy P. Hoe，Thomas Arminio，Paul Carlson，Tamara Powers，Heinz Feldmann，Deborah Wilson
机构	Infectious Disease Specialists，PC，Missoula，MT，USA；St.Patrick Hospital and Health Sciences Center，Missoula，MT，USA；National Institutes of Health，Bethesda，MD，USA；Rocky Mountain Laboratories，Hamilton，MT，USA
DOI 号	DOI：10.3201/eid1603.091485.
页数	6
编号	L39
标题	Biological Warfare Plan in the 17th Century—The Siege of Candia，1648–1669
期刊	Emerg Infect Dis
年度／卷期／页码	2015，21（12）：2148–2153
作者	Eleni Thalassinou，Costas Tsiamis，Effie Poulakou-Rebelakou，Angelos Hatzakis
机构	Athens Medical School，University of Athens，Greece
DOI 号	DOI：10.3201/eid2112.130822.
页数	6
编号	L40
标题	Biological Warfare in the 17th Century
期刊	Emerg Infect Dis
年度／卷期／页码	2016，22（9）：1663–1664
作者	W. Seth Carus
机构	National Defense University，Washington，DC，USA
DOI 号	DOI：10.3201/eid2209.152073.
页数	2
编号	L41

JAMA

标题	Confronting a Biological Armageddon：Experts Tackle Prospect of Bioterrorism
期刊	JAMA
年度／卷期／页码	1996，276（5）：349–351
作者	Joan Stephenson
DOI 号	DOI：10.1001/jama.1996.03540050009003.
页数	3
编号	M1
标题	Scary Scenarios Spark Action at Bioterrorism Symposium
期刊	JAMA
年度／卷期／页码	1999，281（12）：1071–1073
作者	Charles Marwick
页数	3
编号	M2
标题	Anthrax as a Biological Weapon：Medical and Public Health Management
期刊	JAMA
年度／卷期／页码	1999，281（18）：1735–1745
作者	Thomas V. Inglesby，Donald A. Henderson，John G. Bartlett，Michael S. Ascher，Edward Eitzen，Arthur M. Friedlander，Jerome Hauer，Joseph McDade，Michael T. Osterholm，Tara O' Toole，Gerald Parker，Trish M. Perl，Philip K. Russell，Kevin Tonat
机构	The Center for Civilian Biodefense Studies，School of Medicine，Johns Hopkins University，Baltimore，MD，USA
DOI 号	DOI：10.1001/jama.281.18.1735.
页数	11
编号	M3
标题	Smallpox as a Biological Weapon：Medical and Public Health Management
期刊	JAMA
年度／卷期／页码	1999，281（22）：2127–2137

续表

作者	Donald A. Henderson, Thomas V. Inglesby, John G. Bartlett, Michael S. Ascher, Edward Eitzen, Peter B. Jahrling, Jerome Hauer, Marcelle Layton, Joseph McDade, Michael T. Osterholm, Tara O' Toole, Gerald Parker, Trish Perl, Philip K. Russell, Kevin Tonat
机构	The Center for Civilian Biodefense Studies, School of Public Health, Johns Hopkins University, Baltimore, MD, USA
DOI 号	DOI：10.1001/jama.281.22.2127.
页数	11
编号	M4
标题	**Plague as a Biological Weapon：Medical and Public Health Management. Working**
期刊	JAMA
年度 / 卷期 / 页码	2000，283（17）：2281–2290
作者	Thomas V. Inglesby, David T. Dennis, Donald A. Henderson, John G. Bartlett, Michael S. Ascher, Edward Eitzen, Anne D. Fine, Arthur M. Friedlander, Jerome Hauer, John F. Koerner, Michael Layton, Joseph McDade, Michael T. Osterholm, Tara O' Toole, Gerald Parker, Trish M. Perl, Philip K. Russell, Monica Schoch-Spana, Kevin Tonat
机构	Center for Civilian Biodefense Studies, Johns Hopkins University Schools of Medicine, Baltimore, MD, USA
DOI 号	DOI：10.1001/jama.283.17.2281.
页数	10
编号	M5
标题	**Biological Warfare in the 1940s and 1950s**
期刊	JAMA
年度 / 卷期 / 页码	2000，284（5）：561–567
作者	Stephen Endicott, Edward Hagerman
机构	York University, Tornoto, Ontario, Canada
页数	7
编号	M6
标题	**Experts Urge Bioterrorism Readiness**
期刊	JAMA

续表

年度／卷期／页码	2001，285（1）：30–32
作者	Brian Vastag
页数	3
编号	M7
标题	**Tularemia as a Biological Weapon：Medical and Public Health Management**
期刊	JAMA
年度／卷期／页码	2001，285（21）：2763–2773
作者	David T. Dennis，Thomas V. Inglesby，Donald A. Henderson，John G. Bartlett，Michael S. Ascher，Edward Eitzen，Anne D. Fine，Arthur M. Friedlander，Jerome Hauer，Marcelle Layton，Scott R. Lillibridge，Joseph E. McDade，Michael T. Osterholm，Tara O' Toole，Gerald Parker，Trish M. Perl，Philip K. Russell，Kevin Tonat
机构	Division of Vector-Borne Infectious Diseases，National Center for Infectious Diseases，Centers for Disease Control and Prevention，PO Box 2087，Fort Collins，CO，USA
DOI 号	DOI：10.1001/jama.285.21.2763.
页数	11
编号	M8
标题	**Botulinum Toxin as a Biological Weapon：Medical and Public Health Management**
期刊	JAMA
年度／卷期／页码	2001，285（8）：1059–1070
作者	Stephen S. Arnon，Robert Schechter，Thomas V. Inglesby，Donald A. Henderson，John G. Bartlett，Michael S. Ascher，Edward Eitzen，Anne D. Fine，Jerome Hauer，Marcelle Layton，Scott Lillibridge，Michael T. Osterholm，Tara O' Toole，Gerald Parker，Trish M. Perl，Philip K. Russell，David L. Swerdlow，Kevin Tonat
机构	Infant Botulism Treatment and Prevention Program，California Department of Health Services，2151 Berkeley Way，Room 506，Berkeley，CA，USA
DOI 号	DOI：10.1001/jama.285.8.1059.
页数	12

续表

编号	M9
标题	**Clinical Presentation of Inhalational Anthrax Following Bioterrorism Exposure：Report of 2 Surviving Patients**
期刊	JAMA
年度／卷期／页码	2001，286（20）：2549–2553
作者	Thom A. Mayer，Susan Bersoff-Matcha，Cecele Murphy，James Earls，Scott Harper，Denis Pauze，Michael Nguyen，Jonathan Rosenthal，Donald Cerva Jr，Glenn Druckenbrod，Dan Hanfling，Naaz Fatteh，Anthony Napoli，Ashna Nayyar，Elise L Berman
机构	Department of Emergency Medicine，Inova Fairfax Hospital，3300 Gallows Rd，Falls Church，VA，USA
DOI 号	DOI：10.1001/jama.286.20.2549.
页数	5
编号	M10
标题	**Death Due to Bioterrorism-Related Inhalational Anthrax：Report of 2 Patients**
期刊	JAMA
年度／卷期／页码	2001，286（20）：2554–2559
作者	Luciana Borio，Dennis Frank，Venkat Mani，Carlos Chiriboga，Michael Pollanen，Mary Ripple，Syed Ali，Constance DiAngelo，Jacqueline Lee，Jonathan Arden，Jack Titus，David Fowler，Tara O'Toole，Henry Masur，John Bartlett，Thomas Inglesby
机构	Johns Hopkins Center for Civilian Biodefense Studies，Johns Hopkins University，Candler Bldg，Suite 850，111 Market Pl，Baltimore，MD，USA
DOI 号	DOI：10.1001/jama.286.20.2554.
页数	6
编号	M11
标题	**Bioterrorism on the Home Front：A New Challenge for American Medicine**
期刊	JAMA
年度／卷期／页码	2001，286（20）：2595–2597
作者	H Clifford Lane，Anthony S. Fauci

续表

机构	National Institute of Allergy and Infectious Diseases, National Institutes of Health, Bethesda, MD, USA
DOI 号	DOI：10.1001/jama.286.20.2595.
页数	3
编号	M12
标题	**Hemorrhagic Fever Viruses as Biological Weapons：Medical and Public Health Management**
期刊	JAMA
年度／卷期／页码	2002，287（18）：2391–2405
作者	Luciana Borio, Thomas Inglesby, C. J. Peters, Alan L. Schmaljohn, James M. Hughes, Peter B. Jahrling, Thomas Ksiazek, Karl M. Johnson, Andrea Meyerhoff, Tara O' Toole, Michael S. Ascher, John Bartlett, Joel G. Breman, Edward M. Eitzen Jr, Margaret Hamburg, Jerry Hauer, D. A. Henderson, Richard T. Johnson, Gigi Kwik, Marci Layton, Scott Lillibridge, Gary J. Nabel, Michael T. Osterholm, Trish M. Perl, Philip Russell, Kevin Tonat
机构	Johns Hopkins Center for Civilian Biodefense Strategies, Johns Hopkins Schools of Medicine and Public Health, 111 Market Pl, Suite 830, Baltimore, MD, USA
DOI 号	DOI：10.1001/jama.287.18.2391.
页数	15
编号	M13
标题	**Bioterrorism Threat Calls for Revisiting Research Protections**
期刊	JAMA
年度／卷期／页码	2002，287（20）：2639
作者	Brian Vastag
DOI 号	DOI：10.1001/jama.287.20.2639.
页数	1
编号	M14
标题	**Bioweapons Preparedness Chief Discusses Priorities in World of 21st Century Biology**
期刊	JAMA

续表

年度／卷期／页码	2002，287（5）：573–575
作者	Rebecca Voelker
DOI 号	DOI：10.1001/jama.287.5.573.
页数	3
编号	M15
标题	Experts Focus on Infective Agents of Bioterrorism
期刊	JAMA
年度／卷期／页码	2002，287（5）：575–576
作者	Joan Stephenson
页数	2
编号	M16
标题	Bioterrorism Preparedness and Response：Clinicians and Public Health Agencies as Essential Partners
期刊	JAMA
年度／卷期／页码	2002，287（7）：898–900
作者	Julie Louise Gerberding，James M. Hughes，Jeffrey P. Koplan
机构	Centers for Disease Control and Prevention，Atlanta，GA，USA
DOI 号	DOI：10.1001/jama.287.7.898.
页数	3
编号	M17
标题	Bioterrorism and Public Health Law
期刊	JAMA
年度／卷期／页码	2002，288（21）：2685–2687
作者	George J. Annas
页数	3
编号	M18
标题	The Model State Emergency Health Powers Act：Planning for and Response to Bioterrorism and Naturally Occurring Infectious Diseases
期刊	JAMA
年度／卷期／页码	2002，288（5）：622–628

续表

作者	Lawrence O. Gostin，Jason W. Sapsin，Stephen P. Teret，Scott Burris，Julie Samia Mair，James G. Hodge Jr，Jon S. Vernick
机构	Center for Law and the Public's Health，Georgetown University，Washington，DC，USA
DOI 号	DOI：10.1001/jama.288.5.622.
页数	7
编号	M19
标题	**US Military Smallpox Vaccination Program Experience**
期刊	JAMA
年度 / 卷期 / 页码	2003，289（24）：3278–3282
作者	John D. Grabenstein，William Winkenwerder Jr
机构	Military Vaccine Agency，US Army Medical Command，Falls Church，VA，USA
DOI 号	DOI：10.1001/jama.289.24.3278.
页数	5
编号	M20
标题	**Emerging Infections and Bioterrorism Raise Profile of Schools of Public Health**
期刊	JAMA
年度 / 卷期 / 页码	2003，290（10）：1306–1307
作者	Sarah Pressman Lovinger
DOI 号	DOI：10.1001/jama.290.10.1306.
页数	2
编号	M21
标题	**Readiness of Local Public Health Agencies to Respond to Bioterrorism Questioned**
期刊	JAMA
年度 / 卷期 / 页码	2005，294（15）：1884–1889
作者	Mike Mitka
DOI 号	DOI：10.1001/jama.294.15.1884.
页数	2

续表

编号	M22
标题	Bioterror Vaccine Production：Take 2 New Biodefense R&D Agency Created
期刊	JAMA
年度／卷期／页码	2007，297（6）：575–576
作者	Mike Mitka
DOI 号	DOI：10.1001/jama.297.6.575.
页数	2
编号	M23
标题	Bioethics Panels Open Door Slightly to Germline Gene Editing
期刊	JAMA
年度／卷期／页码	2017，318（17）：1639–1640
作者	Jeff Lyon
DOI 号	DOI：10.1001/jama.2017.13962.
页数	2
编号	M24

Proc Natl Acad Sci USA

标题	Variola Virus Immune Evasion Design：Expression of a Highly Efficient Inhibitor of Human Complement
期刊	Proc Natl Acad Sci USA
年度／卷期／页码	2002，99（13）：8808–8813
作者	Ariella M. Rosengard，Yu Liu，Zhiping Nie，Robert Jimenez
机构	Department of Pathology and Laboratory Medicine，University of Pennsylvania，Philadelphia，PA，USA
DOI 号	DOI：10.1073/pnas.112220499.
页数	6
编号	N1

续表

标题	Generating a Synthetic Genome by Whole Genome Assembly：φX174 Bacteriophage From Synthetic Oligonucleotides
期刊	Proc Natl Acad Sci USA
年度 / 卷期 / 页码	2003，100（26）：15440–15445
作者	Hamilton O. Smith，Clyde A. Hutchisonrd，Cynthia Pfannkoch，J. Craig Venter
机构	Institute for Biological Energy Alternatives，Rockville，MD，USA
DOI 号	DOI：10.1073/pnas.2237126100.
页数	6
编号	N2
标题	PNAS Policy on Publication of Sensitive Material in the Life Sciences
期刊	Proc Natl Acad Sci USA
年度 / 卷期 / 页码	2003，100（4）：1463
作者	Nicholas R. Cozzarelli
DOI 号	DOI：10.1073/pnas.0630514100.
页数	1
编号	N3
标题	Modeling Attacks on the Food Supply
期刊	Proc Natl Acad Sci USA
年度 / 卷期 / 页码	2005，102（28）：9737–9738
作者	Bruce Alberts
DOI 号	DOI：10.1073/pnas.0504944102.
页数	2
编号	N4
标题	Analyzing a Bioterror Attack on the Food Supply：The Case of Botulinum Toxin in Milk
期刊	Proc Natl Acad Sci USA
年度 / 卷期 / 页码	2005，102（28）：9984–9989
作者	Lawrence M. Wein，Yifan Liu
机构	Graduate School of Business and Institute for Computational and Mathematical Engineering，Stanford University，Stanford，CA，USA

续表

DOI 号	DOI：10.1073/pnas.0408526102.
页数	6
编号	N5
标题	A Comprehensive Transposon Mutant Library of Francisella Novicida, a Bioweapon Surrogate
期刊	Proc Natl Acad Sci USA
年度／卷期／页码	2007, 104（3）：1009–1014
作者	Larry A. Gallagher, Elizabeth Ramage, Michael A. Jacobs, Rajinder Kaul, Mitchell Brittnacher, Colin Manoil
机构	Department of Genome Sciences, University of Washington, Seattle, WA, USA
DOI 号	DOI：10.1073/pnas.0606713104.
页数	6
编号	N6
标题	Synthetic Recombinant Bat SARS-like Coronavirus Is Infectious in Cultured Cells and in Mice
期刊	Proc Natl Acad Sci USA
年度／卷期／页码	2008, 105（50）：19944–19949
作者	Michelle M. Becker, Rachel L. Graham, Eric F. Donaldson, Barry Rockx, Amy C. Sims, Timothy Sheahan, Raymond J. Pickles, Davide Corti, Robert E. Johnston, Ralph S. Baric, Mark R. Denison
机构	Departments of Pediatrics and Microbiology and Immunology, Vanderbilt University, Nashville, TN, USA; Epidemiology and Microbiology and Immunology, Cystic Fibrosis/Pulmonary Research and Treatment Center and Department of Medicine, Carolina Vaccine Institute, University of North Carolina, Chapel Hill, NC, USA; Institute for Research in Biomedicine, Bellinzona, Switzerland
DOI 号	DOI：10.1073/pnas.0808116105.
页数	6
编号	N7
标题	Opinion：Is CRISPR-based Gene Drive a Biocontrol Silver Bullet or Global Conservation Threat？
期刊	Proc Natl Acad Sci USA

续表

年度 / 卷期 / 页码	2015，112（34）：10565–10567
作者	Bruce L. Webber，S. Raghu，Owain R. Edwards
机构	Land & Water，Health & Biosecurity，Commonwealth Scientific and Industrial Research Organisation，Floreat，WA，Australia；School of Plant Biology，University of Western Australia，Crawley，WA，Australia；Health & Biosecurity，Commonwealth Scientific and Industrial Research Organisation，Brisbane，QLD，Australia
DOI 号	DOI：10.1073/pnas.1514258112.
页数	3
编号	N8

PLoS

标题	Ethical Alternatives to Experiments with Novel Potential Pandemic Pathogens
期刊	PLoS Med
年度 / 卷期 / 页码	2014，11（5）：e1001646
作者	Marc Lipsitch，Alison P. Galvani
机构	Center for Communicable Disease Dynamics，Department of Epidemiology，Harvard School of Public Health，Boston，MA，USA；Department of Immunology and Infectious Diseases，Harvard School of Public Health，Boston，MA，USA
DOI 号	DOI：10.1371/journal.pmed.1001646.
页数	6
编号	O1
标题	A New Synthesis for Dual Use Research of Concern
期刊	PLoS Med
年度 / 卷期 / 页码	2015，12（4）：e1001813
作者	Michael J. Imperiale，Arturo Casadevall
机构	Department of Microbiology and Immunology，University of Michigan，Ann Arbor，MI，USA；Department of Molecular Microbiology and Immunology，Johns Hopkins Bloomberg School of Public Health，Baltimore，MD，USA

续表

DOI 号	DOI：10.1371/journal.pmed.1001813.
页数	6
编号	O2
标题	Genomic Signatures of Strain Selection and Enhancement in *Bacillus Atrophaeus* var. *Globigii*，a Historical Biowarfare Simulant
期刊	PLoS One
年度／卷期／页码	2011，6（3）：e17836
作者	Henry S. Gibbons，Stacey M. Broomall，Lauren A. McNew，Hajnalka Daligault，Carol Chapman，David Bruce，Mark Karavis，Michael Krepps，Paul A. McGregor，Charles Hong，Kyong H. Park，Arya Akmal，Andrew Feldman，Jeffrey S. Lin，Wenling E. Chang，Brandon W. Higgs，Plamen Demirev，John Lindquist，Alvin Liem，Ed Fochler，Timothy D. Read，Roxanne Tapia，Shannon Johnson，Kimberly A. Bishop-Lilly，Chris Detter，Cliff Han，Shanmuga Sozhamannan，C. Nicole Rosenzweig，Evan W. Skowronski
机构	BioSciences Division，Edgewood Chemical Biological Center，Aberdeen Proving Ground，MD，USA；Battelle Memorial Institute，Aberdeen Proving Ground，MD，USA；Science Applications International Corporation，Aberdeen Proving Ground，MD，USA；Johns Hopkins University Applied Physics Laboratory，Laurel，MD，USA；Department of Bacteriology，University of Wisconsin，Madison，WI，USA；OptiMetrics Inc，Abingdon，Maryland，United States of America，7Naval Medical Research Center，Biological Defense Research Directorate，Silver Spring，MD，USA；Defense Threat Reduction Agency，Fort Belvoir，VA，USA；The MITRE Corporation，McLean，VA，USA；Department of Energy Joint Genome Institute，Los Alamos National Laboratories，Los Alamos，NM，USA；Excet Inc.，Aberdeen Proving Ground，MD，USA
DOI 号	DOI：10.1371/journal.pone.0017836.
页数	17
编号	O3
标题	Broad-Spectrum Antiviral Therapeutics
期刊	PLoS One
年度／卷期／页码	2011，6（7）：e22572

续表

作者	Todd H. Rider，Christina E. Zook，Tara L. Boettcher，Scott T. Wick，Jennifer S. Pancoast，Benjamin D. Zusman
机构	Lincoln Laboratory，Massachusetts Institute of Technology，Lexington，MA，USA
DOI 号	DOI：10.1371/journal.pone.0022572.
页数	15
编号	O4
标题	**A Systematic Screen of FDA-approved Drugs for Inhibitors of Biological Threat Agents**
期刊	PLoS One
年度 / 卷期 / 页码	2013，8（4）：e60579
作者	Peter B. Madrid，Sidharth Chopra，Ian D. Manger，Lynne Gilfillan，Tiffany R. Keepcrs，Amy C. Shurtleff，Carol E. Green，Lalitha V. Iyer，Holli Hutcheson Dilks，Robert A. Davey，Andrey A. Kolokoltsov，Ricardo Carrion Jr，Jean L. Patterson，Sina Bavari，Rekha G. Panchal，Travis K. Warren，Jay B. Wells，Walter H. Moos，Raelyn L. Burke，Mary J. Tanga
机构	Center for Infectious Disease and Biodefense Research，SRI International，Menlo Park，CA，USA；Department of Microbiology and Immunology，University of Texas Medical Branch，Galveston，TX，USA；Texas Biomedical Research Institute，San Antonio，TX，USA；United States Army Medical Research Institute of Infectious Diseases，Fort Detrick，MD，USA
DOI 号	DOI：10.1371/journal.pone.0060579.
页数	14
编号	O5
标题	**Comparison and Analysis of Biological Agent Category Lists Based on Biosafety and Biodefense**
期刊	PLoS One
年度 / 卷期 / 页码	2014，9（6）：e101163
作者	Deqiao Tian，Tao Zheng
机构	Center for Biosecurity Strategy Management，Beijing Institute of Biotechnology，Beijing，P.R. China
DOI 号	DOI：10.1371/journal.pone.0101163.

续表

页数	6
编号	O6
标题	**Safe and Sound？ Scientists' Understandings of Public Engagement in Emerging Biotechnologies**
期刊	PLoS One
年度／卷期／页码	2015，10（12）：e0145033
作者	Matthias Braun，Johannes Starkbaum，Peter Dabrock
机构	Department of Systematic Theology Ⅱ（Ethics），Friedrich-Alexander-University Erlangen-Nuremberg，Erlangen，Germany；Department of Sociology，University of Vienna，Vienna，Austria
DOI 号	DOI：10.1371/journal.pone.0145033.
页数	16
编号	O7
标题	**Comparative Analysis of the Sensitivity of Metagenomic Sequencing and PCR to Detect a Biowarfare Simulant（Bacillus Atrophaeus）in Soil Samples**
期刊	PLoS One
年度／卷期／页码	2017，12（5）：e0177112
作者	Delphine Plaire，Simon Puaud，Marie-Claude Marsolier-Kergoat，Jean-Marc Elalouf
机构	CNRS-UMR 7206，Eco-anthropologie et Ethnobiologie，Département Hommes，Natures et Sociétés，Musée de l' Homme，Paris，France；Institute for Integrative Biology of the Cell（I2BC），IBITECS，CEA，CNRS，Université Paris - Sud，Université Paris - Saclay，Gif - sur - Yvette cedex，France；CNRS-UMR 7194，Histoire naturelle de l' Homme préhistorique，Département Préhistoire MNHN—UPVD—Sorbonne Université-Musée de l' Homme，Paris，France
DOI 号	DOI：10.1371/journal.pone.0177112.
页数	17
编号	O8
标题	**Dual-use Research and Technological Diffusion：Reconsidering the Bioterrorism Threat Spectrum**
期刊	PLoS Pathog

续表

年度／卷期／页码	2011，7（1）：e1001253
作者	Jonathan E. Suk，Anna Zmorzynska，Iris Hunger，Walter Biederbick，Julia Sasse，Heinrich Maidhof，Jan C. Semenza
机构	Scientific Advice Unit，European Centre for Disease Prevention and Control，Stockholm，Sweden；Research Group for Biological Arms Control，University of Hamburg，Hamburg，Germany；Federal Information Center for Biological Security，Robert Koch Institute，Berlin，Germany
DOI 号	DOI：10.1371/journal.ppat.1001253.
页数	3
编号	O9
标题	**Biosafety Level-4 Laboratories in Europe：Opportunities for Public Health，Diagnostics，and Research**
期刊	PLoS Pathog
年度／卷期／页码	2013，9（1）：e1003105
作者	Carla Nisii，Concetta Castilletti，Hervé Raoul，Roger Hewson，David Brown，Robin Gopal，Markus Eickmann，Stephan Gunther，Ali Mirazimi，Tuija Koivula，Heinz Feldmann，Antonino Di Caro，Maria R. Capobianchi，Giuseppe Ippolito
机构	L. Spallanzani National Institute for Infectious Diseases，Rome，Italy；French National Institute for Health and Medical Research，Lyon，France；Health Protection Agency，Salisbury，United Kingdom；Health Protection Agency，London，United Kingdom；University of Marburg，Marburg，Germany；Bernhard Nocht Institute of Tropical Medicine，Hamburg，Germany；Swedish Institute for Communicable Disease Control，Solna，Sweden；Division of Intramural Research（DIR），National Institute of Allergy and Infectious Diseases（NIAID），National Institutes of Health（NIH）Rocky Mountain Laboratories，Hamilton，MT，USA
DOI 号	DOI：10.1371/journal.ppat.1003105.
页数	4
编号	O10
标题	**Synthetic Horsepox Viruses and the Continuing Debate About Dual Use Research**
期刊	PLoS Pathog

续表

年度／卷期／页码	2018，14（10）：e1007025
作者	Ryan S. Noyce，David H. Evans
机构	Department of Medical Microbiology & Immunology，University of Alberta，Edmonton，Alberta，Canada；Li Ka Shing Institute of Virology，University of Alberta，Edmonton，Alberta，Canada
DOI 号	DOI：10.1371/journal.ppat.1007025.
页数	5
编号	O11
标题	**Horsepox：Framing a Dual Use Research of Concern Debate**
期刊	PLoS Pathog
年度／卷期／页码	2018，14（10）：e1007344
作者	Carolyn B. Coyne
机构	Department of Pediatrics，University of Pittsburgh School of Medicine，Pittsburgh，PA，USA
DOI 号	DOI：10.1371/journal.ppat.1007344.
页数	2
编号	O12

Sci Eng Ethics

标题	**The 'Redefinition of Death' Debate：Western Concepts and Western Bioethics**
期刊	Sci Eng Ethics
年度／卷期／页码	2001，7（1）：63–75
作者	Susan F. Jones，Anthony S. Kessel
机构	M.Sc.，61 Beacons Hill，Denbigh，Denbighshire，N. Wales，UK；Epidemiology Unit，London School of Hygiene & Tropical Medicine，London，UK
DOI 号	DOI：10.1007/s11948–001–0024–8.
页数	13
编号	P1

续表

标题	Ethical and Philosophical Consideration of the Dual-Use Dilemma in the Biological Sciences
期刊	Sci Eng Ethics
年度／卷期／页码	2007，13（4）：523–580
作者	Seumas Miller，Michael J. Selgelid
机构	Centre for Applied Philosophy and Public Ethics，Charles Sturt University，Wagga Wagga，Australia；The Australian National University，Canberra，Australia
DOI 号	DOI：10.1007/s11948–007–9043–4.
页数	58
编号	P2
标题	What Is "Dual Use" Research？ A Response to Miller and Selgelid
期刊	Sci Eng Ethics
年度／卷期／页码	2009，15（1）：3–5
作者	David B. Resnik
机构	Bioethicist，NIEHS/NIH，Research Triangle Park，Mail Drop，Greenville，NC，USA
DOI 号	DOI：10.1007/s11948–008–9104–3.
页数	3
编号	P3
标题	Toward a Better Bioethics：Commentary on "Forbidding Science：Some Beginning Reflections"
期刊	Sci Eng Ethics
年度／卷期／页码	2009，15（3）：283–291
作者	Jason Scott Robert
机构	Center for Biology and Society and School of Life Sciences，Arizona State University，Tempe，AZ，USA
DOI 号	DOI：10.1007/s11948–009–9134–5.
页数	9
编号	P4

续表

标题	A Note on the Definition of "Dual Use"
期刊	Sci Eng Ethics
年度／卷期／页码	2010，16（1）：111–118
作者	John Forge
机构	Unit for History and Philosophy of Science，Sydney University，Sydney，NSW，Australia
DOI 号	DOI：10.1007/s11948–009–9159–9.
页数	8
编号	P5
标题	"Dual Use" and "Intentionality"：Seeking to Prevent the Manifestation of Deliberately Harmful Objectives：A Summary and Some Reflections on 'The Advancement of Science and the Dilemma of Dual Use：Why We Can't Afford to Fail'
期刊	Sci Eng Ethics
年度／卷期／页码	2010，16（1）：1–6
作者	Raymond E. Spier
机构	Department of Science and Engineering Ethics，University of Surrey，Guildford，Surrey，UK
DOI 号	DOI：10.1007/s11948–009–9169–7.
页数	6
编号	P6
标题	Philosophical Aspects of Dual Use Technologies
期刊	Sci Eng Ethics
年度／卷期／页码	2010，16（1）：17–31
作者	Svitlana V. Pustovit，Erin D. Williams
机构	Philosophy Department，National Medical Academy of Postgraduate Education named after P. L. Shupyk，Kiev，Ukraine；Congressional Research Service，Library of Congress，Washington，DC，USA
DOI 号	DOI：10.1007/s11948–008–9086–1.
页数	15
编号	P7

续表

标题	Liberty to Decide on Dual Use Biomedical Research：An Acknowledged Necessity
期刊	Sci Eng Ethics
年度／卷期／页码	2010，16（1）：43–58
作者	Emma Keuleyan
机构	Department of Clinical Microbiology，Medical Institute，Ministry of the Interior，Skobelev Blvd.，Sofia，Bulgaria
DOI 号	DOI：10.1007/s11948–008–9064–7.
页数	16
编号	P8
标题	Managing Dual Use Technology：It Takes Two to Tango
期刊	Sci Eng Ethics
年度／卷期／页码	2010，16（1）：77–83
作者	Lalit Kant，D. T. Mourya
机构	Indian Council of Medical Research，Ansari Nagar，New Delhi，India；Microbial Containment Complex，National Institute of Virology，Pashan，Pune，India
DOI 号	DOI：10.1007/s11948–008–9062–9.
页数	7
编号	P9
标题	The Bioterrorism Threat and Dual-Use Biotechnological Research：An Israeli Perspective
期刊	Sci Eng Ethics
年度／卷期／页码	2010，16（1）：85–97
作者	David Friedman，Bracha Rager-Zisman，Eitan Bibi，Alex Keynan
机构	Institute for National Security Studies，Tel Aviv University，Tel Aviv，Israel；Shraga-Segal Department of Microbiology and Immunology，Faculty of Health Sciences，Ben-Gurion University，Beer Sheva，Israel；Department of Biological Chemistry，Weizmann Institute of Science，Rehovot，Israel；Israel Academy of Sciences and Humanities，Jerusalem，Israel
DOI 号	DOI：10.1007/s11948–008–9075–4.

续表

页数	13
编号	P10
标题	The Dilemma of Dual Use Biological Research：Polish Perspective
期刊	Sci Eng Ethics
年度／卷期／页码	2010，16（1）：99–110
作者	Marek Czarkowski
机构	Department of Internal Medicine and Endocrinology，Medical University of Warsaw，Warsaw，Poland
DOI 号	DOI：10.1007/s11948–008–9078–1.
页数	12
编号	P11
标题	Possibilities，Intentions and Threats：Dual Use in the Life Sciences Reconsidered
期刊	Sci Eng Ethics
年度／卷期／页码	2012，18（4）：741–756
作者	Koos van der Bruggen
机构	Department Philosophy，Faculty of Technology，Policy and Management，Delft University of Technology，Delft，The Netherlands
DOI 号	DOI：10.1007/s11948–011–9266–2.
页数	16
编号	P12
标题	Data Sharing and Dual-Use Issues
期刊	Sci Eng Ethics
年度／卷期／页码	2013，19（1）：83–92
作者	Louise Bezuidenhout
机构	Department of Sociology and Philosophy，University of Exeter，Exeter，UK
DOI 号	DOI：10.1007/s11948–011–9298–7.
页数	10
编号	P13

续表

标题	**Beyond Patchwork Precaution in the Dual-Use Governance of Synthetic Biology**
期刊	Sci Eng Ethics
年度／卷期／页码	2013，19（3）：1121–1139
作者	Alexander Kelle
机构	Department of Politics，Languages and International Studies，University of Bath，Bath，UK
DOI 号	DOI：10.1007/s11948–012–9365–8.
页数	19
编号	P14
标题	**Implementing Biosecurity Education：Approaches，Resources and Programmes**
期刊	Sci Eng Ethics
年度／卷期／页码	2013，19（4）：1473–1486
作者	Masamichi Minehata，Judi Sture，Nariyoshi Shinomiya，Simon Whitby
机构	Bradford Disarmament Research Centre，University of Bradford，Bradford West Yorkshire，UK；Pacific Forum-Center for Strategic and International Studies（CSIS），Honolulu，HI，USA；Department of Integrative Bio-Nano Medicine，National Defense Medical College of Japan，Saitama，Japan；Bradford Disarmament Research Centre，University of Bradford，Bradford West Yorkshire，UK
DOI 号	DOI：10.1007/s11948–011–9321–z.
页数	14
编号	P15
标题	**Education for Life Scientists on the Dual-Use Implications of Their Research：Commentary on "Implementing Biosecurity Education：Approaches，Resources and Programmes"**
期刊	Sci Eng Ethics
年度／卷期／页码	2013，19（4）：1487–1490
作者	Kathryn Nixdorff

续表

机构	Darmstadt University of Technology，Darmstadt，Germany
DOI 号	DOI：10.1007/s11948–013–9478–8.
页数	4
编号	P16
标题	**Medical Ethics，Bioethics and Research Ethics Education Perspectives in South East Europe in Graduate Medical Education**
期刊	Sci Eng Ethics
年度 / 卷期 / 页码	2014，20（1）：237–247
作者	Goran Mijaljica
机构	Psychiatric Hospital Ugljan，Ugljan，Croatia
DOI 号	DOI：10.1007/s11948–013–9432–9.
页数	11
编号	P17
标题	**From Cases to Capacity？ A Critical Reflection on the Role of ‘Ethical Dilemmas’ in the Development of Dual-Use Governance**
期刊	Sci Eng Ethics
年度 / 卷期 / 页码	2014，20（2）：571–582
作者	Brett Edwards，James Revill，Louise Bezuidenhout
机构	Department of Politics，Languages and International Studies，University of Bath，Bath，UK；Harvard Sussex Program，SPRU—Science and Technology Policy Research，Freeman Centre，University of Sussex，Brighton，East Sussex，UK；Department of Sociology and Philosophy，University of Exeter，Exeter，UK
DOI 号	DOI：10.1007/s11948–013–9450–7.
页数	12
编号	P18
标题	**Chemical and Biological Weapons in the ‘New Wars’**
期刊	Sci Eng Ethics
年度 / 卷期 / 页码	2014，20（3）：753–767
作者	Kai Ilchmann，James Revill

续表

机构	Institute of International Relations，Pontifícia Universidade Católica do Rio de Janeiro（PUC-Rio），Rio de Janeiro，Brazil；Harvard Sussex Program，Science and Technology Policy Research（SPRU），University of Sussex，Sussex，UK
DOI 号	DOI：10.1007/s11948-013-9479-7.
页数	15
编号	P19
标题	**Evolution of Different Dual-Use Concepts in International and National Law and Its Implications on Research Ethics and Governance**
期刊	Sci Eng Ethics
年度 / 卷期 / 页码	2014，20（3）：769-790
作者	Johannes Rath，Monique Ischi，Dana Perkins
机构	Department Integrative Zoologie，University of Vienna，Vienna，Austria；UN Security Council 1540 Committee，Group of Experts，New York，NY，USA
DOI 号	DOI：10.1007/s11948-014-9519-y.
页数	22
编号	P20
标题	**Dual Use Research：Investigation Across Multiple Science Disciplines**
期刊	Sci Eng Ethics
年度 / 卷期 / 页码	2015，21（2）：327-341
作者	Shannon Oltmann
机构	School of Library & Information Science，University of Kentucky，Lexington，KY，USA
DOI 号	DOI：10.1007/s11948-014-9535-y.
页数	15
编号	P21
标题	**Biosecurity and Open-Source Biology：The Promise and Peril of Distributed Synthetic Biological Technologies**
期刊	Sci Eng Ethics
年度 / 卷期 / 页码	2015，21（4）：1065-1083
作者	Nicholas G. Evans，Michael J. Selgelid

续表

机构	Department of Medical Ethics and Health Policy，University of Pennsylvania，Philadelphia，PA，USA；Centre for Human Bioethics，Monash University，Melbourne，Australia
DOI 号	DOI：10.1007/s11948-014-9591-3.
页数	19
编号	P22
标题	CRISPR and the Rebirth of Synthetic Biology
期刊	Sci Eng Ethics
年度 / 卷期 / 页码	2017，23（2）：351-363
作者	Raheleh Heidari，David Martin Shaw，Bernice Simone Elger
机构	Institute for Biomedical Ethics，University of Basel，Basel，Switzerland
DOI 号	DOI：10.1007/s11948-016-9768-z.
页数	13
编号	P23
标题	Biological Dual-Use Research and Synthetic Biology of Yeast
期刊	Sci Eng Ethics
年度 / 卷期 / 页码	2017，23（2）：365-374
作者	Angela Cirigliano，Orlando Cenciarelli，Andrea Malizia，Carlo Bellecci，Pasquale Gaudio，Michele Lioj，Teresa Rinaldi
机构	Department of Biology and Biotechnology，La Sapienza University of Rome，Rome，Italy；Department of Industrial Engineering，School of Medicine and Surgery，University of Rome Tor Vergata，Rome，Italy；Ministry of Defense，Rome，Italy
DOI 号	DOI：10.1007/s11948-016-9774-1.
页数	10
编号	P24
标题	Tri-parent Baby Technology and Preservation of Lineage：An Analysis From the Perspective of Maqasid al-Shari' ah Based Islamic Bioethics
期刊	Sci Eng Ethics
年度 / 卷期 / 页码	2019，25（1）：129-142

续表

作者	Abdul Halim Ibrahim，Noor Naemah Abdul Rahman，Shaikh Mohd Saifuddeen，Madiha Baharuddin
机构	Programme of Applied Science with Islamic Studies，Academy of Islamic Studies，University of Malaya，Kuala Lumpur，Malaysia；Department of Fiqh and Usul，Academy of Islamic Studies，University of Malaya，Kuala Lumpur，Malaysia；Centre for Science and Environment Studies，Institute of Islamic Understanding Malaysia，Langgak Tunku Off Jalan Tuanku Abdul Halim，Kuala Lumpur，Malaysia
DOI 号	DOI：10.1007/s11948-017-9980-5.
页数	14
编号	P25

Sci Rep

标题	**Evaluation of Transmission Risks Associated with *in vivo* Replication of Several High Containment Pathogens in a Biosafety Level 4 Laboratory**
期刊	Sci Rep
年度 / 卷期 / 页码	2014，4：5824
作者	Judie Alimonti，Anders Leung，Shane Jones，Jason Gren，Xiangguo Qiu，Lisa Fernando，Brittany Balcewich，Gary Wong，Ute Ströher，Allen Grolla，James Strong，Gary Kobinger
机构	Special Pathogens Program，Public Health Agency of Canada，Winnipeg. Manitoba；Containment Services，Public Health Agency of Canada，Winnipeg. Manitoba；Bioforensics Assay Development and Diagnostics，Public Health Agency of Canada，Winnipeg，Manitoba；Departments of Medical Microbiology，University of Manitoba，Winnipeg，MB，Canada；Departments of Immunology，University of Manitoba，Winnipeg，MB，Canada；Departments of Pediatrics and Child Health，University of Manitoba，Winnipeg，MB，Canada；Department of Pathology and Laboratory Medicine，University of Pennsylvania School of Medicine，Philadelphia，PA，USA
DOI 号	DOI：10.1038/srep05824.

续表

页数	7
编号	Q1
标题	A Mobile Biosafety Microanalysis System for Infectious Agents
期刊	Sci Rep
年度／卷期／页码	2015，5：9505
作者	Daniel R. Beniac，Shannon L. Hiebert，Christine G. Siemens，Cindi R. Corbett，Tim F. Booth
机构	National Microbiology Laboratory，Public Health Agency of Canada，Winnipeg，Manitob，Canada；Department of Medical Microbiology，University of Manitoba，Winnipeg，Manitoba，Canada
DOI 号	DOI：10.1038/srep09505.
页数	5
编号	Q2
标题	Pollen-mediated Gene Flow and Seed Exchange in Small-Scale Zambian Maize Farming，Implications for Biosafety Assessment
期刊	Sci Rep
年度／卷期／页码	2016，6：34483
作者	Thomas Bøhn，Denis W. Aheto，Felix S. Mwangala，Klara Fischer，Inger Louise Bones，Christopher Simoloka，Ireen Mbeule，Gunther Schmidt，Broder Breckling
机构	GenØk-Centre for Biosafety，Tromsø，Norway；School of Biological Sciences，University of Cape Coast，Ghana；National Institute for Scientific and Industrial Research，Zambia；Swedish University of Agricultural Sciences，Sweden；University of Vechta，Germany；University of Bremen，Germany
DOI 号	DOI：10.1038/srep34483.
页数	12
编号	Q3
标题	Biosafety Level 3 Setup for Multiphoton Microscopy *in vivo*
期刊	Sci Rep
年度／卷期／页码	2017，7（1）：571

续表

作者	D. Barlerin, G. Bessière, J. Domingues, M. Schuette, C. Feuillet, A. Peixoto
机构	Centre National de la Recherche Scientifique（CNRS）, Institut de Pharmacologie et de Biologie Structurale（IPBS）, Toulouse, France；Université de Toulouse, Université Paul Sabatier, Institut de Pharmacologie et de Biologie Structurale（IPBS）, Toulouse, France；EuroBioconcept SAS, Bonneuil sur Marne, France；Lavision Biotech GmbH, Bielefeld, Germany
DOI 号	DOI：10.1038/s41598-017-00702-x.
页数	10
编号	Q4
标题	**Zero-Tolerance Biosecurity Protects High-Conservation-Value Island Nature Reserve**
期刊	Sci Rep
年度／卷期／页码	2017, 7（1）：772
作者	John K. Scott, Simon J. McKirdy, Johann van der Merwe, Roy Green, Andrew A. Burbidge, Greg Pickles, Darryl C. Hardie, Keith Morris, Peter G. Kendrick, Melissa L. Thomas, Kristin L. Horton, Simon M. O' Connor, Justin Downs, Richard Stoklosa, Russell Lagdon, Barbara Marks, Malcolm Nairn, Kerrie Mengersen
机构	Quarantine Expert Panel, Perth, WA, Australia
DOI 号	DOI：10.1038/s41598-017-00450-y.
页数	9
编号	Q5
标题	**Biosafety Assessment of Water Samples from Wanzhou Watershed of Yangtze Three Gorges Reservior in the Quiet Season in Caenorhabditis Elegans**
期刊	Sci Rep
年度／卷期／页码	2018, 8（1）：14102
作者	Guosheng Xiao, Li Zhao, Qian Huang, Huihui Du, Dongqin Guo, Mingxing Xia, Guangman Li, Zongxiang Chen, Dayong Wang

续表

机构	College of Biology and Food Engineering，Chongqing Three Gorges University，Wanzhou，China；Medical School，Southeast University，Nanjing，China；Wanzhou Entry-Exit Inspection and Quarantine Bureau，Wanzhou，China
DOI 号	DOI：10.1038/s41598–018–32296–3.
页数	9
编号	Q6
标题	Biosecurity Risks Posed by a Large Sea-Going Passenger Vessel：Challenges of Terrestrial Arthropod Species Detection and Eradication
期刊	Sci Rep
年度／卷期／页码	2019，9（1）：19339
作者	Simon J. McKirdy，Simon O' Connor，Melissa L. Thomas，Kristin L. Horton，Angus Williams，Darryl Hardie，Grey T. Coupland，Johann van der Merwe
机构	Harry Butler Institute，Murdoch University，Murdoch，WA，Australia；Chevron Australia，Perth，WA，Australia；Department of Primary Industries and Regional Development Western Australia，Division of Agriculture and Food，Baron-Hay Court，South Perth，Australia
DOI 号	DOI：10.1038/s41598–019–55554–4.
页数	14
编号	Q7
标题	Hygiene and Biosecurity Protocols Reduce Infection Prevalence but Do Not Improve Fledging Success in an Endangered Parrot
期刊	Sci Rep
年度／卷期／页码	2019，9（1）：4779
作者	Deborah J. Fogell，Jim J. Groombridge，Simon Tollington，Stefano Canessa，Sion Henshaw，Nicolas Zuel，Carl G. Jones，Andrew Greenwood，John G. Ewen
机构	Durrell Institute of Conservation and Ecology，School of Anthropology and Conservation，University of Kent，Canterbury，UK；Institute of Zoology，Zoological Society of London，Regents Park，London，UK；North of England Zoological Society，Chester Zoo，Cedar House，Caughall Road，Chester，UK；Wildlife Health

续表

机构	Ghent，Department of Pathology，Bacteriology and Avian Diseases，Faculty of Veterinary Medicine，Ghent University，Merelbeke，Belgium；Mauritian Wildlife Foundation，Grannum Road，Vacoas，Mauritius；Durrell Wildlife Conservation Trust，Les Augres Manor，Trinity，Jersey，UK；International Zoo Veterinary Group，Station House，Parkwood Street Keighley，West Yorkshire，UK
DOI 号	DOI：10.1038/s41598-019-41323-w.
页数	10
编号	Q8

其他

标题	**The "H5N1 Publication Case" and Its Conclusions**
期刊	Acta Biochim Pol
年度 / 卷期 / 页码	2012，59（3）：441-443
作者	Gregor Becker
机构	Group for Bio-Ethics in Life Sciences，Faculty of Biochemistry，Biophysics and Biotechnology，Jagiellonian University Kraków，Poland
页数	3
编号	R1
标题	**Microbial Control of Malaria：Biological Warfare Against the Parasite and Its Vector**
期刊	Acta Trop
年度 / 卷期 / 页码	2012，121（2）：71-84
作者	Rashad Abdul-Ghani，Abdulsalam M. Al-Mekhlafi，Mogeeb S. Alabsi
机构	Department of Parasitology，Medical Research Institute，Alexandria University，Egypt；Department of Parasitology，Faculty of Medicine and Health Sciences，Sana'a University，Sana'a，Yemen；Department of Parasitology，Faculty of Medicine，University of Malaya，Kuala Lumpur，Malaysia；Department of Microbiology，Faculty of Medical Sciences，Hodeidah University，Yemen
DOI 号	DOI：10.1016/j.actatropica.2011.11.001.

续表

页数	14
编号	R2
标题	Training for Terrorism-Related Conditions in Hospitals：United States，2003–04
期刊	Adv Data
年度／卷期／页码	2006，380：1–8
作者	Richard W. Niska，Catharine W. Burt
机构	National Center for Health Statistics，Centers for Disease Control and Prevention，Department of Health and Human Services，Hyattsville，MD，USA
页数	8
编号	R3
标题	Production of Vaccines Against Leading Biowarfare Toxins Can Utilize DNA Scientific Technology
期刊	Adv Drug Deliv Rev
年度／卷期／页码	2005，57（9）：1415–1423
作者	John L. Middlebrook
机构	Sandy，UT，USA
DOI 号	DOI：10.1016/j.addr.2005.01.016.
页数	9
编号	R4
标题	Development of an On-Site Detection Method for Chemical and Biological Warfare Agents
期刊	Toxin Reviews
年度／卷期／页码	2007，26：299–312
作者	Yasuo Seto，Mieko Kanamori-Kataoka，Kouichiro Tsuge，And Isaac Ohsawa
机构	National Research Institute of Police Science，Kashiwa，Chiba，Japan
DOI 号	DOI：10.1080/15569540701506756.
页数	14

续表

编号	R5
标题	Dual Use and the “Moral Taint” Problem
期刊	Am J. Bioeth
年度／卷期／页码	2005，5（2）：52–53
作者	Jonathan David Moreno
机构	University of Virginia，USA
DOI 号	DOI：10.1080/15265160590961013.
页数	2
编号	R6
标题	Biodefense：Spend，But Spend Wisely
期刊	Am J Bioeth
年度／卷期／页码	2005，5（4）：50–52
作者	Shane K. Green，Karine Morin
机构	American Medical Association，USA
DOI 号	DOI：10.1080/15265160500194238.
页数	3
编号	R7
标题	Bioterrorism and Natural Disasters：The Impact of Public Health Law on Physicians in the Case of an Emergency
期刊	Am J Gastroenterol
年度／卷期／页码	2006，101（5）：920–923
作者	Kayla A. Feld，Jeffrey Sconyers J. D.
机构	Harvard University，Childrens Hospital and Regional Medical Center，Cambridge，MA，USA
DOI 号	DOI：10.1111/j.1572–0241.2006.00575.x.
页数	4
编号	R8
标题	An Ethics Framework for Public Health
期刊	Am J Public Health
年度／卷期／页码	2001，91（11）：1776–1782

续表

作者	Nancy E. Kass
机构	Department of Health Policy and Management, Johns Hopkins School of Public Health, and the Johns Hopkins University Bioethics Institute, Baltimore, MD, USA
DOI 号	DOI：10.2105/ajph.91.11.1776.
页数	7
编号	R9
标题	**The Pitfalls of Bioterrorism Preparedness：The Anthrax and Smallpox Experiences**
期刊	Am J Public Health
年度 / 卷期 / 页码	2004, 94（10）：1667–1671
作者	Hillel W. Cohen, Robert M. Gould, Victor W. Sidel
机构	Department of Epidemiology and Population Health, Albert Einstein College of Medicine, Bronx, NY, USA
DOI 号	DOI：10.2105/ajph.94.10.1667.
页数	5
编号	R10
标题	**Bioterrorism Preparedness：Potential Threats Remain**
期刊	Am J Public Health
年度 / 卷期 / 页码	2005, 95（3）：372
作者	Peter D. Rumm
DOI 号	DOI：10.2105/AJPH.2004.057000.
页数	1
编号	R11
标题	**Endemic Infectious Diseases and Biological Warfare During the Gulf War：A Decade of Analysis and Final Concerns**
期刊	Am J Trop Med Hyg
年度 / 卷期 / 页码	2001, 65（5）：664–670
作者	Kenneth C. Hyams, James Riddle, David H. Trump, John T. Graham

续表

机构	Epidemiology Department, Naval Medical Research Center, Silver Spring, MD, USA; Offifice of the Assistant Secretary of Defense– Health Affairs, The Pentagon, Washington, DC, USA; Department of Preventive Medicine and Biometrics, Uniformed Services University of the Health Sciences, Bethesda, MD, USA; British Liaison Offificer (Gulf Health) British Embassy, Washington, DC, USA
DOI 号	DOI: 10.4269/ajtmh.2001.65.664.
页数	7
编号	R12
标题	**Impacts of Dual-Use Research on Life Science Researchers Including Veterinarians**
期刊	Am J Vet Res
年度 / 卷期 / 页码	2013, 74 (1) : 166–170
作者	Tanya D. Graham
机构	Veterinary and Biomedical Sciences Department, College of Agriculture and Biological Sciences, South Dakota State University, Brookings, SD, USA
DOI 号	DOI: 10.2460/ajvr.74.1.166.
页数	5
编号	R13
标题	**Spectroscopic Analysis of Bacterial Biological Warfare Simulants and the Effects of Environmental Conditioning on a Bacterial Spectrum**
期刊	Anal Bioanal Chem
年度 / 卷期 / 页码	2012, 404 (8) : 2307–2315
作者	Alastair J. S. McIntosh, Stephen J. Barrington, Hilary Bird, Daniel Hurst, Phillippa Spencer, Suzanne H. Pelfrey, Matthew J. Baker
机构	Dstl Porton Down, Salisbury, Wiltshire, UK; Centre for Materials Science, Division of Chemistry, School of Forensic and Investigative Sciences, University of Central Lancashire, Preston, UK
DOI 号	DOI: 10.1007/s00216–012–6382–z.
页数	9
编号	R14

续表

标题	Electrochemiluminescence DNA Sensor Array for Multiplex Detection of Biowarfare Agents
期刊	Anal Bioanal Chem
年度／卷期／页码	2015，407（22）：6657–6667
作者	Anna-Maria Spehar-Délèze，Rainer Gransee，Sergio Martinez-Montequin，Diego Bejarano-Nosas，Samuel Dulay，Sandra Julich，Herbert Tomaso，Ciara K O' Sullivan
机构	Nanobiotechnology and Bioanalysis Group，INTERFIBIO Consolidated Research Group，Departament d' Enginyeria Quimica，Universitat Rovira i Virgili，Tarragona，Spain；Fraunhofer ICT-IMM，Mainz，Germany；iMicroQ，Ferro 6（nau 7），Poligono Industrial Riu Clar，Tarragona，Spain；Institute of Bacterial Infections and Zoonoses，Friedrich-Loeffler-Institut，Jena，Germany；Institució Catalana de Recerca i Estudis Avancats，Passeig Lluís Companys，Barcelona，Spain
DOI 号	DOI：10.1007/s00216–015–8831–y.
页数	11
编号	R15
标题	Biological Warfare Detection
期刊	Anal Chem
年度／卷期／页码	2000，72（23）：738A–746A
作者	David R. Walt，David R. Franz
机构	Tufts University，USA
DOI 号	DOI：10.1021/ac003002a.
页数	9
编号	R16
标题	Multiplexed Liquid Arrays for Simultaneous Detection of Simulants of Biological Warfare Agents
期刊	Anal Chem
年度／卷期／页码	2003，75（8）：1924–1930
作者	Mary T. McBride，Stuart Gammon，Maurice Pitesky，Thomas W. O' Brien，Thomas Smith，Jennifer Aldrich，Richard G. Langlois，Bill Colston，Kodumudi S. Venkateswaran

续表

机构	Lawrence Livermore National Laboratory, Livermore, California, USA
DOI 号	DOI：10.1021/ac026379k.
页数	7
编号	R17
标题	**Development of an Automated Sample Preparation Module for Environmental Monitoring of Biowarfare Agents**
期刊	Anal Chem
年度 / 卷期 / 页码	2004, 76（13）：3492–3497
作者	Benjamin J. Hindson, Steve B. Brown, Graham D. Marshall, Mary T. McBride, Anthony J. Makarewicz, Dora M. Gutierrez, Duane K. Wolcott, Thomas R. Metz, Ramakrishna S. Madabhushi, John M. Dzenitis, Billy W. Colston Jr
机构	Lawrence Livermore National Laboratory, Livermore, CA, USA; Global FIA, Inc., Fox Island, Washington, DC, USA
DOI 号	DOI：10.1021/ac035365r.
页数	6
编号	R18
标题	**Fiber-Optic Microsphere-Based Arrays for Multiplexed Biological Warfare Agent Detection**
期刊	Anal Chem
年度 / 卷期 / 页码	2006, 78（4）：1023–1033
作者	Linan Song, Soohyoun Ahn, David R. Walt
机构	Department of Chemistry, Tufts University, Medford, MA, USA
DOI 号	DOI：10.1021/ac051417w.
页数	11
编号	R19
标题	**Biosensor Technology for Detecting Biological Warfare Agents: Recent Progress and Future Trends**
期刊	Anal Chim Acta
年度 / 卷期 / 页码	2006, 559（2）：137–151
作者	J. Justin Gooding

续表

机构	School of Chemistry，The University of New South Wales，Sydney，Australia
DOI 号	DOI：10.1016/j.aca.2005.12.020.
页数	15
编号	R20
标题	**The First Artificial Cell—A Revolutionary Step in Synthetic Biology？**
期刊	Angew Chem Int Ed Engl
年度 / 卷期 / 页码	2010，49（31）：5228–5230
作者	Uwe T. Bornscheuer
机构	Institute of Biochemistry，Department of Biotechnology & Enzyme Catalysis，Greifswald University，Greifswald，Germany
DOI 号	DOI：10.1002/anie.201003393.
页数	3
编号	R21
标题	**Unexpected "Gas" Casualties in Moscow：A Medical Toxicology Perspective**
期刊	Ann Emerg Med
年度 / 卷期 / 页码	2003，41（5）：700–705
作者	Paul M. Wax，Charles E. Becker，Steven C. Curry
机构	Department of Medical Toxicology，Good Samaritan Regional Medical Center，Phoenix，AZ，USA
DOI 号	DOI：10.1067/mem.2003.148.
页数	6
编号	R22
标题	**Foreign Animal Disease Agents as Weapons in Biological Warfare**
期刊	Ann N Y Acad Sci
年度 / 卷期 / 页码	1999，894：100–104
作者	David R. Franz
机构	Chemical and Biological Defense Division，Southern Research Institute，Frederick，MD，USA
DOI 号	DOI：10.1111/j.1749-6632.1999.tb08051.x.

续表

页数	5
编号	R23
标题	The Changing Biological Warfare Threat：Anti-Crop and Anti-Animal Agents
期刊	Ann N Y Acad Sci
年度／卷期／页码	1999，894：159–163
作者	Sharon A. Watson
机构	Chemical and Biological Defense Department，SRS Technologies，Huntsville，Alabama，USA
DOI 号	DOI：10.1111/j.1749–6632.1999.tb08059.x.
页数	5
编号	R24
标题	Trends in American Agriculture：Their Implications for Biological Warfare Against Crop and Animal Resources
期刊	Ann N Y Acad Sci
年度／卷期／页码	1999，894：164–167
作者	Wallace A. Deen
机构	U.S. Army，Richmond，MO，USA
DOI 号	DOI：10.1111/j.1749–6632.1999.tb08060.x.
页数	4
编号	R25
标题	What Should the G8 Do about the Biological Warfare Threat to International Food Safety？
期刊	Ann N Y Acad Sci
年度／卷期／页码	1999，894：222–227
作者	Wendy Barnaby
DOI 号	DOI：10.1111/j.1749–6632.1999.tb08068.x.
页数	6
编号	R26

续表

标题	Biological Warfare Training：Infectious Disease Outbreak Differentiation Criteria
期刊	Ann N Y Acad Sci
年度／卷期／页码	1999，894：37–43
作者	Donald L. Noah，Annettel L. Sobel，Stephen M. Ostroff，John A. Kildew
机构	Air Force Medical Operations Agency/SGPA，Bolling AFB，Washington，DC，USA；Systems Research Center，Sandia National Laboratories，Albuquerque，NM，USA；National Center for Infectious Diseases，Centers for Disease Control and Prevention，Atlanta，GA，USA
DOI 号	DOI：10.1111/j.1749–6632.1999.tb08041.x.
页数	7
编号	R27
标题	Biowarfare Pathogens. Is the Research Flavor Different Than That of Clinically Relevant Pathogens？
期刊	Annu Rep Med Chem
年度／卷期／页码	2004，39：211–221
作者	Ving J. Lee
机构	Anacor Pharmaceuticals，Inc.，Palo Alto，CA，USA
DOI 号	DOI：10.1016/S0065–7743（04）39017–2.
页数	11
编号	R28
标题	Biomaterials for Mediation of Chemical and Biological Warfare Agents
期刊	Annu Rev Biomed Eng
年度／卷期／页码	2003，5：1–27
作者	Alan J. Russell，Jason A. Berberich，Geraldine F. Drevon，Richard R. Koepsel
机构	Department of Surgery，McGowan Institute of Regenerative Medicine，University of Pittsburgh，Pittsburgh，PA，USA
DOI 号	DOI：10.1146/annurev.bioeng.5.121202.125602.
页数	27

续表

编号	R29
标题	Insects as Weapons of War, Terror, and Torture
期刊	Annu Rev Entomol
年度/卷期/页码	2012，57：205–227
作者	Jeffrey A. Lockwood
机构	Department of Philosophy and MFA Program in Creative Writing, University of Wyoming, Laramie, WY, USA
DOI 号	DOI：10.1146/annurev-ento–120710–100618.
页数	23
编号	R30
标题	Francisella Tularensis: Taxonomy, Genetics, and Immunopathogenesis of a Potential Agent of Biowarfare
期刊	Annu Rev Microbiol
年度/卷期/页码	2006，60：167–185
作者	Molly K. McLendon, Michael A. Apicella, Lee-Ann H. Allen
机构	Inflammation Program, Department of Microbiology, University of Iowa and the VA Medical Center, Iowa City, IA, USA
DOI 号	DOI：10.1146/annurev.micro.60.080805.142126.
页数	19
编号	R31
标题	Synthetic Poliovirus and Other Designer Viruses: What Have We Learned from Them?
期刊	Annu Rev Microbiol
年度/卷期/页码	2011，65：583–609
作者	Eckard Wimmer, Aniko V. Paul
机构	Department of Molecular Genetics and Microbiology, Stony Brook University, Stony Brook, NY, USA
DOI 号	DOI：10.1146/annurev-micro–090110–102957.
页数	27
编号	R32

续表

标题	The Threat of Plant Pathogens as Weapons Against U.S. Crops
期刊	Annu Rev Phytopathol
年度／卷期／页码	2003，41：155–176
作者	L. V. Madden，M. Wheelis
机构	Department of Plant Pathology，Ohio State University，Wooster，OH，USA；Section of Microbiology，University of California，Davis，CA，USA
DOI 号	DOI：10.1146/annurev.phyto.41.121902.102839.
页数	22
编号	R33
标题	MarA-like Regulator of Multidrug Resistance in Yersinia Pestis
期刊	Antimicrob Agents Chemother
年度／卷期／页码	2006，50（9）：2971–2975
作者	Rupa A. Udani，Stuart B. Levy
机构	Center for Adaptation Genetics and Drug Resistance，Department of Molecular Biology，Tufts University School of Medicine，Boston，MA，USA
DOI 号	DOI：10.1128/AAC.00015-06.
页数	5
编号	R34
标题	Production of Class Ⅱ Bacteriocins by Lactic Acid Bacteria；An Example of Biological Warfare and Communication
期刊	Antonie Van Leeuwenhoek
年度／卷期／页码	2002，81（1–4）：639–654
作者	Vincent G. H. Eijsink，Lars Axelsson，Dzung B. Diep，Leiv S. Håvarstein，Helge Holo，Ingolf F. Nes
机构	Department of Chemistry and Biotechnology，Agricultural University of Norway，Ås，Norway；The Norwegian Food Research Institute，MATFORSK，Ås，Norway
DOI 号	DOI：10.1023/a：1020582211262.
页数	16
编号	R35

续表

标题	Development of Quantitative Real-Time PCR Assays for Detection and Quantification of Surrogate Biological Warfare Agents in Building Debris and Leachate
期刊	Appl Environ Microbiol
年度／卷期／页码	2007，73（20）：6557–6565
作者	Pascal E. Saikaly，Morton A. Barlaz，Francis L. de Los Reyes
机构	Department of Civil，Construction，and Environmental Engineering，North Carolina State University，Raleigh，NC，USA
DOI 号	DOI：10.1128/AEM.00779–07.
页数	9
编号	R36
标题	Cross-Institute Evaluations of Inhibitor-Resistant PCR Reagents for Direct Testing of Aerosol and Blood Samples Containing Biological Warfare Agent DNA
期刊	Appl Environ Microbiol
年度／卷期／页码	2014，80（4）：1322–1329
作者	Timothy D. Minogue，Phillip A. Rachwal，Adrienne Trombley Hall，Jeffery W. Koehler，Simon A. Weller
机构	U.S. Army Medical Research Institute of Infectious Diseases，Frederick，MD，USA
DOI 号	DOI：10.1128/AEM.03478–13.
页数	8
编号	R37
标题	Effects of Chemical and Biological Warfare Remediation Agents on the Materials of Museum Objects
期刊	Appl Phys A-Mater
年度／卷期／页码	2004，79（2）：247–252
作者	C. Solazzo；D. Erhardt；F. Marte；D. Von Endt；C. Tumosa
机构	Smithsonian Center for Materials Research and Education，Smithsonian Institution，Museum Support Center，Suitland MD，USA
DOI 号	DOI：10.1007/s00339–004–2511–7.

续表

页数	6
编号	R38
标题	Plasma Flame for Mass Purification of Contaminated Air with Chemical and Biological Warfare Agents
期刊	Appl Phys Lett
年度／卷期／页码	2006，89（12）：121504
作者	Han S. Uhm；Dong H. Shin；Ying C. Hong
机构	Department of Molecular Science and Technology，Ajou University，Youngtong-Gu，Suwon，Republic of Korea
DOI 号	DOI：10.1063/1.2357017.
页数	4
编号	R39
标题	Classification of Chemical and Biological Warfare Agent Simulants by Surface-Enhanced Raman Spectroscopy and Multivariate Statistical Techniques
期刊	Appl Spectrosc
年度／卷期／页码	2006，60（4）：356–365
作者	William F. Pearman，Augustus W. Fountain
机构	Photonics Research Center，Department of Chemistry and Life Science，United States Military Academy，West Point，NY，USA
DOI 号	DOI：10.1366/000370206776593744.
页数	10
编号	R40
标题	Cutaneous Manifestations of Biological Warfare and Related Threat Agents
期刊	Arch Dermatol
年度／卷期／页码	1999，135（3）：311–322
作者	T. W. McGovern，G. W. Christopher，E. M. Eitzen
机构	Dermatology Service，Irwin Army Community Hospital，Fort Riley，Kan，USA
DOI 号	DOI：10.1001/archderm.135.3.311.

续表

页数	12
编号	R41
标题	Dual Use and the Ethical Responsibility of Scientists
期刊	Arch Immunol Ther Exp（Warsz）
年度 / 卷期 / 页码	2008，56（3）：147–152
作者	Hans-Jörg Ehni
机构	Institute of Ethics and History of Medicine，University of Tübingen，Tübingen，Germany
DOI 号	DOI：10.1007/s00005–008–0020–7.
页数	6
编号	R42
标题	Dual Use of Biological Research and the Role of the Scientific Unions
期刊	Arch Immunol Ther Exp（Warsz）
年度 / 卷期 / 页码	2009，57（3）：153–155
作者	Angelo Azzi
机构	Vascular Biology Laboratory，JM USDA-HNRCA at Tufts University，Boston，MA，USA
DOI 号	DOI：10.1007/s00005–009–0028–7.
页数	3
编号	R43
标题	State-of-the-Art in Biosafety and Biosecurity in European Countries
期刊	Arch Immunol Ther Exp（Warsz）
年度 / 卷期 / 页码	2014，62（3）：169–178
作者	Anna Bielecka，Ali Akbar Mohammadi
机构	Military Institute of Hygiene and Epidemiology，Warsaw，Poland；Global Health and Security Consultants，Geneva，Switzerland
DOI 号	DOI：10.1007/s00005–014–0290–1.
页数	10
编号	R44
标题	Anthrax as a Potential Biological Warfare Agent
期刊	Arch Intern Med

续表

年度 / 卷期 / 页码	1998，158（5）：429–434
作者	James C. Pile，John D. Malone，Edward M. Eitzen，Arthur M. Friedlander
机构	Infectious Diseases Division，National Naval Medical Center，Bethesda，MD，USA
DOI 号	DOI：10.1001/archinte.158.5.429.
页数	6
编号	R45
标题	National Preparedness for Biological Warfare and Bioterrorism：Smallpox and the Ophthalmologist
期刊	Arch Ophthalmol
年度 / 卷期 / 页码	2003，121（5）：710–711
作者	Dennis G. Maki
DOI 号	DOI：10.1001/archopht.121.5.710.
页数	2
编号	R46
标题	The Toxicology of Bioregulators as Potential Agents of Bioterrorism
期刊	Arh Hig Rada Toksikol
年度 / 卷期 / 页码	2005，56（2）：205–211
作者	Slavko Bokan
机构	Ministry of Defence of the Republic of Croatia，Croatian Military Academy，Laboratory for NBC Protection，Zagreb，Croatia
页数	7
编号	R47
标题	Border Closure for Island Nations？ Analysis of Pandemic and Bioweapon-Related Threats Suggests Some Scenarios Warrant Drastic Action
期刊	Aust N Z J Public Health
年度 / 卷期 / 页码	2020，44（2）：89–91
作者	Matt Boyd，Michael G. Baker，Nick Wilson
机构	Adapt Research Ltd，Reefton，New Zealand；Department of Public Health，University of Otago，Wellington，New Zealand

续表

DOI 号	DOI：10.1111/1753-6405.12991.
页数	3
编号	R48
标题	**Application of Bacteriophages for Detection of Foodborne Pathogens**
期刊	Bacteriophage
年度／卷期／页码	2014，4（1）：e28137
作者	Mathias Schmelcher，Martin J. Loessner
机构	Institute of Food，Nutrition and Health；ETH Zurich；Zurich，Switzerland
DOI 号	DOI：10.4161/bact.28137.
页数	14
编号	R49
标题	**The Ethics of Biodefense**
期刊	Bioethics
年度／卷期／页码	2005，19（4）：432–446
作者	Nicholas B. King
机构	Department of Biology，Case Western Reserve University，Cleveland，OH，USA
DOI 号	DOI：10.1111/j.1467-8519.2005.00454.x.
页数	15
编号	R50
标题	**Taking Due Care：Moral Obligations in Dual Use Research**
期刊	Bioethics
年度／卷期／页码	2008，22（9）：477–487
作者	Frida Kuhlau，Stefan Eriksson，Kathinka Evers，Anna T. Höglund
机构	Centre for Research Ethics and Bioethics，Department of Public Health and Caring Sciences，Uppsala University，Uppsala，Sweden
DOI 号	DOI：10.1111/j.1467-8519.2008.00695.x.
页数	11
编号	R51

续表

标题	A Precautionary Principle for Dual Use Research in the Life Sciences
期刊	Bioethics
年度 / 卷期 / 页码	2011，25（1）：1–8
作者	Frida Kuhlau，Anna T. Höglund，Kathinka Evers，Stefan Eriksson
机构	Centre for Research Ethics and Bioethics，Department of Public Health and Caring Sciences，Uppsala Science Park，Uppsala，Sweden
DOI 号	DOI：10.1111/j.1467–8519.2009.01740.x.
页数	8
编号	R52
标题	Synthetic Biology Ethics：A Deontological Assessment
期刊	Bioethics
年度 / 卷期 / 页码	2013，27（8）：442–452
作者	Patrick Heavey
机构	Centre for Social Ethics and Policy，School of Law，University of Manchester，Oxford Road，Manchester
DOI 号	DOI：10.1111/bioe.12052.
页数	11
编号	R53
标题	Synthetic Biology：A Utilitarian Perspective
期刊	Bioethics
年度 / 卷期 / 页码	2013，27（8）：453–463
作者	Kevin Smith
机构	Abertay University—Contemporary Sciences，Baxter Building Monifieth，Dundee，UK
DOI 号	DOI：10.1111/bioe.12050.
页数	11
编号	R54
标题	Synthetic Biology and the Moral Significance of Artificial Life：A Reply to Douglas，Powell and Savulescu
期刊	Bioethics

续表

年度／卷期／页码	2016，30（5）：372–379
作者	Andreas Christiansen
DOI 号	DOI：10.1111/bioe.12248.
页数	8
编号	R55
标题	**The Biodefense Field**
期刊	Bioethics
年度／卷期／页码	2016，30（6）：382–383
作者	Emilio Mordini
DOI 号	DOI：10.1111/bioe.12269.
页数	2
编号	R56
标题	**Health Security and Risk Aversion**
期刊	Bioethics
年度／卷期／页码	2016，30（7）：479–489
作者	Jonathan Herington
机构	Department of Philosophy，Kansas State University，Manhattan，KS，USA
DOI 号	DOI：10.1111/bioe.12255.
页数	11
编号	R57
标题	**Decontamination of Chemical and Biological Warfare Agents With a Single Multi-Functional Material**
期刊	Biomaterials
年度／卷期／页码	2010，31（15）：4417–4425
作者	Gabi Amitai，Hironobu Murata，Jill D. Andersen，Richard R. Koepsel，Alan J. Russell
机构	McGowan Institute for Regenerative Medicine，University of Pittsburgh，Pittsburgh，PA，USA；Department of Surgery，University of Pittsburgh，Pittsburgh，PA，USA
DOI 号	DOI：10.1016/j.biomaterials.2010.02.004.

续表

页数	9
编号	R58
标题	Separation of Simulants of Biological Warfare Agents from Blood by a Miniaturized Dielectrophoresis Device
期刊	Biomed Microdevices
年度 / 卷期 / 页码	2003，5（3）：217–225
作者	Ying Huang，Joon Mo Yang，Penelope J. Hopkins，Sam Kassegne，Marcus Tirado，Antia H. Forster，Howard Reese
机构	Nanogen Inc，San Diego，CA，USA；Genoptix，San Diego，CA，USA；Department of Mechanical and Aerospace Engineering，Henri Samueli School of Engineering，University of California at Irvine，Irvine，CA，USA
DOI 号	DOI：10.1023/A：1025760209483.
页数	9
编号	R59
标题	Standoff Laser-Induced Fluorescence Sensors for Biological Warfare Agents
期刊	Spectroscopy Letters
年度 / 卷期 / 页码	2013，46:147–153
作者	Deepak Kumar，Ramesh C. Sharma，Anil K. Maini
机构	Laser Science & Technology Centre，Metcalfe House，Delhi，India
DOI 号	DOI：10.1080/00387010.2012.702183.
页数	7
编号	R60
标题	Combating the Threat of Biowarfare and Bioterrorism
期刊	Bioscience
年度 / 卷期 / 页码	1999，49（6）：465–477
作者	Ronald M. Atlas
机构	University of Louisville，Louisville，KY，USA
DOI 号	DOI：10.2307/1313554.
页数	13

续表

编号	R61
标题	**Scientific Societies and Bioterrorism**
期刊	Bioscience
年度／卷期／页码	2002，52（3）：211
作者	J. W. Bennett，B. D. Faison
机构	Department of Cell and Molecular Biology Tulane University New Orleans，LA，USA；Department of Biological Sciences Hampton University Hampton，VA，USA
DOI 号	DOI：10.1641/0006-3568（2002）052.
页数	1
编号	R62
标题	**Biological Attack on Agriculture：Low-Tech，High-Impact Bioterrorism**
期刊	Bioscience
年度／卷期／页码	2002，52（7）：569-576
作者	Mark Wheelis，Rocco Casagrande，Laurence V. Madden
机构	University of California，Davis，CA，USA；Surface Logix，Inc.，Brighton，MA，USA；Department of Plant Pathology，Ohio State University，Wooster，OH，USA
DOI 号	DOI：10.1641/0006-3568（2002）052[0569：BAOALT]2.0.CO；2.
页数	8
编号	R63
标题	**Biological Warfare Targeted at Livestock**
期刊	Bioscience
年度／卷期／页码	2002，52（7）：577-581
作者	Rocco Casagrande
机构	Surface Logix Inc，Brighton，MA，USA
DOI 号	DOI：10.1641/0006-3568（2002）052[0577：BWTAL]2.0.CO；2.
页数	5
编号	R64

续表

标题	Bioweapons，Biodiversity，and Ecocide：Potential Effects of Biological Weapons on Biological Diversity
期刊	Bioscience
年度／卷期／页码	2002，52（7）：583–592
作者	Joseph P Dudley，Michael H. Woodford
机构	Versar Inc，Springfield，VA，USA；Royal College of Veterinary Surgeons，London，UK
DOI 号	DOI：10.1641/0006–3568（2002）052[0583：BBAEPE]2.0.CO；2.
页数	10
编号	R65
标题	Biosecurity：Moving toward a Comprehensive Approach
期刊	Bioscience
年度／卷期／页码	2002，52（7）：593–600
作者	Laura A. Meyerson，Jamie K. Reaser
机构	US EPA，National Center Environmental Assessment，Washington，DC，USA；National Invasive Species Council，Washington，DC，USA
DOI 号	DOI：10.1641/0006–3568（2002）052[0593：BMTACA]2.0.CO；2.
页数	8
编号	R66
标题	The Biosecurity Trust
期刊	Bioscience
年度／卷期／页码	2003，53（3）：270–277
作者	Robert H. Sprinkle
机构	University of Maryland，School of Public Affairs，College Park，MD，USA
DOI 号	DOI：10.1641/0006–3568（2003）053[0270：TBT]2.0.CO；2.
页数	8
编号	R67
标题	Global Zoonotic Disease Surveillance：An Emerging Public Health and Biosecurity Imperative
期刊	Bioscience

续表

年度／卷期／页码	2004，54（11）：982–983
作者	Joseph P. Dudley
DOI 号	DOI：10.1641/0006–3568（2004）054[0982：GZDSAE]2.0.CO；2.
页数	2
编号	R68
标题	**The Biodefense Buildup：Fallout for Other Research Areas？**
期刊	Bioscience
年度／卷期／页码	2005，55（4）：310
作者	Barton Reppert
DOI 号	DOI：10.1641/0006–3568（2005）055[0310：TBBFFO]2.0.CO；2.
页数	1
编号	R69
标题	**From Here to Biosecurity：Advice for an Incoming Administration**
期刊	Bioscience
年度／卷期／页码	2008，58（11）：1006–1007
作者	R. H. Sprinkle
机构	University of Maryland，Schoolof Public Policy，College Park，MD，USA
DOI 号	DOI：10.1641/B581102.
页数	2
编号	R70
标题	**Big Bucks for Biosecurity Research—But Who’s Doing What？**
期刊	Bioscience
年度／卷期／页码	2008，58（5）：390
作者	Holly Menninger
DOI 号	DOI：10.1641/B580504.
页数	2
编号	R71

续表

标题	**Plant Biosecurity in the United States：Roles，Responsibilities，and Information Needs**
期刊	Bioscience
年度 / 卷期 / 页码	2009，59（10）：875–884
作者	Roger D. Magarey，Magarey Colunga-Garcia，Daniel A. Fieselmann
机构	North Carolina State University，Center of Integrated Pest Management，Raleigh，NC，USA
DOI 号	DOI：10.1525/bio.2009.59.10.9.
页数	10
编号	R72
标题	**Rapid Identification of Biological Warfare Agents Using an Instrument Employing a Light Addressable Potentiometric Sensor and a Flow-Through Immunofiltration-Enzyme Assay System**
期刊	Biosens Bioelectron
年度 / 卷期 / 页码	2000，14（10–11）：761–770
作者	Keith A. Uithoven，John C. Schmidt，Mark E. Ballman
机构	Environmental Technologies Group，Inc.，Baltimore，MD，USA
DOI 号	DOI：10.1016/s0956–5663（99）00067–6.
页数	10
编号	R73
标题	**Optical Flow-Cell Multichannel Immunosensor for the Detection of Biological Warfare Agents**
期刊	Biosens Bioelectron
年度 / 卷期 / 页码	2000，14（10–11）：779–784
作者	Sabine Koch，Hans Wolf，Christine Danapel，Klaus A. Feller
机构	Institute for Integrated Circuits，Technical University Munich，Arcisstr，Germany；Institute of Medical Microbiology and Hygiene，Uni6ersity of Regensburg，Germany；German Armed Forces Scientifific Institute for Protection Technologies，NBC-Protection，Munster，Germany
DOI 号	DOI：10.1016/s0956–5663（99）00051–2.
页数	6

续表

编号	R74
标题	The BARC Biosensor Applied to the Detection of Biological Warfare Agents
期刊	Biosens Bioelectron
年度／卷期／页码	2000，14（10–11）：805–813
作者	R. L. Edelstein，C. R. Tamanaha，P. E. Sheehan，M. M. Miller，D. R. Baselt，L. J. Whitman，R. J. Colton
机构	Geo-Centers，Inc.，Fort Washington，MD，USA；Naval Research Laboratory，Washington，DC，USA
DOI 号	DOI：10.1016/s0956–5663（99）00054–8.
页数	9
编号	R75
标题	Probability of Real-Time Detection Versus Probability of Infection for Aerosolized Biowarfare Agents：A Model Study
期刊	Biosens Bioelectron
年度／卷期／页码	2006，21（11）：2070–2077
作者	Alexander Sabelnikov，Vladimir Zhukov，Ruth Kempf
机构	Center for Security Studies and Research，East Carolina University，Greenville，NC，USA
DOI 号	DOI：10.1016/j.bios.2005.10.011.
页数	8
编号	R76
标题	Molecularly Imprinted Nanopatterns for the Recognition of Biological Warfare Agent Ricin
期刊	Biosens Bioelectron
年度／卷期／页码	2009，25（3）：592–598
作者	Santwana Pradhan，M. Boopathi，Om Kumar，Anuradha Baghel，Pratibha Pandey，T. H. Mahato，Beer Singh，R. Vijayaraghavan
机构	Defence Research and Development Establishment，Gwalior，India
DOI 号	DOI：10.1016/j.bios.2009.03.041.
页数	7

续表

编号	R77
标题	The Risk of Bioweapons Use：Considering the Evidence Base
期刊	Biosocieties
年度 / 卷期 / 页码	2014，9（1）：84–93
作者	Filippa Lentzos
机构	Department of Social Science，Health & Medicine，King's College London，Strand，London，UK
DOI 号	DOI：10.1057/biosoc.2013.38.
页数	10
编号	R78
标题	Revolution Versus Evolution：Understanding Scientific and Technological Diffusion in Synthetic Biology and Their Implications for Biosecurity Policies
期刊	Biosocieties
年度 / 卷期 / 页码	2014，9（4）：365–392
作者	Kathleen M. Vogel
机构	Department of Political Science and Science，Technology and Society Program，North Carolina State University，Raleigh，NC，USA
DOI 号	DOI：10.1057/biosoc.2014.31.
页数	28
编号	R79
标题	Negotiating the Dynamics of Uncomfortable Knowledge：The Case of Dual Use and Synthetic Biology
期刊	Biosocieties
年度 / 卷期 / 页码	2014，9（4）：393–420
作者	Claire Marris，Catherine Jefferson，Filippa Lentzos
机构	Department of Social Science，Health and Medicine，Faculty of Social Science & Public Policy，King's College London，Strand Campus，London，UK
DOI 号	DOI：10.1057/biosoc.2014.32.
页数	28

续表

编号	R80
标题	**Feeding Sentinels：Logics of Care and Biosecurity in Farms and Labs**
期刊	Biosocieties
年度 / 卷期 / 页码	2015，10（2）：162–176
作者	Frédéric Keck
机构	Laboratory for Social Anthropology，LAS，Paris，France
DOI 号	DOI：10.1057/biosoc.2015.6.
页数	15
编号	R81
标题	**Ferreting Things Out：Biosecurity，Pandemic Flu and the Transformation of Experimental Systems**
期刊	Biosocieties
年度 / 卷期 / 页码	2016，11（1）：22–45
作者	Natalie Hannah Porter
机构	Department of Anthropology，University of New Hampshire，NH，USA
DOI 号	DOI：10.1057/biosoc.2015.4.
页数	24
编号	R82
标题	**Competing Biosecurity and Risk Rationalities in the Chittagong Poultry Commodity Chain，Bangladesh**
期刊	Biosocieties
年度 / 卷期 / 页码	2019，14（3）：368–392
作者	Erling Høg，Guillaume Fournié，Md Ahasanul Hoque，Rashed Mahmud，Dirk U. Pfeiffer，Tony Barnett
机构	London Sch Hyg & Trop Med，Dept Global Hlth & Dev，London，UK；Department of Pathobiology and Population Sciences，Royal Veterinary College，Hawkshead Lane，Hertfordshire，UK；Faculty of Veterinary Medicine，Chittagong Veterinary and Animal Sciences University，Zakir Hossain Road，Khulshi，Bangladesh；Department of Infectious Diseases and Public Health，College of Veterinary Medicine and Life Sciences，City University of Hong Kong，Hong Kong，China

续表

DOI 号	DOI：10.1057/s41292-018-0131-2.
页数	25
编号	R83
标题	Nucleic Acid Approaches for Detection and Identification of Biological Warfare and Infectious Disease Agents
期刊	Biotechniques
年度 / 卷期 / 页码	2003，35（4）：862-869
作者	Dmitri Ivnitski，Daniel J. O' Neil，Anthony Gattuso，Roger Schlicht，Michael Calidonna，Rodney Fisher
机构	Institute for Engineering Research and Applications，New Mexico Institute of Mining and Technology，Albuquerque，NM，USA
DOI 号	DOI：10.2144/03354ss03.
页数	8
编号	R84
标题	Biotechnology of Health-Promoting Bacteria
期刊	Biotechnol Adv
年度 / 卷期 / 页码	2019，37（6）：107369
作者	François P. Douillard，Willem M. de Vos
机构	Department of Food Hygiene and Environmental Health，Faculty of Veterinary Medicine，University of Helsinki，Helsinki，Finland；Human Microbiome Research Program，Faculty of Medicine，University of Helsinki，Helsinki，Finland；Laboratory of Microbiology，Wageningen University，Wageningen，The Netherlands
DOI 号	DOI：10.1016/j.biotechadv.2019.03.008.
页数	12
编号	R85
标题	Government Pushes to Oversee Potential Recipes for Bioterrorism
期刊	Biotechnol Healthc
年度 / 卷期 / 页码	2004，1（3）：12-13
作者	John Carroll
页数	2

续表

编号	R86
标题	Intersection Between Biodefense and Patent Law：Federal Research Grants，Project Bioshield，and 28 USC § 1498（a）
期刊	Biotechnol Law Rep
年度／卷期／页码	2005，24（3）：279–281
作者	Eric K. Steffe，Matthew E. Kelley
机构	Sterne Kessler Goldstein & Fox PLLC，Washington，DC，USA
DOI 号	DOI：10.1089/blr.2005.24.279.
页数	3
编号	R87
标题	Containing the Accidental Laboratory Escape of Potential Pandemic Influenza Viruses
期刊	BMC Med
年度／卷期／页码	2013，11：252
作者	Stefano Merler，Marco Ajelli，Laura Fumanelli，Alessandro Vespignani
机构	Laboratory for the Modeling of Biological and Socio-technical Systems，Northeastern University，Boston，MA，USA；Computational Epidemiology Laboratory，Institute for Scientific Interchange（ISI），Torino，Italy
DOI 号	DOI：10.1186/1741–7015–11–252.
页数	11
编号	R88
标题	The Dual Use of Research Ethics Committees：Why Professional Self-Governance Falls Short in Preserving Biosecurity
期刊	BMC Med Ethics
年度／卷期／页码	2018，19（1）：53
作者	Sabine Salloch
机构	Institute of Ethics and History of Medicine，University Medicine Greifswald，Greifswald，Germany
DOI 号	DOI：10.1186/s12910–018–0295–0.
页数	8

续表

编号	R89
标题	US Fear of Bioterrorism Spreads as Anthrax Cases Increase
期刊	BMJ
年度 / 卷期 / 页码	2001，323（7318）：883
作者	Deborah Josefson
页数	1
编号	R90
标题	Europe Needs “Urgent Focus” on Bioterrorism
期刊	BMJ
年度 / 卷期 / 页码	2001，323（7321）：1086
作者	Rory Watson
页数	1
编号	R91
标题	Biological Warfare and Bioterrorism
期刊	BMJ
年度 / 卷期 / 页码	2002，324（7333）：336–339
作者	Nicholas J. Beeching，David A. B. Dance，Alastair R. O. Miller，Robert C. Spencer
机构	Division of Tropical Medicine，Liverpool School of Tropical Medicine，Liverpool，UK；Laboratory，Derriford Hospital，Plymouth，UK；Worcestershire Acute Hospitals NHS Trust，Kidderminster Hospital，Kidderminster，UK；Bristol Public Health Laboratory，Bristol Royal Infirmary，Bristol，UK
DOI 号	DOI：10.1136/bmj.324.7333.336.
页数	4
编号	R92
标题	US Pentagon Is Told to Investigate Claims That Lyme Disease Is Escaped Bioweapon from Cold War
期刊	BMJ
年度 / 卷期 / 页码	2019，366：l4784
作者	Owen Dyer

续表

机构	Montreal，Canada
DOI 号	DOI：10.1136/bmj.l4784.
页数	2
编号	R93
标题	**Public Awareness，Acceptability and Risk Perception About Infectious Diseases Dual-Use Research of Concern：A Cross-Sectional Survey**
期刊	BMJ Open
年度 / 卷期 / 页码	2020，10（1）：e029134
作者	Chandini Raina MacIntyre，Dillon Charles Adam，Robin Turner，Abrar Ahmad Chughtai，Thomas Engells
机构	Biosecurity Program，Kirby Institute，University of New South Wales，Sydney，New South Wales，Australia；College of Health Solutions，Arizona State University，Tempe，Arizona，USA；College of Public Service & Community Solutions，Arizona State University，Tempe，Arizona，USA；Centre for Biostatistics，Division of Health Sciences，University of Otago Dunedin School of Medicine，Dunedin，New Zealand；University of New South Wales School of Public Health and Community Medicine，Sydney，New South Wales，Australia；University of Texas Medical Branch，Galveston，Texas，USA
DOI 号	DOI：10.1136/bmjopen-2019-029134.
页数	9
编号	R94
标题	**Life-Style Vaccines**
期刊	Br Med Bull
年度 / 卷期 / 页码	2002，62：175-186
作者	Pascal Mettens，Philippe Monteyne
机构	Glaxo Smith Kline Biologicals，Rixensart，Belgium
DOI 号	DOI：10.1093/bmb/62.1.175.
页数	12
编号	R95

续表

标题	Bioweapons：Usable Weapons Are Technically Easier to Produce Now，But We Lack Legal Protection Against Them
期刊	Br Med J（Clin Res Ed）
年度 / 卷期 / 页码	2002，325（7367）：727–728
作者	Vivienne Nathanson
机构	British Medical Association，London，England
DOI 号	DOI：10.1136/bmj.325.7367.727.
页数	2
编号	R96
标题	The Body's Own Bioweapons
期刊	Bull At Sci
年度 / 卷期 / 页码	2008，64（1）：16–22，56–57
作者	John B. Tucker
机构	James Martin Center for Nonproliferation Studies of the Monterey Institute of International Studies，Monterey，CA，USA
DOI 号	DOI：10.2968/064001006.
页数	9
编号	R97
标题	Strengthening BWC Prevention of State-Sponsored Bioweapons
期刊	Bull At Sci
年度 / 卷期 / 页码	2010，66（1）：18–23
作者	Alexander Kelle，Kathryn Nixdorff，Malcolm Dando
机构	University of Bath in Britain；Department of Microbiology and Genetics at Darmstadt University of Technology，Germany；University of Bradford's Department of Peace Studies
DOI 号	DOI：10.2968/066001003.
页数	6
编号	R98
标题	Advances in Targeted Delivery and the Future of Bioweapons
期刊	Bull At Sci
年度 / 卷期 / 页码	2010，66（1）：24–33

续表

作者	Kathryn Nixdorff
机构	Department of Microbiology and Genetics at Darmstadt University of Technology，Germany
DOI 号	DOI：10.2968/066001004.
页数	10
编号	R99
标题	**Managing Networks of Risk：A Tailored Approach to Iran's Biological Warfare Threat Potential**
期刊	Bull At Sci
年度／卷期／页码	2011，67（5）：66–76
作者	Kirk C. Bansak
机构	Tufts University，Fletcher School of Law and Diplomacy，Medford，MA，USA
DOI 号	DOI：10.1177/0096340211421471.
页数	11
编号	R100
标题	**Can Everyone Help Verify the Bioweapons Convention？ Perhaps，Via Open Source Monitoring**
期刊	Bull At Sci
年度／卷期／页码	2016，72（6）：412–417
作者	Gunnar Jeremias，Mirko Himmel
机构	University Hamburg，Research Group Biological Arms Control，Center of Science and Peace Research，Hamburg，Germany
DOI 号	DOI：10.1080/00963402.2016.1240487.
页数	6
编号	R101
标题	**Governance of Dual-Use Research：An Ethical Dilemma**
期刊	Bull World Health Organ
年度／卷期／页码	2009，87（9）：720–723
作者	Michael J. Selgelid

续表

机构	Centre for Applied Philosophy and Public Ethics（CAPPE），Australian National University，Canberra，ACT，Australia
DOI 号	DOI：10.2471/blt.08.051383.
页数	4
编号	R102
标题	**Bioterrorism in 2001—How Ready Are We？**
期刊	Can J Infect Dis
年度／卷期／页码	2001，12（2）：77–80
作者	B. Lynn Johnston，John M. Conly
机构	Queen Elizabeth Ⅱ Health Sciences Centre and Dalhousie University，Halifax，Nova Scotia；University Health Network，University of Toronto，Toronto，Ontario
DOI 号	DOI：10.1155/2001/948124.
页数	4
编号	R103
标题	**Mitogen Therapy for Biological Warfare/Terrorist Attacks and Viral Hemorrhagic Fever Control**
期刊	Cancer Biother Radiopharm
年度／卷期／页码	2002，17（1）：19–28
作者	Bruce M. Wimer
DOI 号	DOI：10.1089/10849780252824037.
页数	10
编号	R104
标题	**Dual Use Issues in the Life Sciences：Challenges and Opportunities for Education in an Emerging Area of Scientific Responsibility**
期刊	CBE Life Sci Educ
年度／卷期／页码	2011，10（1）：3–7
作者	Katherine Bowman，Jo L. Husbands
机构	Board on Life Sciences，National Research Council，Washington，DC，USA
DOI 号	DOI：10.1187/cbe.10–12–0150.

续表

页数	5
编号	R105
标题	**Circulating Avian Influenza Viruses Closely Related to the 1918 Virus Have Pandemic Potential**
期刊	Cell Host Microbe
年度／卷期／页码	2014，15（6）：692–705
作者	Tokiko Watanabe，Gongxun Zhong，Colin A. Russell，Noriko Nakajima，Masato Hatta，Anthony Hanson，Ryan McBride，David F. Burke，Kenta Takahashi，Satoshi Fukuyama，Yuriko Tomita，Eileen A. Maher，Shinji Watanabe，Masaki Imai，Gabriele Neumann，Hideki Hasegawa，James C. Paulson，Derek J. Smith，Yoshihiro Kawaoka
机构	Department of Pathobiological Sciences，School of Veterinary Medicine，University of Wisconsin-Madison，Madison，WI，USA；ERATO Infection-Induced Host Responses Project，Japan Science and Technology Agency，Saitama，Japan；Department of Veterinary Medicine，University of Cambridge，Cambridge，UK；Department of Pathology，National Institute of Infectious Diseases，Shinjuku，Tokyo，Japan；Department of Cell and Molecular Biology，The Scripps Research Institute，La Jolla，CA，USA；Department of Zoology，University of Cambridge，Downing Street，Cambridge，UK；Laboratory of Veterinary Microbiology，Department of Veterinary Sciences，University of Miyazaki，Miyazaki，Japan；Department of Veterinary Medicine，Faculty of Agriculture，Iwate University，Iwate，Japan；Inflfluenza Virus Research Center，National Institute of Infectious Diseases，Tokyo，Japan；Division of Virology，Department of Microbiology and Immunology，Institute of Medical Science，University of Tokyo，Tokyo，Japan；Department of Special Pathogens，International Research Center for Infectious Diseases，Institute of Medical Science，University of Tokyo，Minato-ku，Tokyo，Japan
DOI 号	DOI：10.1016/j.chom.2014.05.006.
页数	14
编号	R106
标题	**Bioterrorism：Management of Major Biological Agents**
期刊	Cell Mol Life Sci
年度／卷期／页码	2006，63（19–20）：2196–2212

续表

作者	P. Bossi, D. Garin, A. Guihot, F. Gay, J.-M. Crance, T. Debord, B. Autran, F. Bricaire
机构	Department of Infectious Diseases, Pitié-Salpêtrière Hospital, Paris, France; Department of Virology, CRSSA Emile-Parde, Grenoble cedex, France; Department of Infectious Diseases, Bégin Hospital, Saint-Mande, France; Department of Immunology, Pitié-Salpêtrière Hospital, Paris, France
DOI 号	DOI：10.1007/s00018–006–6308–z.
页数	17
编号	R107
标题	**Development of a Matrix to Evaluate the Threat of Biological Agents Used for Bioterrorism**
期刊	Cell Mol Life Sci
年度／卷期／页码	2006，63（19–20）：2223–2228
作者	A. Tegnell, F. Van Loock, A. Baka, S. Wallyn, J. Hendriks, A. Werner, G. Gouvras
机构	Health Threats Unit, Public Health Directorate, European Commission, Luxembourg
DOI 号	DOI：10.1007/s00018–006–6310–5.
页数	6
编号	R108
标题	**Preparing for Chemical and Biological Warfare**
期刊	Chem Eng News
年度／卷期／页码	2000，78（49）：60–61
作者	Lois Ember
DOI 号	DOI：10.1021/cen-v078n049.p060.
页数	2
编号	R109
标题	**Biocontainment Through Reengineered Genetic Codes**
期刊	Chembiochem
年度／卷期／页码	2015，16（8）：1149–1151
作者	Arjun Ravikumar, Chang C. Liu

续表

机构	Department of Biomedical Engineering，University of California at Irvine，Natural Sciences Ⅱ，Irvine，CA，USA；Department of Biomedical Engineering University of California at Irvine，Irvine，CA，USA
DOI 号	DOI：10.1002/cbic.201500157.
页数	3
编号	R110
标题	**The Permanent Relation Between Biology，Power and War：The Dual Use of the Biotechnological Development**
期刊	Cien Saude Colet
年度 / 卷期 / 页码	2015，20（7）：2255–2266
作者	Maria Eneida de Almeida
机构	Instituto de Medicina Social，Universidade do Estado do Rio de Janeiro，Rio de Janeiro，RJ，Brasil
DOI 号	DOI：10.1590/1413–81232015207.13312014.
页数	12
编号	R111
标题	**Biological Warfare and the Skin I：Bacteria and Toxins**
期刊	Clin Dermatol
年度 / 卷期 / 页码	2002，20（4）：346–354
作者	Theodore J. Cieslak，Thomas B. Talbot，Bonnie H. Hartstein
机构	San Antonio Military Pediatric Center，San Antonio，TX，USA
DOI 号	DOI：10.1016/s0738–081x（02）00254–7.
页数	9
编号	R112
标题	**Biological Warfare and the Skin II：Viruses**
期刊	Clin Dermatol
年度 / 卷期 / 页码	2002，20（4）：355–364
作者	Theodore J. Cieslak，George W. Christopher，Martin G. Ottolini
机构	Department of Pediatrics，Brooke Army Medical Center，3851 Roger Brooke Drive，Fort Sam Houston，TX，USA

续表

DOI 号	DOI：10.1016/s0738-081x（02）00255-9.
页数	10
编号	R113
标题	Immunological Methods for Detection and Identification of Infectious Disease and Biological Warfare Agents
期刊	Clin Diagn Lab Immunol
年度／卷期／页码	2003，10（4）：506-513
作者	Anne Harwood Peruski，Leonard F. Peruski Jr
机构	Department of Microbiology and Immunology，Indiana University School of Medicine，Northwest Center，Gary，IN，USA
DOI 号	DOI：10.1128/cdli.10.4.506-513.2003.
页数	8
编号	R114
标题	Vaccines for the Prevention of Diseases Caused by Potential Bioweapons
期刊	Clin Immunol
年度／卷期／页码	2004，111（1）：1-15
作者	Morad Hassani，Mahesh C. Patel，Liise-Anne Pirofski
机构	Division of Infectious Diseases，Department of Medicine，Albert Einstein College of Medicine and Montefiore Medical Center Bronx NY，USA；Department of Microbiology and Immunology，Albert Einstein College of Medicine，Bronx NY，USA
DOI 号	DOI：10.1016/j.clim.2003.09.010.
页数	15
编号	R115
标题	Immunization Against Potential Biological Warfare Agents
期刊	Clin Infect Dis
年度／卷期／页码	2000，30（6）：843-850
作者	T. J. Cieslak，G. W. Christopher，M. G. Kortepeter，J. R. Rowe，J. A. Pavlin，R. C. Culpepper，E. M. Eitzen Jr
机构	Operational Medicine Division，United States Army Medical Research Institute of Infectious Diseases，Fort Detrick，MD，USA

续表

DOI 号	DOI：10.1086/313812.
页数	8
编号	R116
标题	**New Considerations in Infectious Disease Outbreaks：The Threat of Genetically Modified Microbes**
期刊	Clin Infect Dis
年度／卷期／页码	2005，40（8）：1160–1165
作者	Janet R. Gilsdorf，Raymond A. Zilinskas
机构	Chemical and Biological Weapons Nonproliferation Program，Center for Nonproliferation Studies，Monterey Institute of International Studies，Monterey，CA，USA；Department of Pediatrics and Communicable Diseases，University of Michigan，Ann Arbor，MI
DOI 号	DOI：10.1086/428843.
页数	6
编号	R117
标题	**Long-lasting T Cell Responses to Biological Warfare Vaccines in Human Vaccinees**
期刊	Clin Infect Dis
年度／卷期／页码	2006，43（1）：1–7
作者	Jennifer S. Allen，Ania Skowera，G. James Rubin，Simon Wessely，Mark Peakman
机构	Department of Immunobiology，School of Medicine，King's College London School of Medicine，London，UK；Department of Psychological Medicine，Institute of Psychiatry，King's College London，London，UK
DOI 号	DOI：10.1086/504806.
页数	7
编号	R118
标题	**Pandemic H5N1：Receding Risk or Coming Catastrophe？**
期刊	Clin Infect Dis
年度／卷期／页码	2013，56（9）：1213–1215
作者	David M. Morens

续表

机构	National Institute of Allergy and Infectious Diseases，National Institutes of Health，Bethesda，MD，USA
DOI 号	DOI：10.1093/cid/cit051.
页数	3
编号	R119
标题	**Fungi as Bioweapons**
期刊	Clin Lab Med
年度／卷期／页码	2006，26（2）：387–395
作者	Mary K. Klassen-Fischer
机构	Fungal Disease Pathology，Department of Environmental and Infectious Disease Sciences，Armed Forces Institute of Pathology，Washington，DC，USA
DOI 号	DOI：10.1016/j.cll.2006.03.008.
页数	9
编号	R120
标题	**Bioregulators as Prototypic Nontraditional Threat Agents**
期刊	Clin Lab Med
年度／卷期／页码	2006，26（2）：421–443
作者	Elliott Kagan
机构	Department of Pathology，Uniformed Services University of the Health Sciences，Bethesda，MD，USA
DOI 号	DOI：10.1016/j.cll.2006.03.007.
页数	23
编号	R121
标题	**Biological Warfare in a Historical Perspective**
期刊	Clin Microbiol Infect
年度／卷期／页码	2002，8（8）：450–454
作者	R. Roffey，A. Tegnell，F. Elgh
机构	Swedish Defense Research Agency，Division of NBC-Defense，Umeå，Sweden；Center for Microbiological Preparedness，Swedish Institute for Infectious Disease Control（SMI），Solna，Sweden；Department of Virology，Umeå University，Umeå，Sweden

续表

DOI 号	DOI：10.1046/j.1469–0691.2002.00501.x.
页数	5
编号	R122
标题	Laboratory Diagnosis and Biosafety Issues of Biological Warfare Agents
期刊	Clin Microbiol Infect
年度 / 卷期 / 页码	2002，8（8）：455–466
作者	E. Nulens，A. Voss
机构	University Medical Center St Radboud，Department of Medical Microbiology，Nijmegen，The Netherlands
DOI 号	DOI：10.1046/j.1469–0691.2002.00528.x.
页数	12
编号	R123
标题	A Procedure for Differentiating Between the Intentional Release of Biological Warfare Agents and Natural Outbreaks of Disease：Its Use in Analyzing the Tularemia Outbreak in Kosovo in 1999 and 2000
期刊	Clin Microbiol Infect
年度 / 卷期 / 页码	2002，8（8）：510–521
作者	R. Grunow，E.-J. Finke
机构	German Armed Forces Medical Academy，Department of Studies and Sciences，Institute of Microbiology，Munich，Germany
DOI 号	DOI：10.1046/j.1469–0691.2002.00524.x.
页数	12
编号	R124
标题	Antibiotic Susceptibility of Isolates of Bacillus Anthracis，a Bacterial Pathogen With the Potential to Be Used in Biowarfare
期刊	Clin Microbiol Infect
年度 / 卷期 / 页码	2003，9（9）：984–986
作者	M. E. Jones，J. Goguen，I. A. Critchley，D. C. Draghi，J. A. Karlowsky，D. F. Sahm，R. Porschen，G. Patra，V. G. DelVecchio
机构	Focus Technologies，Herndon，VA，USA

续表

DOI 号	DOI：10.1046/j.1469-0691.2003.00775.x.
页数	3
编号	R125
标题	**Biological Warfare，Bioterrorism，and Biocrime**
期刊	Clin Microbiol Infect
年度 / 卷期 / 页码	2014，20（6）：488-496
作者	H. J. Jansen，F. J. Breeveld，C. Stijnis，M. P. Grobusch
机构	Expertise Centre Force Health Protection，Ministry of Defence，Doorn，Centre of Tropical Medicine and Travel Medicine，Academic Medical Centre，University of Amsterdam，Amsterdam，The Netherlands
DOI 号	DOI：10.1111/1469-0691.12699.
页数	9
编号	R126
标题	**History of Biological Warfare and Bioterrorism**
期刊	Clin Microbiol Infect
年度 / 卷期 / 页码	2014，20（6）：497-502
作者	V. Barras，G. Greub
机构	Institute of the History of Medicine and Public Health，University of Lausanne and University Hospital Centre，Lausanne，Switzerland；Institute of Microbiology，University of Lausanne and University Hospital Centre，Lausanne，Switzerland
DOI 号	DOI：10.1111/1469-0691.12706.
页数	6
编号	R127
标题	**Current and Developing Technologies for Monitoring Agents of Bioterrorism and Biowarfare**
期刊	Clin Microbiol Rev
年度 / 卷期 / 页码	2005，18（4）：583-607
作者	Daniel V. Lim，Joyce M. Simpson，Elizabeth A. Kearns，Marianne F. Kramer

续表

机构	Department of Biology，Center for Biological Defense，University of South Florida，Tampa，FL，USA
DOI 号	DOI：10.1128/CMR.18.4.583–607.2005.
页数	25
编号	R128
标题	**Medical Management of Biological Warfare and Bioterrorism：Place of the Immunoprevention and the Immunotherapy**
期刊	Comp Immunol Microbiol Infect Dis
年度 / 卷期 / 页码	2003，26（5–6）：401–421
作者	Patrice Binder，Olivier Attre，Jean Paul Boutin，Jean Didier Cavallo，Thierry Debord，Alain Jouan，Dominique Vidal
机构	Direction centrale du service de santé des Armées，Armees，France，Centre de recherche du service de santé des armées（CRSSA），La Tronche，France；Institut de médecine tropicale du service de santé des armées（IMTSSA），Marseille Armées，France；Hôpital d’ instruction des armées Bégin，Saint Mandé，Cedex，France
DOI 号	DOI：10.1016/S0147–9571（03）00023–7.
页数	21
编号	R129
标题	**Applications of CRISPR-Cas in Bioengineering，Biotechnology，and Translational Research**
期刊	CRISPR J
年度 / 卷期 / 页码	2018，1（6）：379–404
作者	Cia-Hin Lau
机构	Department of Biomedical Engineering，City University of Hong Kong，Hong Kong，SAR，China
DOI 号	DOI：10.1089/crispr.2018.0026.
页数	26
编号	R130
标题	**Biowarfare and Bioterrorism**
期刊	Crit Care Clin
年度 / 卷期 / 页码	2013，29（3）：717–756

续表

作者	Michael D. Christian
机构	Royal Canadian Air Force, Department of National Defence, 600 University Avenue, Toronto, Ontario, Canada
DOI 号	DOI：10.1016/j.ccc.2013.03.015.
页数	40
编号	R131
标题	**Anthrax as a Biological Weapon：An Old Disease that Poses a New threat**
期刊	Crit Care Nurse
年度 / 卷期 / 页码	2002, 22（5）：21–32, 34
作者	Frederick J. Tasota, Richard A. Henker, Leslie A. Hoffman
机构	Department of Acute/Tertiary Care, University of Pittsburgh School of Nursing, Pittsburgh, Pa., USA
页数	15
编号	R132
标题	**Biological Warfare Threats in Perspective**
期刊	Crit Rev Microbiol
年度 / 卷期 / 页码	1998, 24（3）：149–155
作者	W. S. Carus
机构	Center for Counterproliferation Research, National Defense University, Washington, DC, USA
DOI 号	DOI：10.1080/10408419891294299.
页数	8
编号	R133
标题	**Resolution of the Korean War Biological Warfare Allegations**
期刊	Crit Rev Microbiol
年度 / 卷期 / 页码	1998, 24（3）：169–194
作者	Milton Leitenberg
机构	Center for International and Security Studies at Maryland, University of Maryland, Columbia, SC, USA
DOI 号	DOI：10.1080/10408419891294271.

续表

页数	27
编号	R134
标题	Cuban Allegations of Biological Warfare by the United States：Assessing the Evidence
期刊	Crit Rev Microbiol
年度／卷期／页码	1999，25（3）：173–227
作者	Raymond A. Zilinskas
机构	Center for Nonproliferation Studies，Monterey Institute of International Studies，Washington，DC，USA
DOI 号	DOI：10.1080/10408419991299202.
页数	56
编号	R135
标题	Iraq' s Biological Warfare Agents：A Comprehensive Analysis
期刊	Crit Rev Microbiol
年度／卷期／页码	2000，26（3）：179–204
作者	Dany Shoham
机构	Begin-Sadat Center for Strategic Studies，Bar-Ilan University，Ramat-Gan，Israel
DOI 号	DOI：10.1080/10408410008984176.
页数	27
编号	R136
标题	Biological Weapons in the Twentieth Century：A Review and Analysis
期刊	Crit Rev Microbiol
年度／卷期／页码	2001，27（4）：267–320
作者	Milton Leitenberg
机构	Center for International and Security Studies，School of Public Affairs，University of Maryland，College Park，MD，USA
DOI 号	DOI：10.1080/20014091096774.
页数	54
编号	R137

续表

标题	Commentary on the 1971 Smallpox Epidemic in Aralsk, Kazakhstan, and the Soviet Biological Warfare Program（No. 2）
期刊	Crit Rev Microbiol
年度 / 卷期 / 页码	2003，29（2）：163–167
作者	Janet R. Gilsdorf
机构	Pediatric Infectious Diseases，University of Michigan Medical Center，L2225 Women' s Hospital，Ann Arbor，MI，USA
DOI 号	DOI：10.1080/713610423.
页数	6
编号	R138
标题	The Anti-Plague System and the Soviet Biological Warfare Program
期刊	Crit Rev Microbiol
年度 / 卷期 / 页码	2006，32（1）：47–64
作者	Raymond A. Zilinskas
机构	Monterey Institute of International Studies，Center for Nonproliferation Studies，Monterey，CA，USA
DOI 号	DOI：10.1080/10408410500496896.
页数	20
编号	R139
标题	What Non-Proliferation Policy for the Soviet Anti-Plague System？
期刊	Crit Rev Microbiol
年度 / 卷期 / 页码	2006，32（1）：65–67
作者	Sonia Ben Ouagrham-Gormley，Alexander Melikishvili，Raymond A. Zilinskas
机构	Center for Nonproliferation Studies，Monterey Institute of International Studies，Washington，DC，USA
DOI 号	DOI：10.1080/10408410500496854.
页数	4
编号	R140
标题	Properties and Applications of Antimicrobial Peptides in Biodefense Against Biological Warfare Threat Agents
期刊	Crit Rev Microbiol

续表

年度 / 卷期 / 页码	2008，34（2）：89–107
作者	Raymond Murray Dawson，Chun-Qiang Liu
机构	DSTO（Defense Science & Technology Organisation），Melbourne，Australia
DOI 号	DOI：10.1080/10408410802143808.
页数	19
编号	R141
标题	**Influenza type a Virus：An outstandingly Protean Pathogen and a Potent Modular Weapon**
期刊	Crit Rev Microbiol
年度 / 卷期 / 页码	2013，39（2）：123–138
作者	Dany Shoham
机构	Begin-Sadat Center for Strategic Studies，Bar-Ilan University，Ramat-Gan，Israel
DOI 号	DOI：10.3109/1040841X.2012.692355.
页数	17
编号	R142
标题	**Biological Warfare from a Dermatologic Perspective**
期刊	Curr Allergy Asthma Rep
年度 / 卷期 / 页码	2003，3（4）：304–310
作者	Jeffrey J. Meffert
DOI 号	DOI：10.1007/s11882–003–0090–x.
页数	7
编号	R143
标题	**SPR System for On-Site Detection of Biological Warfare**
期刊	Curr Anal Chem
年度 / 卷期 / 页码	2017，13（2）：144–149
作者	Maciej Trzaskowski；Tomasz Ciach
机构	Department of Biotechnology and Bioprocess Engineering，Faculty of Chemical and Process Engineering，Warsaw University of Technology，Warsaw，Poland

续表

DOI 号	DOI：10.2174/1573411012999160502115020.
页数	6
编号	R144
标题	Beefing Up the Bioweapons Treaty
期刊	Curr Biol
年度／卷期／页码	2001，11（24）：R998
作者	N. Williams
DOI 号	DOI：10.1016/s0960-9822（01）00606-6.
页数	1
编号	R145
标题	Keeping up with Bioterrorism Fears
期刊	Curr Biol
年度／卷期／页码	2004，14（21）：R905–R906
作者	Michael Gross
DOI 号	DOI：10.1016/j.cub.2004.10.004.
页数	2
编号	R146
标题	Synthetic Genomics and Synthetic Biology Applications Between Hopes and Concerns
期刊	Curr Genomics
年度／卷期／页码	2013，14（1）：11–24
作者	Harald König，Daniel Frank，Reinhard Heil，Christopher Coenen
机构	Institute for Technology Assessment and Systems Analysis（ITAS）；Institute of Toxicology and Genetics（ITG）；Karlsruhe Institute of Technology，Karlsruhe，Germany
DOI 号	DOI：10.2174/1389202911314010003.
页数	14
编号	R147
标题	Biosafety Guidelines and Regulation in the Asia-Pacific Region
期刊	Curr Opin Biotechnol

续表

年度 / 卷期 / 页码	1996，7（3）：281–284
作者	Seizo Sumida
机构	Japan Bioindustry Association，Minato-ku，Tokyo，Japan
DOI 号	DOI：10.1016/s0958–1669（96）80030–9.
页数	4
编号	R148
标题	**The Ecology and Biosafety of Baculoviruses**
期刊	Curr Opin Biotechnol
年度 / 卷期 / 页码	1997，8（3）：323–327
作者	Jenny S. Cory，Rosie S. Hails
机构	Ecology and Biocontrol Group；National Environmental Research Council；Institute of Virology and Environmental Microbiology，Oxford，UK
DOI 号	DOI：10.1016/s0958–1669（97）80011–0.
页数	5
编号	R149
标题	**Potential Applications of DNA Microarrays in Biodefense-Related Diagnostics**
期刊	Curr Opin Biotechnol
年度 / 卷期 / 页码	2002，13（3）：208–212
作者	David A. Stenger，Joanne D. Andreadis，Gary J. Vora，Joseph J. Pancrazio
机构	Center for Bio/Molecular Science and Engineering，Code 6910；Naval Research Laboratory，Washington，DC，USA；Center for Disease Control&Prevention，Atlanta，GA，USA
DOI 号	DOI：10.1016/s0958–1669（02）00321–x.
页数	5
编号	R150
标题	**Biodefense Research：An Emerging Conundrum**
期刊	Curr Opin Biotechnol
年度 / 卷期 / 页码	2005，16（3）：239–242

续表

作者	Ronald M. Atlas
机构	Center for Deterrence of Biowarfare and Bioterrorism；University of Louisville，Louisville，KY，USA
DOI 号	DOI：10.1016/j.copbio.2005.04.009.
页数	4
编号	R151
标题	Antiviral Options for Biodefense
期刊	Curr Opin Virol
年度 / 卷期 / 页码	2013，3（5）：537–541
作者	Chelsea M. Byrd，Douglas W. Grosenbach，Dennis E. Hruby
机构	SIGA Technologies，Inc.，Corvallis，OR，USA
DOI 号	DOI：10.1016/j.coviro.2013.05.020.
页数	5
编号	R152
标题	India's Preparedness Against Bioterrorism：Biodefence Strategies and Policy Measures
期刊	Curr Sci
年度 / 卷期 / 页码	2017，113（9）：1675–1682
作者	Kewal Krishan，Baljinder Kaur，Anshula Sharma
机构	Department of Defence and Strategic Studies；Department of Biotechnology；Punjabi University，Patiala，India
DOI 号	DOI：10.18520/cs/v113/i09/1675–1682.
页数	8
编号	R153
标题	Biological Warfare in the Garden Pond：Tadpoles Suppress the Growth of Mosquito Larvae
期刊	Def Sci J
年度 / 卷期 / 页码	2003，28（1）：102–108
作者	Allie Mokany，Richard Shine
机构	School of Biological Sciences；University of Sydney，Sydney，Australia

续表

DOI 号	DOI：10.1046/j.1365-2311.2003.00476.x.
页数	7
编号	R154
标题	**Biological Warfare Agents**
期刊	Def Sci J
年度／卷期／页码	2006，56（4）：495-506
作者	Dev Vrat Kamboj，Ajay Kumar Goel，Lokendra Singh
机构	Defence Research and Development Establishment，Gwalior，India
DOI 号	DOI：10.14429/dsj.56.1915.
页数	12
编号	R155
标题	**Biosensors for Biological Warfare Agent Detection**
期刊	Def Sci J
年度／卷期／页码	2007，57（3）：185-193
作者	Miroslav Pohanka，Petr Skládal，Michal Kroèa
机构	Centre of Biological Defence，Central Military Institute of Health，Techonín，Czech Republic；Department of Biochemistry，Masaryk University，Brno，Czech Republic
DOI 号	DOI：10.14429/dsj.57.1760.
页数	9
编号	R156
标题	**Carbon Nanotubes：Detection of Chemical and Biological Warfare Agents**
期刊	Def Sci J
年度／卷期／页码	2008，58（5）：617-625
作者	Om Kumar，Yamini Singh，V. K. Rao，R. Vijayaraghavan
机构	Defence Research and Development Establishment，Gwalior，India
DOI 号	DOI：10.14429/dsj.58.1684.
页数	9
编号	R157

续表

标题	Respiratory Protection Against Chemical and Biological Warfare Agents
期刊	Def Sci J
年度/卷期/页码	2008，58（5）：686–697
作者	G. K. Prasad，Beer Singh，R. Vijayaraghavan
机构	Defence R & D Establishment，Gwalior，India
DOI 号	DOI：10.14429/dsj.58.1692.
页数	12
编号	R158
标题	LIDAR for Detection of Chemical and Biological Warfare Agents
期刊	Def Sci J
年度/卷期/页码	2011，61（3）：241–250
作者	S. Veerabuthiran，A. K. Razdan
机构	Laser Science and Technology Centre，Delhi，India
DOI 号	DOI：10.14429/dsj.61.556.
页数	10
编号	R159
标题	Looming Threat of Chemical and Biological Warfare Agents
期刊	Def Sci J
年度/卷期/页码	2016，66（5）：443–444
作者	A. K. Goel
机构	Division of Biotechnology，Defence Research and Development Establishment，Gwalior，India
DOI 号	DOI：10.14429/dsj.66.10705.
页数	2
编号	R160
标题	Biological Warfare Agents and their Detection and Monitoring Techniques
期刊	Def Sci J
年度/卷期/页码	2016，66（5）：445–457
作者	Vijai Pal，M.K. Sharma，S.K. Sharma，A.K. Goel
机构	Defence Research and Development Establishment，Gwalior，India

续表

DOI 号	DOI：10.14429/dsj.66.10704.
页数	13
编号	R161
标题	Development of a Polymerase Chain Reaction Assay for Detection of Burkholderia Mallei，a Potent Biological Warfare Agent
期刊	Def Sci J
年度 / 卷期 / 页码	2016，66（5）：458–463
作者	Vijai Pal, Sandeep Singh, Arvind Kumar Tiwari, Y.K. Jaiswal, G.P. Rai
机构	Division of Microbiology，Defence Research and Development Establishment，Gwalior，India；School of Studies in Biochemistry，Jiwaji University，Gwalior，India
DOI 号	DOI：10.14429/dsj.66.10698.
页数	6
编号	R162
标题	Other Biologic Toxin Bioweapons：Ricin，Staphylococcal Enterotoxin B，and Trichothecene Mycotoxins
期刊	Dermatol Clin
年度 / 卷期 / 页码	2004，22（3）：257–262
作者	William B. Hengholdnd
机构	Dermatology Service，Tripler Army Medical Center Hawaii，1 Jarrett White Road，HI，USA
DOI 号	DOI：10.1016/j.det.2004.03.004.
页数	6
编号	R163
标题	Other Viral Bioweapons：Ebola and Marburg Hemorrhagic Fever
期刊	Dermatol Clin
年度 / 卷期 / 页码	2004，22（3）：291–302
作者	Michelle R. Salvaggio，John W. Baddley
机构	Division of Infectious Diseases，Department of Medicine，University of Alabama at Birmingham，Birmingham，AL，USA；Infectious Diseases，Birmingham Veterans Affairs Medical Center，Birmingham，AL，USA

续表

DOI 号	DOI：10.1016/j.det.2004.03.003.
页数	12
编号	R164
标题	No Ethical Divide Between China and the West in Human Embryo Research
期刊	Dev World Bioeth
年度 / 卷期 / 页码	2016，16（2）：116–120
作者	Xiaomei Zhai，Vincent Ng，Reidar Lie
机构	University of Bergen，Department of Philosophy，Bergen，Norway
DOI 号	DOI：10.1111/dewb.12108.
页数	5
编号	R165
标题	The National Disaster Medical System—America' s Medical Readiness Force
期刊	Disaster Manag Response
年度 / 卷期 / 页码	2005，3（2）：53–56
作者	Bettina M. Stopford
机构	Public Health and Medical Emergency Preparedness Homeland Security Support Division，Integrated Security and Systems Solutions Science Applications International Corporation，McLean，VA，USA
DOI 号	DOI：10.1016/j.dmr.2005.02.001.
页数	4
编号	R166
标题	EcoHealth and the Influenza A/H5N1 Dual Use Issue
期刊	Ecohealth
年度 / 卷期 / 页码	2012，9（1）：1–3
作者	Martyn Jeggo，Colin Butler，Fang Jing，Phil Weinstein，Peter Daszak

续表

机构	Australian Animal Health Laboratory CSIRO Livestock Industries, Geelong, Australia; National Centre for Epidemiology and Population Health, College of Medicine Biology and Environment Australian National University, Canberra, Australia; Institute for Health and Development Studies Kunming Medical University, Kunming, China; University of South Australia, Adelaide, Australia; EcoHealth Alliance, New York, NY, USA
DOI 号	DOI：10.1007/s10393-012-0768-4.
页数	3
编号	R167
标题	**Targeting Chemical and Biological Warfare Agents at the Molecular Level**
期刊	Electroanalysis
年度 / 卷期 / 页码	2003, 15（14）：1149–1159
作者	Omowunmi A. Sadik, Walker H. Land, Jr., Joseph Wang
机构	Department of Chemistry, State University of New York at Binghamton, Binghamton, NY, USA; Computer Science Department, State University of New York at Binghamton, Binghamton, NY, USA; Department of Chemistry and Biochemistry, New Mexico State University, Las Cruces, NM, USA
DOI 号	DOI：10.1002/elan.200390140.
页数	11
编号	R168
标题	**Electrochemical Biosensors for Detection of Biological Warfare Agents**
期刊	Electroanalysis
年度 / 卷期 / 页码	2003, 15（3）：157–167
作者	Jasmin Shah, Ebtisam Wilkins
机构	Department of Chemical and Nuclear Engineering, University of New Mexico, Albuquerque, NM, USA; Department of Chemistry, University of Peshawar, N.W.F.P., Pakistan
DOI 号	DOI：10.1002/elan.200390019.
页数	11

续表

编号	R169
标题	Application of Impedimetric and Voltammetric Genosensor for Detection of a Biological Warfare：Anthrax
期刊	Electroanalysis
年度／卷期／页码	2008，20（24）：2629–2634
作者	Pinar Kara，Buket Meric，Mehmet Ozsoz
机构	Department of Analytical Chemistry，Faculty of Pharmacy，Ege University，Bornova，Izmir，Turkey
DOI 号	DOI：10.1002/elan.200804368.
页数	6
编号	R170
标题	The History and Threat of Biological Warfare and Terrorism
期刊	Emerg Med Clin North Am
年度／卷期／页码	2002，20（2）：255–271
作者	Donald L. Noah，Kermit D. Huebner，Robert G. Darling，Joseph F. Waeckerle
机构	US Air Force，Epidemiology and Public Health Department，Operational Medicine Division，US Army Medical Research Institute of Infectious Diseases，Fort Detrick，MD，USA；US Army，Emergency Medicine Residency Program，Darnall Army Community Hospital，Fort Hood，TX，USA；Captain（Flight Surgeon），United States Navy，Medical Director，Aeromedical Isolation Team and Containment Care；Operational Medicine Division，US Army Medical Research Institute of Infectious Diseases（USAMRIID），ATTN：MCMR-UIM-O，Fort Detrick，MD，USA；University of Missouri at Kansas City，School of Medicine，Leawood，KS，USA
DOI 号	DOI：10.1016/s0733–8627（01）00002–5.
页数	17
编号	R171
标题	Biosecurity and Biosafety in Research on Emerging Pathogens
期刊	Emerg Microbes Infect
年度／卷期／页码	2012，1（11）：e44

续表

作者	Lu Lu，Qi Liu，Shibo Jiang
机构	Key Laboratory of Medical Molecular Virology of Ministries of Education and Health；Shanghai Medical College and Institute of Medical Microbiology；Fudan University，Shanghai，China
DOI 号	DOI：10.1038/emi.2012.39.
页数	2
编号	R172
标题	**Russian Vaccines Against Especially Dangerous Bacterial Pathogens**
期刊	Emerg Microbes Infect
年度／卷期／页码	2014，3（12）：e86
作者	Valentina A. Feodorova，Lidiya V. Sayapina，Michael J. Corbel，Vladimir L. Motin
机构	Saratov Scientific and Research Veterinary Institute of the Federal Agency for Scientific Organizations，Saratov，Russia；Scientific Center for Expertise of Medical Application Products，Department of Vaccine Control，Moscow，Russia；Consultant，formerly Head，Division of Bacteriology，The National Institute for Biological Standards and Control（NIBSC），Milton Keynes，UK；Department of Pathology，Department of Microbiology & Immunology，University of Texas Medical Branch，Galveston，TX，USA
DOI 号	DOI：10.1038/emi.2014.82.
页数	12
编号	R173
标题	**The Entomological Institute of the Waffen-SS：Evidence for Offensive Biological Warfare Research in the Third Reich**
期刊	Endeavour
年度／卷期／页码	2013，37（4）：220–227
作者	Klaus Reinhardt
机构	University of Tuebingen，Animal Evolutionary Ecology，Tuebingen，Germany
DOI 号	DOI：10.1016/j.endeavour.2013.05.001.
页数	8

续表

编号	R174
标题	Biological Warfare Agents as Threats to Potable Water
期刊	Environ Health Perspect
年度／卷期／页码	1999，107（12）：975–984
作者	W Dickinson Burrows，Sara E Renner
机构	U.S. Army Center for Health Promotion and Preventive Medicine, Aberdeen Proving Ground，MD，USA
DOI 号	DOI：10.1289/ehp.99107975.
页数	10
编号	R175
标题	The Power of Prevention：Strengthening the BTWC
期刊	Environ Health Perspect
年度／卷期／页码	2001，109（11）：A538–A541
作者	Charles W. Schmidt
DOI 号	DOI：10.1289/ehp.109–a538.
页数	4
编号	R176
标题	One Study，Two Paths：The Challenge of Dual-Use Research
期刊	Environ Health Perspect
年度／卷期／页码	2012，120（6）：A238–A242
作者	Wendee Holtcamp
DOI 号	DOI：10.1289/ehp.120–a238.
页数	5
编号	R177
标题	Historical Evolution of Human Anthrax from Occupational Disease to Potentially Global Threat as Bioweapon
期刊	Environ Int
年度／卷期／页码	2015，85：133–146
作者	Enrico D'Amelio, Bernardina Gentile, Florigio Lista, Raffaele D'Amelio

续表

机构	Via Felice Grossi Gondi 43, Rome, Italy; Histology and Molecular Biology Section, Army Medical Research Center, Via Santo Stefano Rotondo 4, Italy; Sapienza University of Rome, Department of Clinical and Molecular Medicine, S. Andrea University Hospital, Via di Grottarossa 1039, Rome, Italy
DOI 号	DOI：10.1016/j.envint.2015.09.009.
页数	14
编号	R178
标题	**Plant Biological Warfare：Thorns Inject Pathogenic Bacteria into Herbivores**
期刊	Environ Microbiol
年度／卷期／页码	2007，9（3）：584–592
作者	Malka Halpern，Dina Raats，Simcha Lev-Yadun
机构	Department of Biology，Faculty of Science and Science Education，University of Haifa-Oranim，Tivon，Israel；Department of Evolutionary and Environmental Biology，Faculty of Science and Science Education，University of Haifa，Mount Carmel，Haifa，Israel
DOI 号	DOI：10.1111/j.1462–2920.2006.01174.x.
页数	9
编号	R179
标题	**The Dawn of Synthetic Genomics**
期刊	Environ Microbiol
年度／卷期／页码	2008，10（4）：821–825
作者	Michael Y. Galperin
机构	National Center for Biotechnology Information，National Library of Medicine，National Institutes of Health，Bethesda，MD，USA
DOI 号	DOI：10.1111/j.1462–2920.2008.01581.x.
页数	5
编号	R180
标题	**Transport Behavior of Surrogate Biological Warfare Agents in a Simulated Landfill：Effect of Leachate Recirculation and Water Infiltration**
期刊	Environ Sci Technol

续表

年度／卷期／页码	2010，44（22）：8622–8628
作者	Pascal E. Saikaly，Kristin Hicks，Morton A. Barlaz，Francis L. de Los Reyes
机构	Water Desalination and Reuse Center and，Division of Chemical and Life Sciences and Engineering，King Abdullah University of Science and Technology，Thuwal，Kingdom of Saudi Arabia；Department of Civil and Environmental Engineering，American University of Beirut，Lebanon，and Department of Civil，Construction，and Environmental Engineering，North Carolina State University，Raleigh，NC，USA
DOI 号	DOI：10.1021/es101937a.
页数	7
编号	R181
标题	**Molecular Modeling Toward Selective Inhibitors of Dihydrofolate Reductase from the Biological Warfare Agent Bacillus Anthracis**
期刊	Eur J Med Chem
年度／卷期／页码	2015，91：63–71
作者	Juliana O. S. Giacoppo，Daiana T. Mancini，Ana P. Guimarães，Arlan S. Gonçalves，Elaine F. F. da Cunha，Tanos C. C. França，Teodorico C. Ramalho
机构	Laboratory of Computational Chemistry，Department of Chemistry，Federal University of Lavras（UFLA），Campus Universitário，Lavras，MG，Brazil；Laboratory of Molecular Modeling Applied to the Chemical and Biological Defense，Military Institute of Engineering，Praça General Tiburcio 80，Urca，Rio de Janeiro，RJ，Brazil；Federal Institute of Education Science and Technology of Espirito Santo（IFES），Avenida Ministro Salgado Filho S/N，Vila Velha，ES，Brazil
DOI 号	DOI：10.1016/j.ejmech.2014.06.025.
页数	9
编号	R182
标题	**Antagonist Peptide for Treatment of Bacterial Superantigen Toxic Shock in a Clinical or Biowarfare Setting**
期刊	Expert Opinion on Therapeutic Patents

续表

年度／卷期／页码	2005，15（6）：741–743
作者	Daniel Altmann
机构	Hammersmith Hosp，Human Dis Immunogenet Grp，Dept Infect Dis，London，UK
DOI 号	DOI：10.1517/13543776.15.6.741.
页数	3
编号	R183
标题	**Molecular Recognition of Biowarfare Agents Using Micromechanical Sensors**
期刊	Expert Rev Mol Diagn
年度／卷期／页码	2004，4（6）：859–866
作者	Hai Feng Ji，Xiaodong Yang，Jing Zhang，Thomas Thundat
机构	Institute for Micromanufacturing，Louisiana Tech University，Ruston，LA，USA
DOI 号	DOI：10.1586/14737159.4.6.859.
页数	8
编号	R184
标题	**Yellow Fever Vaccine**
期刊	Expert Rev Vaccines
年度／卷期／页码	2005，4（4）：553–574
作者	Thomas P. Monath
机构	Acambis，Inc.，MA，USA
DOI 号	DOI：10.1586/14760584.4.4.553.
页数	22
编号	R185
标题	**Israel Under Threat of Biological Warfare-the Reactions of Our Patients During the 1998 Persian Gulf Crisis**
期刊	Fam Med
年度／卷期／页码	2000，32（5）：342–345
作者	Simon Zalewski，Shlomo Vinker，Shlomo Monnickendam，Orli Cohen，Miriam Disegni，Eliezer Kitai

续表

机构	Department of Family Medicine，University of Tel Aviv，Israel
页数	4
编号	R186
标题	**From Bioremediation to Biowarfare：On the Impact and Mechanism of Type IV Secretion Systems**
期刊	FEMS Microbiol Lett
年度 / 卷期 / 页码	2005，253（2）：163–170
作者	Christian Baron
机构	McMaster University，Department of Biology，1280 Main Street，West Hamilton，ON，Canada
DOI 号	DOI：10.1016/j.femsle.2005.09.030.
页数	8
编号	R187
标题	**Laboratory-acquired Lethal Infections by Potential Bioweapons Pathogens Including Ebola in 2014**
期刊	FEMS Microbiol Lett
年度 / 卷期 / 页码	2015，362（1）：1–6
作者	Simon Silver
机构	Department of Microbiology and Immunology，University of Illinois，Wolcott，Chicago，IL，USA
DOI 号	DOI：10.1093/femsle/fnu008.
页数	6
编号	R188
标题	**A Global View of Antibiotic Resistance**
期刊	FEMS Microbiol Rev
年度 / 卷期 / 页码	2009，33（1）：44–65
作者	Jose Luis Martinez，Alicia Fajardo，Leonor Garmendia，Alvaro Hernandez，Juan Francisco Linares，Laura Martínez-Solano，María Blanca Sánchez
机构	Departamento de Biotecnología Microbiana，Centro Nacional de Biotecnología，CSIC，Cantoblanco，Madrid，Spain

续表

DOI 号	DOI：10.1111/j.1574-6976.2008.00142.x.
页数	22
编号	R189
标题	Decontamination by Persteril 36 May Affect the Reliability of DNA-based Detection of Biological Warfare Agents-Short Communication
期刊	Folia Microbiol（Praha）
年度／卷期／页码	2016，61（5）：417-421
作者	Jirina Josefiova，Martin Pospisek，Daniel Vanek
机构	Forensic DNA Service，s.r.o.，Janovskeho 18，Prague，Czech Republic；Faculty of Science，Charles University in Prague，Prague，Czech Republic；Biologicals s.r.o.，Ricany，Czech Republic；2nd Faculty of Medicine，Charles University in Prague，Prague，Czech Republic；Nemocnice Na Bulovce，Institute of Legal Medicine，Prague，Czech Republic
DOI 号	DOI：10.1007/s12223-016-0451-1.
页数	5
编号	R190
标题	Under the Cartagena Protocol on Biosafety—Where Is the Roadmap for Risk Assessment Taking Us？
期刊	Front Bioeng Biotechnol
年度／卷期／页码	2016，3：212
作者	Helmut Gaugitsch
机构	Environment Agency Austria，Vienna，Austria
DOI 号	DOI：10.3389/fbioe.2015.00212.
页数	3
编号	R191
标题	A New Approach to Evaluating the Risk-Benefit Equation for Dual-Use and Gain-of-Function Research of Concern
期刊	Front Bioeng Biotechnol
年度／卷期／页码	2018，6：21
作者	Michael J. Imperiale，Arturo Casadevall

续表

机构	Department of Microbiology and Immunology, University of Michigan, Ann Arbor, MI, USA; Department of Molecular Microbiology and Immunology, Johns Hopkins School of Public Health, Baltimore, MD, USA
DOI 号	DOI: 10.3389/fbioe.2018.00021.
页数	6
编号	R192
标题	**A Curriculum-Based Approach to Teaching Biosafety Through eLearning**
期刊	Front Bioeng Biotechnol
年度/卷期/页码	2018, 6: 42
作者	Dennis O. Ndolo, Michael Wach, Patrick Rüdelsheim, Wendy Craig
机构	International Centre for Genetic Engineering and Biotechnology, Cape Town, South Africa; Michael Wach Consulting, Salem, OR, USA; Perseus BVBA, Sint-Martens-Latem, Belgium; International Centre for Genetic Engineering and Biotechnology, Trieste, Italy
DOI 号	DOI: 10.3389/fbioe.2018.00042.
页数	7
编号	R193
标题	**An EU Perspective on Biosafety Considerations for Plants Developed by Genome Editing and Other New Genetic Modification Techniques (nGMs)**
期刊	Front Bioeng Biotechnol
年度/卷期/页码	2019, 7: 31
作者	Michael F. Eckerstorfer, Marion Dolezel, Andreas Heissenberger, Marianne Miklau, Wolfram Reichenbecher, Ricarda A. Steinbrecher, Friedrich Waßmann
机构	Department Landuse & Biosafety, Environment Agency Austria, Vienna, Austria; Department GMO Regulation, Biosafety, Federal Agency for Nature Conservation, Bonn, Germany; EcoNexus Oxford, UK
DOI 号	DOI: 10.3389/fbioe.2019.00031.

续表

页数	44
编号	R194
标题	When Policy Meets Practice：The Dilemma for Guidance on Risk Assessment Under the Cartagena Protocol on Biosafety
期刊	Front Bioeng Biotechnol
年度／卷期／页码	2019，7：82
作者	Karen E. Hokanson
机构	Department of Horticultural Science，University of Minnesota，St. Paul，MN，USA
DOI 号	DOI：10.3389/fbioe.2019.00082.
页数	18
编号	R195
标题	Two-Dimensional Transition Metal Dichalcogenides：Synthesis，Biomedical Applications and Biosafety Evaluation
期刊	Front Bioeng Biotechnol
年度／卷期／页码	2020，8：236
作者	Xiaofei Zhou，Hainan Sun，Xue Bai
机构	Faculty of Science and Technology，Bohai Campus，Hebei Agricultural University，Cangzhou，China；Shandong Vocational College of Light Industry，Zibo，China；School of Public Health，Shandong University，Jinan，China
DOI 号	DOI：10.3389/fbioe.2020.00236.
页数	13
编号	R196
标题	Broad-spectrum Antiviral Agents
期刊	Front Microbiol
年度／卷期／页码	2015，6：517
作者	Junda Zhu，Wen Meng，Xiaojia Wang，Hwa-Chain R. Wang
机构	Key Laboratory of Zoonosis of Ministry of Agriculture，College of Veterinary Medicine，China Agricultural University Beijing，China；Department of Biomedical and Diagnostic Sciences，College of Veterinary Medicine，The University of Tennessee，Knoxville，TN，USA

续表

DOI 号	DOI：10.3389/fmicb.2015.00517.
页数	15
编号	R197
标题	Responsibilities or Requirements：Framing Dual Use Issues for Scientific Engagement
期刊	Front Public Health
年度／卷期／页码	2014，2：107
作者	Jo L. Husbands
机构	Board on Life Sciences，U.S. National Academy of Sciences，Washington，DC，USA
DOI 号	DOI：10.3389/fpubh.2014.00107.
页数	2
编号	R198
标题	Dual-use Research as a Wicked Problem
期刊	Front Public Health
年度／卷期／页码	2014，2：113
作者	Gregory D. Koblentz
机构	School of Policy，Government，and International Affairs，George Mason University，Fairfax，VA，USA
DOI 号	DOI：10.3389/fpubh.2014.00113.
页数	3
编号	R199
标题	Dual-use Research Debates and Public Health：Better Integration would do no Harm
期刊	Front Public Health
年度／卷期／页码	2014，2：114
作者	Jonathan E. Suk，Cornelius Bartels，Eeva Broberg，Marc J. Struelens，Amanda J. Ozin
机构	European Centre for Disease Prevention and Control，Stockholm，Sweden
DOI 号	DOI：10.3389/fpubh.2014.00114.

续表

页数	4
编号	R200
标题	**Synthetic Biology and Biosecurity：Challenging the “Myths”**
期刊	Front Public Health
年度／卷期／页码	2014，2：115
作者	Catherine Jefferson，Filippa Lentzos，Claire Marris
机构	Department of Social Science，Health and Medicine，King’s College London，London，UK
DOI 号	DOI：10.3389/fpubh.2014.00115.
页数	15
编号	R201
标题	**Antipodal Biosecurity？ Oversight of Dual Usc Research in the United States and Australia**
期刊	Front Public Health
年度／卷期／页码	2014，2：142
作者	Frank L. Smithrd，Adam Kamradt-Scott
机构	Centre for International Security Studies，University of Sydney，Sydney，NSW，Australia
DOI 号	DOI：10.3389/fpubh.2014.00142.
页数	3
编号	R202
标题	**Benefits of a European Project on Diagnostics of Highly Pathogenic Agents and Assessment of Potential “Dual Use” Issues**
期刊	Front Public Health
年度／卷期／页码	2014，2：199
作者	Roland Grunow，G. Ippolito，D. Jacob，U. Sauer，A. Rohleder，A. Di Caro，R. Iacovino
机构	Robert Koch Institute，Berlin，Germany；Spallanzani National Institute for Infectious Diseases，Rome，Italy
DOI 号	DOI：10.3389/fpubh.2014.00199.
页数	11

续表

编号	R203
标题	The Irrationality of GOF Avian Influenza Virus Research
期刊	Front Public Health
年度／卷期／页码	2014，2：77
作者	Simon Wain-Hobson
机构	Molecular Retrovirology Unit，Department of Virology，Institut Pasteur，Paris，France；Foundation for Vaccine Research，Washington，DC，USA
DOI 号	DOI：10.3389/fpubh.2014.00077.
页数	4
编号	R204
标题	Taking Stock of Security Concerns Related to Synthetic Biology in an Age of Responsible Innovation
期刊	Front Public Health
年度／卷期／页码	2014，2：79
作者	Brett Edwards
机构	Department of Politics，Languages and International Studies，University of Bath，Bath，UK
DOI 号	DOI：10.3389/fpubh.2014.00079.
页数	3
编号	R205
标题	National-level Biosafety Norms Needed for Dual-Use Research
期刊	Front Public Health
年度／卷期／页码	2014，2：84
作者	Gigi Kwik Gronvall
机构	UPMC Center for Health Security，Baltimore，MD，USA
DOI 号	DOI：10.3389/fpubh.2014.00084.
页数	2
编号	R206
标题	Biosecurity and Dual-Use Research：Gaining Function—But at What Cost？
期刊	Front Public Health

续表

年度／卷期／页码	2015，3：13
作者	Kathleen M. Vogel，Amanda J. Ozin，Jonathan E. Suk
机构	North Carolina State University，Raleigh，NC，USA；European Centre for Disease Control and Prevention，Stockholm，Sweden
DOI 号	DOI：10.3389/fpubh.2015.00013.
页数	2
编号	R207
标题	Biosafety and Biosecurity：A Relative Risk-Based Framework for Safer，More Secure，and Sustainable Laboratory Capacity Building
期刊	Front Public Health
年度／卷期／页码	2015，3：241
作者	Petra Dickmann，Heather Sheeley，Nigel Lightfoot
机构	Dickmann Risk Communication Drc，London，UK；Public Health England（PHE），London，UK；Connecting Organizations for Regional Disease Surveillance（CORDS），Lyon，France；Chatham House，Centre on Global Health Security，London，UK
DOI 号	DOI：10.3389/fpubh.2015.00241.
页数	6
编号	R208
标题	The Challenge of Framing for Efforts to Mitigate the Risks of "Dual Use" Research in the Life Sciences
期刊	Futures
年度／卷期／页码	2018，102：104–113
作者	Jo L Husbands
机构	Board on Life Sciences，National Academies of Sciences，Engineering，and Medicine，500 5th Street N.W.，Washington，DC，United States
DOI 号	DOI：10.1016/j.futures.2018.03.007.
页数	11
编号	R209
标题	Freedom and Responsibility in Synthetic Genomics：The Synthetic Yeast Project
期刊	Genetics

续表

年度／卷期／页码	2015，200（4）：1021–1028
作者	Anna Sliva，Huanming Yang，Jef D. Boeke，Debra J. H. Mathews
机构	Human Genetics Program，Department of Pediatrics，Johns Hopkins University School of Medicine，Baltimore，MD，USA；Institute of Systems Genetics，NYU Langone Medical Center，New York University，New York，NY，USA；BGI-Shenzhen，Beishan Industrial Zone，Yantian District，Shenzhen，China
DOI 号	DOI：10.1534/genetics.115.176370.
页数	8
编号	R210
标题	**Biodefense Versus Bioterrorism**
期刊	Genome Biol
年度／卷期／页码	2008，9（8）：108
作者	Gregory A. Petsko
机构	Rosenstiel Basic Medical Sciences Research Center，Brandeis University，Waltham，MA，USA
DOI 号	DOI：10.1186/gb–2008–9–8–108.
页数	3
编号	R211
标题	**Rewriting the Blueprint of Life by Synthetic Genomics and Genome Engineering**
期刊	Genome Biol
年度／卷期／页码	2015，16（1）：125
作者	Narayana Annaluru，Sivaprakash Ramalingam，Srinivasan Chandrasegaran
机构	Department of Environmental Health Sciences，Bloomberg School of Public Health，Johns Hopkins University，615 North Wolfe Street，Baltimore，MD，USA
DOI 号	DOI：10.1186/s13059–015–0689–y.
页数	12
编号	R212

续表

标题	The Bioscience Revolution & the Biological Weapons Threat：Levers & Interventions
期刊	Global Health
年度／卷期／页码	2009，5：3
作者	Mark D'Agostino，Greg Martin
DOI 号	DOI：10.1186/1744-8603-5-3.
页数	5
编号	R213
标题	A Tale of Two Studies：Ethics，Bioterrorism，and the Censorship of Science
期刊	Hastings Cent Rep
年度／卷期／页码	2007，37（3）：35-43
作者	Michael J. Selgelid
机构	Centre for Applied Philosophy and Public Ethics，Australian National University
DOI 号	DOI：10.1353/hcr.2007.0046.
页数	9
编号	R214
标题	The Existing Guidance for "Dual-Use" Research
期刊	Hastings Cent Rep
年度／卷期／页码	2014，44（6）：S34-S35
作者	Gigi Kwik Gronvall
DOI 号	DOI：10.1002/hast.396.
页数	2
编号	R215
标题	Biological Engineering，Risk，and Uncertainty
期刊	Hastings Cent Rep
年度／卷期／页码	2014，44（6）：S36-S37
作者	David A. Relman
DOI 号	DOI：10.1002/hast.397.
页数	2

续表

编号	R216
标题	Nature Natured and Nature Denatured
期刊	Hastings Cent Rep
年度／卷期／页码	2014，44（6）：S38–S39
作者	Gaymon Bennett
DOI 号	DOI：10.1002/hast.398.
页数	2
编号	R217
标题	Ethics of Reconstructing Spanish Flu：Is It Wise to Resurrect a Deadly Virus？
期刊	Heredity（Edinb）
年度／卷期／页码	2007，98（1）：1–2
作者	J. van Aken
机构	Study Group on Biological Arms Control，Hamburg University，Germany
DOI 号	DOI：10.1038/sj.hdy.6800911.
页数	2
编号	R218
标题	Protecting Buildings from Chemical and Biological Warfare Agent Attacks-A Long Journey
期刊	HVAC&R RES
年度／卷期／页码	2004，10（4）：389–391
作者	Qingyan Chen
机构	Purdue Univ，Sch Mech Engn，Ray W Herrick Labs，W Lafayette，IN，USA
DOI 号	DOI：10.1080/10789669.2004.10391110.
页数	4
编号	R219
标题	Biological Warfare Canaries
期刊	IEEE Spectr
年度／卷期／页码	2001，38（10）：35–40

续表

作者	Christopher Aston
机构	NYU Med Ctr，Sch Med，New York，NY，USA
DOI 号	DOI：10.1109/6.954538.
页数	6
编号	R220
标题	**Biological Warfare：Bioterrorism**
期刊	Indian J Med Microbiol
年度／卷期／页码	2002，20（1）：6–11
作者	D. R. Arora，V. Gautam，B. Arora
机构	Department of Microbiology，Postgraduate Institute of Medical Sciences，Rohtak，India
页数	6
编号	R221
标题	**Dual Dual-Use Research of Concern：Publish and Perish？**
期刊	Indian J Med Res
年度／卷期／页码	2011，133（1）：1–4
作者	K. Satyanarayana
页数	4
编号	R222
标题	**Reverse Line Blot Macroarray for Simultaneous Detection and Characterization of Four Biological Warfare Agents**
期刊	Indian J Microbiol
年度／卷期／页码	2013，53（1）：41–47
作者	Vanlalhmuaka，Kulanthaivel Thavachelvam，Urmil Tuteja，Kumari Sarika，Suryanarayana Nagendra，Subodh Kumar
机构	Division of Microbiology，Defence Research and Development Establishment，Jhansi Road，Gwalior，India
DOI 号	DOI：10.1007/s12088–012–0330–7.
页数	7
编号	R223

续表

标题	Biological Warfare：Homo Sapiens vs. Bacteria
期刊	Infect Dis Clin Pract（Baltim Md）
年度 / 卷期 / 页码	1998，7（Suppl 3）：S160–S167
作者	Stuart B. Levy
机构	Centre for Adaptation Genetics and Drug Resistance，Tufts University School of Medicine，Boston，MA，USA
DOI 号	DOI：10.1097/00019048-199809000-00009.
页数	8
编号	R224
标题	The Best Defence Against Bioweapons Has Already Been Invented by Evolution
期刊	Infect Genet Evol
年度 / 卷期 / 页码	2004，4（2）：159–166
作者	Sergey N. Rumyantsev
机构	Andent Inc.，Waukegan，IL，USA
DOI 号	DOI：10.1016/j.meegid.2004.01.004.
页数	8
编号	R225
标题	Common Antigens Prediction in Bacterial Bioweapons：A Perspective for Vaccine Design
期刊	Infect Genet Evol
年度 / 卷期 / 页码	2014，21：315–319
作者	Varun Jaiswal，Rajinder S. Chauhan，Chittaranjan Rout
机构	Department of Biotechnology and Bioinformatics，Jaypee University of Information Technology，Waknaghat，Solan，Himachal Pradesh，India
DOI 号	DOI：10.1016/j.meegid.2013.11.011.
页数	5
编号	R226
标题	Chicken Cathelicidin-2-derived Peptides with Enhanced Immunomodulatory and Antibacterial Activities Against Biological Warfare Agents
期刊	Int J Antimicrob Agents

续表

年度／卷期／页码	2010，36（3）：271–274
作者	E. Margo Molhoek，Albert van Dijk，Edwin J. A. Veldhuizen，Helma Dijk-Knijnenburg，Roos H Mars-Groenendijk，Linda C. L. Boele，Wendy E. Kaman-van Zanten，Henk P. Haagsman，Floris J. Bikker
机构	TNO Defence，Security and Safety，Rijswijk，The Netherlands；Department of Infectious Diseases and Immunology，Faculty of Veterinary Medicine，Utrecht University，Utrecht，The Netherlands；Department of Oral Biochemistry，Academic Centre for Dentistry Amsterdam（ACTA），Free University and University of Amsterdam，Amsterdam，Netherlands
DOI 号	DOI：10.1016/j.ijantimicag.2010.06.001.
页数	4
编号	R227
标题	**Decontamination Issues for Chemical and Biological Warfare Agents：How Clean Is Clean Enough？**
期刊	Int J Environ Health Res
年度／卷期／页码	2001，11（2）：128–148
作者	Ellen Raber，Alfred Jin，Kathleen Noonan，Ray McGuire，Robert D. Kirvel
机构	Environmental Protection Department，University of California，Lawrence Livermore National Laboratory，Livermore，CA，USA
DOI 号	DOI：10.1080/09603120020047519.
页数	23
编号	R228
标题	**How Clean Is Clean Enough？ Recent Developments in Response to Threats Posed by Chemical and Biological Warfare Agents**
期刊	Int J Environ Health Res
年度／卷期／页码	2004，14（1）：31–41
作者	Ellen Raber，Tina Carlsen，Karen Folks，Robert Kirvel，Jeffrey Daniels，Kenneth Bogen
机构	Environmental Protection Department，Energy and Environment Directorate，University of California，Lawrence Livermore National Laboratory，Livermore，CA，USA

续表

DOI 号	DOI：10.1080/09603120310001633886.
页数	13
编号	R229
标题	Airborne Exposure Limits for Chemical and Biological Warfare Agents：Is Everything Set and Clear？
期刊	Int J Environ Health Res
年度／卷期／页码	2006，16（4）：241–253
作者	Alex Sabelnikov，Vladimir Zhukov，C. Ruth Kempf
机构	Center for Security Studies and Research，East Carolina University，Greenville，NC，USA
DOI 号	DOI：10.1080/09603120600734105.
页数	14
编号	R230
标题	Biological Warfare and the People of Iraq
期刊	Int J Epidemiol
年度／卷期／页码	2003，32（4）：660–661
作者	Ian Roberts
DOI 号	DOI：10.1093/ije/dyg226.
页数	2
编号	R231
标题	Bacillus Anthracis：Balancing Innocent Research with Dual-Use Potential
期刊	Int J Med Microbiol
年度／卷期／页码	2008，298（5–6）：345–364
作者	Michael J. Hudson，Wolfgang Beyer，Reinhard Böhm，Antonio Fasanella，Giuliano Garofolo，Robert Golinski，Pierre L Goossens，Ulrike Hahn，Bassam Hallis，Annemarie King，Michèle Mock，Cesare Montecucco，Amanda Ozin，Fiorella Tonello，Stefan H. E. Kaufmann

续表

机构	Health Protection Agency, Porton Down, Salisbury, UK; University of Hohenheim, Stuttgart, Germany; Istituto Zooprofifilattico Sperimentale of Puglia and Basilicata, Foggia, Italy; Department of Immunology, Max Planck Institute for Infection Biology, Berlin, Germany; Institut Pasteur, Paris, France; University of Padova, Italy
DOI 号	DOI：10.1016/j.ijmm.2007.09.007.
页数	21
编号	R232
标题	**Nano-biotechnology：A New Approach to Treat and Prevent Malaria**
期刊	Int J Nanomedicine
年度／卷期／页码	2019，14：1401–1410
作者	Khaista Rahman, Shahid Ullah Khan, Shah Fahad, Ming Xian Chang, Aqleem Abbas, Wasim Ullah Khan, Lutfur Rahman, Zaheer Ul Haq, Ghulam Nabi, Dilfaraz Khan
机构	College of Animal Sciences/State Key Laboratory of Agricultural Microbiology, Huazhong Agricultural University, Wuhan, China; College of Plant Sciences and Technology/National Key Laboratory of Crop Genetic Improvement, Huazhong Agricultural University, Wuhan, China; Department of Agriculture, The University of Swabi, Khyber Pakhtunkhwa, Anbar, Pakistan; State Key Laboratory of Freshwater Ecology and Biotechnology, Institute of Hydrobiology, the Chinese Academy of Sciences, Wuhan, Hubei, China; University of the Chinese Academy of Sciences, Shijingshan District, Beijing, China; 6 Provincial Key Lab of Plant Pathology of Hubei Province, Huazhong Agricultural University, Hongshan District, Wuhan, China; School of Chemistry and Chemical Engineering, Sun Yat-Sen University, Guangzhou, China; Molecular Systematics & Applied Ethno Botany Lab (MoSEL), Department of Biotechnology, Quaid I Azam University, Islamabad, Pakistan; School of Chemistry and Chemical Engineering, Shanghai Jiao tong University, Shanghai, China; Institute of Chemical Sciences, Gomal University, Dera Ismail Khan, Pakistan
DOI 号	DOI：10.2147/IJN.S190692.
页数	10

续表

编号	R233
标题	Silver-titania/Polyurethane Composite Nanofibre Mat for Chemical and Biological Warfare Protection
期刊	Int J Nanotechnol
年度／卷期／页码	2013，10（8–9）：771–788
作者	Su-Yeol Ryu，Myung-Kyu Park，Seung-Yeop Kwak
机构	Department of Materials Science and Engineering，Seoul National University，Gwanak-gu，Seoul，Republic of Korea；Research Division for NBC Protective Technology，Agency for Defense Development，Yuseong，Daejeon，Republic of Korea
DOI 号	DOI：10.1504/IJNT.2013.054217.
页数	18
编号	R234
标题	Barriers to Bioweapons：Intangible Obstacles to Proliferation
期刊	Int Secur
年度／卷期／页码	2012，36（4）：80–114
作者	Sonia Ben，Ouagrham-Gormley
机构	George Mason University，Biodef Program，Fairfax，VA，USA
DOI 号	DOI：10.1162/ISEC_a_00077.
页数	35
编号	R235
标题	The Price of Alliance：Anglo-American Intelligence Cooperation and Imperial Japan's Criminal Biological Warfare Programme，1944–1947
期刊	Intell Natl Secur
年度／卷期／页码	2019，34（2）：263–277
作者	William King，Jeanne Guillemin
机构	International History Department，LSE，London，UK；MIT Security Studies Program，Cambridge，MA，USA
DOI 号	DOI：10.1080/02684527.2018.1534646.
页数	16

续表

编号	R236
标题	The Difference Between Biological Warfare and Bioterrorism: Australia Finally Makes a Start Towards Real Preparedness for Bioterrorism
期刊	Intern Med J
年度／卷期／页码	2003，33（5–6）：213–214
作者	M. L. Grayson
DOI 号	DOI：10.1046/j.1445-5994.2003.00407.x.
页数	2
编号	R237
标题	Defense Against Biologic Warfare with Superantigen Toxins
期刊	Isr Med Assoc J
年度／卷期／页码	2002，4（7）：520–523
作者	Raymond Kaempfer，Gila Arad，Revital Levy，Dalia Hillman
机构	Department of Molecular Virology，Hebrew University-Hadassah Medical School，Jerusalem，Israel
页数	4
编号	R238
标题	Protecting Public Health in the Age of Emerging Infections
期刊	Isr Med Assoc J
年度／卷期／页码	2014，16（11）：677–682
作者	Ori Lev，Bracha Rager-Zisman
机构	Department of Public Policy and Administration，Sapir Academic College，Sderot，Israel；Department of Microbiology，Immunology and Genetics，Faculty of Health Sciences，Ben-Gurion University of the Negev，Beer Sheva，Israel
页数	6
编号	R239
标题	Biological Warfare Tampering with Implantable Medical Devices
期刊	IT Prof
年度／卷期／页码	2015，17（5）：70–72

续表

作者	Jay Liebowitz，Robert Schaller
机构	Harrisburg University of Science and Technology，Harrisburg，PA，USA；University of Pennsylvania，PA，USA
DOI 号	DOI：10.1109/MITP.2015.82.
页数	3
编号	R240
标题	**Cutaneous Manifestations of Category a Bioweapons**
期刊	J Am Acad Dermatol
年度／卷期／页码	2011，65（6）：1213e1–1213e15
作者	Lisa L. Aquino，Jashin J. Wu
机构	Department of Dermatology，Kaiser Permanente Los Angeles Medical Center，Los Angeles，CA，USA
DOI 号	DOI：10.1016/j.jaad.2010.08.040.
页数	15
编号	R241
标题	**Compact 405-nm Random-modulation Continuous Wave Lidar for Standoff Biological Warfare Detection**
期刊	J Appl Remote Sens
年度／卷期／页码	2015，9：096042
作者	Zijian Yang，Chao Li，Ming Yu，Feng Chen，Taihu Wu
机构	Academy Military Medical Science，Institute of Medical Equipment，Tianjin，China
DOI 号	DOI：10.1117/1.JRS.9.096042.
页数	15
编号	R242
标题	**Molecular Modeling Studies on Nucleoside Hydrolase from the Biological Warfare Agent Brucella Suis**
期刊	J Biomol Struct Dyn
年度／卷期／页码	2012，30（1）：125–136

续表

作者	Daiana T. Mancini, Karina S. Matos, Elaine F. F. da Cunha, Tamiris M. Assis, Ana P. Guimarães, Tanos C. C. França, Teodorico C. Ramalho
机构	Chemistry Department, Federal University of Lavras-Campus Universitário-UFLA, Lavras, Brazil; Laboratory of Molecular Modeling Applied to Chemical and Biological Defense (LMCBD), Military Institute of Engineering, Rio de Janeiro, Brazil
DOI 号	DOI: 10.1080/07391102.2012.674293.
页数	13
编号	R243
标题	**Structural Analysis of Pla Protein from the Biological Warfare Agent Yersinia Pestis: Docking and Molecular Dynamics of Interactions with the Mammalian Plasminogen System**
期刊	J Biomol Struct Dyn
年度／卷期／页码	2013, 31 (5): 477–484
作者	Eduardo Ruback, Leandro Araujo Lobo, Tanos Celmar Costa França, Pedro Geraldo Pascutti
机构	Laboratory of Molecular Modeling and Dynamics, Biophysics Institute Carlos Chagas Filho, Federal University of Rio de Janeiro, Rio de Janeiro, Brazil; Department of Medical Microbiology, IMPPG, Federal University of Rio de Janeiro, Av. Carlos Chagas Filho, Rio de Janeiro, Brazil; Laboratory of Molecular Modeling Applied to the Chemical and Biological Defense (LMCBD), Military Institute of Engineering, Praça General Tibúrcio, Rio de Janeiro, Brazil
DOI 号	DOI: 10.1080/07391102.2012.703072.
页数	9
编号	R244
标题	**Jump-starting Life? Fundamental Aspects of Synthetic Biology**
期刊	J Cell Biol
年度／卷期／页码	2015, 210 (5): 687–690
作者	Petra Schwille
机构	Department of Cellular and Molecular Biophysics, Max Planck Institute of Biochemistry, Martinsried, Germany

续表

DOI 号	DOI：10.1083/jcb.201506125.
页数	4
编号	R245
标题	A Century of Bacteriophage Research and Applications：Impacts on Biotechnology，Health，Ecology and the Economy！
期刊	J CHEM TECHNOL BIOT
年度／卷期／页码	2019，94（2）：323–342
作者	Eric J. Vandamme；Kristien Mortelmans
机构	Department of Biotechnology-Centre for Industrial Biotechnology and Synthetic Biology，Faculty of Bioscience Engineering，Ghent University，Ghent，Belgium；Biosciences Division，SRI International（Formerly Stanford Research Institute），Menlo Park，CA，USA
DOI 号	DOI：10.1002/jctb.5810.
页数	20
编号	R246
标题	Molecular Investigation of the Aum Shinrikyo Anthrax Release in Kameido，Japan
期刊	J Clin Microbiol
年度／卷期／页码	2001，39（12）：4566–4567
作者	Paul Keim，Kimothy L. Smith，Christine Keys，Hiroshi Takahashi，Takeshi Kurata，Arnold Kaufmann
机构	Department of Biological Sciences，Northern Arizona University，Flagstaff，AZ，USA
DOI 号	DOI：10.1128/JCM.39.12.4566–4567.2001.
页数	2
编号	R247
标题	Bioweapons of Tumor Mass Destruction？
期刊	J Clin Oncol
年度／卷期／页码	2003，21（16）：3011–3012
作者	Martin J. S. Dyer
DOI 号	DOI：10.1200/JCO.2003.04.155.

续表

页数	2
编号	R248
标题	**Dual-Use Review and the IRB**
期刊	J Clin Res Best Pract
年度／卷期／页码	2010，6（1）：1001_Dual_Use
作者	David B. Resnik
DOI 号	
页数	6
编号	R249
标题	**Elimination of Bioweapons Agents from Forensic Samples During Extraction of Human DNA**
期刊	J Forensic Sci
年度／卷期／页码	2014，59（6）：1530–1540
作者	Jason Timbers，Della Wilkinson，Christine C. Hause，Myron L. Smith，Mohsin A. Zaidi，Denis Laframboise，Kathryn E. Wright
机构	Department of Biochemistry，Microbiology and Immunology，University of Ottawa，Ottawa，Canada；Forensic Sciences Identification Services，Royal Canadian Mounted Police，Ottawa，Canada；Public Health Agency of Canada，Tunney's Pasteur，Ottawa，Canada；Department of Biology，Carleton University，Ottawa，Canada；Central Pennsylvania Laboratory for Biofuels，Penn State Harrisburg，Middletown，USA
DOI 号	DOI：10.1111/1556-4029.12561.
页数	11
编号	R250
标题	**Oxidative Decontamination of Chemical and Biological Warfare Agents Using L-Gel**
期刊	J Hazard Mater
年度／卷期／页码	2002，93（3）：339–352
作者	Ellen Raber，Raymond McGuire
机构	Environment Protection Department，Lawrence Livermore National Laboratory，University of California，Livermore，CA，USA

续表

DOI 号	DOI：10.1016/s0304-3894（02）00051-1.
页数	14
编号	R251
标题	Increase in the Ozone Decay Time in Acidic Ozone Water and Its Effects on Sterilization of Biological Warfare Agents
期刊	J Hazard Mater
年度／卷期／页码	2009，168（2-3）：1595-1601
作者	Han S. Uhm，Yi F. Hong，Han Y. Lee，Yun H. Park
机构	Department of Molecular Science and Technology，Ajou University，San 5 Wonchon-Dong，Youngtong-Gu，Suwon，Republic of Korea
DOI 号	DOI：10.1016/j.jhazmat.2009.03.056.
页数	7
编号	R252
标题	Modified Clay Minerals Efficiency Against Chemical and Biological Warfare Agents for Civil Human Protection
期刊	J Hazard Mater
年度／卷期／页码	2014，271：65-72
作者	Daniela Plachá，Kateřina Rosenbergová，Jiří Slabotínský，Kateřina Mamulová Kutláková，Soňa Studentová，Gražyna Simha Martynková
机构	Nanotechnology Centre，VŠB-Technical University of Ostrava，Poruba，Ostrava，Czech Republic；National Institute for NBC Protection，Milín，Czech Republic；Energy Units for Utilization of non Traditional Energy Sources，VŠB-Technical University of Ostrava，Poruba，Ostrava，Czech Republic；Regional Materials Science and Technology Centre，VŠB-Technical University of Ostrava，Poruba，Ostrava，Czech Republic
DOI 号	DOI：10.1016/j.jhazmat.2014.01.059.
页数	8
编号	R253
标题	Analysis of Anthrax and Plague Biowarfare Vaccine Interactions with Human Monocyte-Derived Dendritic Cells
期刊	J Immunol

续表

年度／卷期／页码	2005，175（11）：7235–7243
作者	Anna Skowera，Esther C. de Jong，Joost H. N. Schuitemaker，Jennifer S. Allen，Simon C. Wessely，Gareth Griffiths，Martien Kapsenberg，Mark Peakman
机构	Department of Immunobiology，King's College London，School of Medicine，Guy's Hospital，London，UK；Department of Dermatology，Academic Medical Centre，University of Amsterdam，Amsterdam，The Netherlands；Department of Psychological Medicine，King's College London，Institute of Psychiatry，London，UK；Department of Biology，Biomedical Sciences，Defense Science and Technology Laboratory，Porton Down，Salisbury，UK
DOI 号	DOI：10.4049/jimmunol.175.11.7235.
页数	9
编号	R254
标题	**Rapid and Sensitive Detection of Biological Warfare Agents Using Time-Resolved Fluorescence Assays**
期刊	J Immunol Methods
年度／卷期／页码	2002，263（1–2）：35–41
作者	Anne Harwood Peruski，Linwood Hill Johnson，Leonard Francis Peruski Jr
机构	Biological Defense Research Directorate，Naval Medical Research Center，Silver Spring，MD，USA
DOI 号	DOI：10.1016/s0022–1759（02）00030–3.
页数	7
编号	R255
标题	**Isolation and Expression of Recombinant Antibody Fragments to the Biological Warfare Pathogen Brucella Melitensis**
期刊	J Immunol Methods
年度／卷期／页码	2003，276（1–2）：185–196
作者	Andrew Hayhurst，Scott Happe，Robert Mabry，Zephyr Koch，Brent L Iverson，George Georgiou

续表

机构	Institute for Cellular and Molecular Biology，University of Texas at Austin，Austin，TX，USA；Chemical Engineering Department，University of Texas at Austin，Austin，TX，USA；Department of Chemistry and Biochemistry，University of Texas at Austin，Austin，TX，USA；Biomedical Engineering Program，University of Texas at Austin，Austin，TX，USA
DOI 号	DOI：10.1016/s0022-1759（03）00100-5.
页数	12
编号	R256
标题	**Preparation for Emergency Relief After Biological Warfare**
期刊	J Infect
年度 / 卷期 / 页码	1997，34（2）：127-132
作者	R. Steffen, J. Mellin, J. P. Woodall, P. E. Rollin, R. H. Lang, R. Lüthy，A. Waldvogel
机构	Institute of Social and Preventive Medicine，University of Zurich，Switzerland；Centre for Applied Microbiology，Porton Down，Salisbury Wiltshire，U K；New York State Health Department，New York，USA；Centers for Disease Control and Prevention，Special Pathogens Branch，Atlanta，GA，USA；SInstitute of Pathology，University of Berne，Swilzerland
DOI 号	DOI：10.1016/s0163-4453（97）92433-6.
页数	6
编号	R257
标题	**Novel Clostridium Botulinum Toxin and Dual Use Research of Concern Issues**
期刊	J Infect Dis
年度 / 卷期 / 页码	2014，209（2）：167
作者	David C. Hooper，Martin S. Hirsch
机构	Division of Infectious Diseases，Massachusetts General Hospital，Boston，MA，USA
DOI 号	DOI：10.1093/infdis/jit528. Epub 2013 Oct 7.
页数	1
编号	R258

续表

标题	**"Inconvenient Truths" in the Pursuit of Scientific Knowledge and Public Health**
期刊	J Infect Dis
年度／卷期／页码	2014，209（2）：170–172
作者	David A. Relman
机构	Department of Medicine，Department of Microbiology and Immunology，Center for International Security and Cooperation，Stanford University；Veterans Affairs Palo Alto Health Care System，CA，USA
DOI 号	DOI：10.1093/infdis/jit529.
页数	3
编号	R259
标题	**Infectious Diseases Society of America and Gain-of-Function Experiments with Pathogens Having Pandemic Potential**
期刊	J Infect Dis
年度／卷期／页码	2016，213（9）：1359–1361
作者	Gregory M. Frank，Amesh Adalja，Alan Barbour，Arturo Casadevall，Philip R. Dormitzer，Jeff Duchin，Frederick G. Hayden，Martin S. Hirsch，Noreen A. Hynes，Marc Lipsitch，Andrew T. Pavia，David A. Relman
机构	Infectious Diseases Society of America，Arlington，University of Virginia School of Medicine，Charlottesville，VA，USA；PMC Center for Health Security，University of Pittsburgh Medical Center，PA，USA；Department of Medicine，Department of Microbiology and Molecular Genetics，University of California-Irvine，Department of Medicine，Department of Microbiology and Immunology，Center for International Security and Cooperation at Stanford University，CA，USA；Department of Molecular Microbiology and Immunology，Center for Immunization Research，Johns Hopkins Bloomberg School of Public Health，Baltimore，MD，USA；NVS Influenza Vaccines，Cambridge，Division of Infectious Diseases，Massachusetts General Hospital，Harvard Medical School，and Department of Epidemiology，Center for Communicable Disease Dynamics，Harvard T. H. Chan School of Public Health，Boston，MA，USA；Public Health-Seattle and King County，University of

续表

机构	Washington, Seattle, Washington, DC, USA; Department of Pediatrics, Primary Children's Medical Center, University of Utah School of Medicine, Salt Lake City, UT, USA
DOI 号	DOI: 10.1093/infdis/jiv474.
页数	3
编号	R260
标题	Gain-of-Function Research and the Relevance to Clinical Practice
期刊	J Infect Dis
年度／卷期／页码	2016, 213 (9) : 1364–1369
作者	Andy Kilianski, Jennifer B. Nuzzo, Kayvon Modjarrad
机构	BioDefense Branch, Biosciences Division, Edgewood Chemical Biological Center, Aberdeen Proving Ground, University of Pittsburgh Medical Center-Center for Health Security, Baltimore, MD, USA; US Military HIV Research Program, Walter Reed Army Institute for Research, Silver Spring, MD, USA
DOI 号	DOI: 10.1093/infdis/jiv473.
页数	6
编号	R261
标题	A Review of: "Gregory D. Koblentz.Living Weapons: Biological Warfare and International Security."
期刊	Terrorism and Political Violence
年度／卷期／页码	2010, 23: 1, 128–130
作者	Donald D. Denton
机构	University of Maryland, University College Adelphi, MD, USA
DOI 号	DOI: 10.1080/09546553.2011.533084.
页数	4
编号	R262
标题	Is All Fair in Biological Warfare? The Controversy Over Genetically Engineered Biological Weapons
期刊	J Med Ethics
年度／卷期／页码	2009, 35 (7) : 429–432
作者	J. M. Appel
DOI 号	DOI: 10.1136/jme.2008.028944.

续表

页数	5
编号	R263
标题	**Biodefense and Dual-Use Research：The Optimisation Problem and the Value of Security**
期刊	J Med Ethics
年度 / 卷期 / 页码	2013，39（4）：205–206
作者	Michael J. Selgelid
机构	Centre for Human Bioethics，Monash University，Melbourne，Victoria，Australia
DOI 号	DOI：10.1136/medethics–2012–100923.
页数	3
编号	R264
标题	**Dual Use Opportunity and Public Health Infrastructure**
期刊	J Med Ethics
年度 / 卷期 / 页码	2013，39（4）：206–207
作者	Thomas May
机构	Institute for Health and Society，Medical College of Wisconsin，Institute for Health and Society，Milwaukee，WI，USA
DOI 号	DOI：10.1136/medethics–2012–100526.
页数	3
编号	R265
标题	**The Ethics of Biosafety Considerations in Gain-Of-Function Research Resulting in the Creation of Potential Pandemic Pathogens**
期刊	J Med Ethics
年度 / 卷期 / 页码	2015，41（11）：901–908
作者	Nicholas Greig Evans，Marc Lipsitch，Meira Levinson
机构	Department of Medical Ethics and Health Policy，Perelman School of Medicine，University of Pennsylvania，Philadelphia，PA，USA；Center for Communicable Disease Dynamics，Department of Epidemiology，Harvard T.H. Chan School of Public Health，Boston，MA，USA；Graduate School of Education，Harvard University，Cambridge，MA，USA

续表

DOI 号	DOI：10.1136/medethics-2014-102619.
页数	9
编号	R266
标题	Synthetic Genomes for Synthetic Biology
期刊	J Mol Cell Biol
年度／卷期／页码	2010，2（4）：178-179
作者	Harris H. Wang
机构	Department of Genetics，Harvard Medical School，77 Avenue Louis Pasteur，Boston，MA，USA
DOI 号	DOI：10.1093/jmcb/mjq015.
页数	2
编号	R267
标题	Optimal Design of a Sheath Flow Nozzle for Detecting Biological Warfare Agents
期刊	J NANOSCI NANOTECHNO
年度／卷期／页码	2017，17（11）：8360-8364
作者	In-Yeob Song，Seung-Ki Choi，Youn-Jea Kim
机构	Graduate School of Mechanical Engineering，Sungkyunkwan University，Suwon，Republic of Korea；The 5th R&D Institute，Agency for Defense Development，Daejeon，Republic of Korea
DOI 号	DOI：10.1166/jnn.2017.15135.
页数	5
编号	R268
标题	Genetic Weapons
期刊	J Natl Med Assoc
年度／卷期／页码	2002，94（3）：182-183
作者	George Dawson
页数	2
编号	R269

续表

标题	Identification of the Factors That Govern the Ability of Therapeutic Antibodies to Provide Postchallenge Protection Against Botulinum Toxin：A Model for Assessing Postchallenge Efficacy of Medical Countermeasures Against Agents of Bioterrorism and Biological Warfare
期刊	J Pharmacol Exp Ther
年度 / 卷期 / 页码	2011，338（2）：503–517
作者	Fetweh H. Al-Saleem，Zidoon Nasser，Rebecca M. Olson，Linsen Cao，Lance L. Simpson
机构	Department of Medicine，Jefferson Medical College，1020 Locust Street，Philadelphia，PA，USA
DOI 号	DOI：10.1124/jpet.111.180653.
页数	15
编号	R270
标题	Bioterrorism：What Can We Do？
期刊	J R Soc Med
年度 / 卷期 / 页码	2002，95（10）：479–480
作者	A. J. Beale
机构	The Priest's House，Sissinghurst Castle，Cranbrook，UK
DOI 号	DOI：10.1258/jrsm.95.10.479.
页数	2
编号	R271
标题	Bioterrorism：The Current Threat
期刊	J R Soc Med
年度 / 卷期 / 页码	2002，95（12）：609–611
作者	G. R. Durrant
机构	Centre for Research into Environment and Health，University of Wales，Aberystwyth，UK
DOI 号	DOI：10.1258/jrsm.95.12.609.
页数	3
编号	R272

续表

标题	Surface-enhanced Raman Sensors：Early History and the Development of Sensors for Quantitative Biowarfare Agent and Glucose Detection
期刊	J Raman Spectrosc
年度／卷期／页码	2005，36（6–7）：471–484
作者	Christy L. Haynes, Chanda Ranjit Yonzon, Xiaoyu Zhang, Richard P. Van Duyne
机构	Department of Chemistry，Northwestern University，2145 Sheridan Road，Evanston，IL，USA
DOI 号	DOI：10.1002/jrs.1376.
页数	14
编号	R273
标题	Mortality Follow-Up of Veterans Who Participated in Military Chemical and Biological Warfare Agent Testing Between 1962 and 1972
期刊	J Toxicol Environ Health A
年度／卷期／页码	2009，72（23）：1550–1552
作者	Han K. Kang，Tim Bullman
机构	Department of Veterans Affairs，Environmental Epidemiology Service，Washington，DC，USA
DOI 号	DOI：10.1080/15287390903129358.
页数	4
编号	R274
标题	Biological Warfare：Current Concerns for the Health Care Provider
期刊	J Trauma
年度／卷期／页码	2002，52（1）：179–186
作者	Soumitra R. Eachempati，Neal Flomenbaum，Philip S. Barie
机构	Department of Surgery，New York-Presbyterian Hospital，Weill Medical College of Cornell University，New York，NY，USA
DOI 号	DOI：10.1097/00005373–200201000–00034.
页数	8
编号	R275

续表

标题	Expression of Mouse Interleukin-4 by a Recombinant Ectromelia Virus Suppresses Cytolytic Lymphocyte Responses and Overcomes Genetic Resistance to Mousepox
期刊	J Virol
年度 / 卷期 / 页码	2001，75（3）：1205–1210
作者	Ronald J. Jackson，Alistair J. Ramsay，Carina D. Christensen，Sandra Beaton，Diana F. Hall，Ian A. Ramshaw
机构	Pest Animal Control Cooperative Research Centre，CSIRO Sustainable Ecosystems，Canberra，Australia；Department of Chemistry，Northwestern University，Evanston，IL，USA
DOI 号	DOI：10.1128/JVI.75.3.1205–1210.2001.
页数	6
编号	R276
标题	Sequence Changes Associated with Respiratory Transmission of H7N1 Influenza Virus in Mammals
期刊	J Virol
年度 / 卷期 / 页码	2014，88（12）：6533–6534
作者	Terence S. Dermody，Rozanne M. Sandri-Goldin，Thomas Shenk
机构	Departments of Pediatricsa and Pathology，Microbiology，and Immunologyb and Elizabeth B. Lamb Center for Pediatric Research，Vanderbilt University School of Medicine，Nashville，TN，USA；Department of Microbiology and Molecular Genetics，University of California，Irvine，CA，USA；Department of Molecular Biology，Princeton University，Princeton，NJ，USA
DOI 号	DOI：10.1128/JVI.00886–14.
页数	3
编号	R277
标题	On the Need for a National Board to Assess Dual Use Research of Concern
期刊	J Virol
年度 / 卷期 / 页码	2014，88（12）：6535–6537
作者	Arturo Casadevall，Terence S. Dermody，Michael J. Imperiale，Rozanne M. Sandri-Goldin，Thomas Shenk

续表

机构	Departments of Microbiology and Immunology and Medicine (Division of Infectious Diseases), Albert Einstein College of Medicine, Bronx, NY, USA; Departments of Pediatrics and Pathology, Microbiology, and Immunology and Elizabeth B. Lamb Center for Pediatric Research, Vanderbilt University School of Medicine, Nashville, TN, USA; Department of Microbiology and Immunology, University of Michigan, Ann Arbor, MI, USA; Department of Microbiology and Molecular Genetics, University of California, Irvine, CA, USA; Department of Molecular Biology, Princeton University, Princeton, NJ, USA
DOI 号	DOI：10.1128/JVI.00875–14.
页数	3
编号	R278
标题	**European Academies Advise on Gain-of-Function Studies in Influenza Virus Research**
期刊	J Virol
年度／卷期／页码	2015，90（5）：2162–2164
作者	Robin Fears，Volker ter Meulen
机构	Biosciences Programme, EASAC, German National Academy of Sciences, Halle (Saale), Germany Gain of Function Working Group, EASAC, German National Academy of Sciences, Halle (Saale), Germany
DOI 号	DOI：10.1128/JVI.03045–15.
页数	3
编号	R279
标题	**HHS Creates New Advisory Board to Improve Biosecurity in "Dual Use" Research**
期刊	Lab Anim (NY)
年度／卷期／页码	2004，33（4）：14
作者	M. Shalev
DOI 号	DOI：10.1038/laban0404–14a.
页数	1
编号	R280

续表

标题	Current Trends in the Biosensors for Biological Warfare Agents Assay
期刊	Materials（Basel）
年度／卷期／页码	2019，12（14）：2303
作者	Miroslav Pohanka
机构	Faculty of Military Health Sciences，University of Defense，Hradec Kralove，Czech Republic
DOI 号	DOI：10.3390/ma12142303.
页数	16
编号	R281
标题	A Short History of Biological Warfare and Weapons
期刊	Med Confl Surviv
年度／卷期／页码	2002，18（3）：271–282
作者	Mark Wheelis
机构	University of California，Davis，CA，USA
DOI 号	DOI：10.1080/13623690208409635.
页数	16
编号	R282
标题	Proliferation of Biological Weapons：Challenges and Responses
期刊	Med Confl Surviv
年度／卷期／页码	2004，20（1）：4–18
作者	Piers D. Millett
机构	Department of Peace Studies，University of Bradford，West Yorks，UK
DOI 号	DOI：10.1080/1362369042331302264.
页数	16
编号	R283
标题	Preventing the Hostile Use of the Life Sciences and Biotechnologies：Fostering a Culture of Biosecurity and Dual Use Awareness. Introduction
期刊	Med Confl Surviv
年度／卷期／页码	2012，28（1）：1–4

续表

作者	Malcolm Dando
机构	Bradford Disarmament Research Centre，University of Bradford，UK
DOI 号	DOI：10.1080/13623699.2012.658622.
页数	6
编号	R284
标题	**Lessons Learned From Implementing Education on Dual-Use in Austria，Italy，Pakistan and Sweden**
期刊	Med Confl Surviv
年度／卷期／页码	2012，28（1）：31–44
作者	James Revill，M. Daniela Candia Carnevali，Ake Forsberg，Anna Holmström，Johannes Rath，Zabta Khan Shinwari，Giulio M. Mancini
机构	SPRU（Science and Technology Policy Research），University of Sussex，UK；Department of Biology，Universitá degli Studi di Milano，Italy；Laboratory for Molecular Infection Biology Sweden（MIMS），Department of Molecular Biology，Umeå University，Umeå，Sweden；Department of Public Health and Clinical Medicine，Unit of Epidemiology and Global Health，Umeå University，Umeå，Sweden；University of Vienna，Austria；Department of Biotechnology and Bioinformatics，Quaid-i-Azam University，Islamabad，Pakistan
DOI 号	DOI：10.1080/13623699.2012.658624.
页数	16
编号	R285
标题	**A Life Scientist，an Engineer and a Social Scientist Walk into a Lab：Challenges of Dual-Use Engagement and Education in Synthetic Biology**
期刊	Med Confl Surviv
年度／卷期／页码	2012，28（1）：5–18
作者	Brett Edwards，Alexander Kelle
机构	PoLIS，University of Bath，Bath，UK
DOI 号	DOI：10.1080/13623699.2012.658659.
页数	16
编号	R286

续表

标题	Online Applied Dual-Use Biosecurity Education：A Case Study from the University of Bradford
期刊	Med Confl Surviv
年度／卷期／页码	2012，28（1）：59–71
作者	Cathy Bollaert，Simon Whitby
机构	Bradford Disarmament Research Centre，University of Bradford，UK
DOI 号	DOI：10.1080/13623699.2012.658626.
页数	15
编号	R287
标题	Preventing the Hostile Use of the Life Sciences and Biotechnologies：Fostering a Culture of Biosecurity and Dual Use Awareness. Conclusions
期刊	Med Confl Surviv
年度／卷期／页码	2012，28（1）：99–105
作者	Judi Sture，Simon Whitby
机构	Bradford Disarmament Research Centre，University of Bradford，Bradford，UK
DOI 号	DOI：10.1080/13623699.2012.658629.
页数	9
编号	R288
标题	The Concept of Governance in Dual-Use Research
期刊	Med Health Care Philos
年度／卷期／页码	2014，17（3）：447–457
作者	Alex Dubov
机构	Center for Healthcare Ethics，Duquesne University，Pittsburgh，PA，USA
DOI 号	DOI：10.1007/s11019–013–9542–9.
页数	11
编号	R289
标题	Gulf War Syndrome：Could It Be Triggered by Biological Warfare-Vaccines Using Pertussis as an Adjuvant？
期刊	Med Hypotheses

续表

年度／卷期／页码	2002，58（4）：291–292
作者	J.-N. Tournier，A. Jouan，J. Mathieu，E. Drouet
机构	Département de biologie des agents transmissibles，CRSSA，La Tronche，France；GDR CNRS ‘Virologie Moléculaire et Structurale’EA 2939，Domaine de la Merci，La Tronche，France
DOI 号	DOI：10.1054/mehy.2001.1542.
页数	2
编号	R290
标题	**The‘Hittite Plague’，an Epidemic of Tularemia and the First Record of Biological Warfare**
期刊	Med Hypotheses
年度／卷期／页码	2007，69（6）：1371–1374
作者	Siro Igino Trevisanato
DOI 号	DOI：10.1016/j.mehy.2007.03.012.
页数	4
编号	R291
标题	**A Forensic Evaluation of Plague – A Re-Emerging Infectious Disease with Biowarfare Potential**
期刊	Med Sci Law
年度／卷期／页码	2020，60（3）：200–205
作者	Roger W. Byard
机构	School of Medicine，The University of Adelaide，Australia
DOI 号	DOI：10.1177/0025802420908483.
页数	6
编号	R292
标题	**The Future of Biological Warfare**
期刊	Microb Biotechnol
年度／卷期／页码	2012，5（5）：584–587
作者	Arturo Casadevall
机构	Department of Microbiology and Immunology and the Division of Infectious Diseases of the Albert Einstein College of Medicine，Bronx，NY，USA

续表

DOI 号	DOI：10.1111/j.1751-7915.2012.00340.x.
页数	4
编号	R293
标题	**Laboratory-directed Protein Evolution**
期刊	Microbiol Mol Biol Rev
年度 / 卷期 / 页码	2005，69（3）：373-392
作者	Ling Yuan，Itzhak Kurek，James English，Robert Keenan
机构	Department of Plant and Soil Sciences，and Kentucky Tobacco Research and Development Center，University of Kentucky，Lexington，KY，USA；Verdia Research Campus，Pioneer International，A Dupont Company，700A Bay Road，Redwood City，CA，USA；Department of Biochemistry and Molecular Biology，University of Chicago，Chicago，IL，USA
DOI 号	DOI：10.1128/MMBR.69.3.373-392.2005.
页数	21
编号	R294
标题	**Field-deployable Rapid Multiple Biosensing System for Detection of Chemical and Biological Warfare Agents**
期刊	Microsyst Nanoeng
年度 / 卷期 / 页码	2018，4：7083
作者	Masato Saito，Natsuko Uchida，Shunsuke Furutani，Mizuho Murahashi，Wilfred Espulgar，Naoki Nagatani，Hidenori Nagai，Yuki Inoue，Tomohiko Ikeuchi，Satoshi Kondo，Hirotaka Uzawa，Yasuo Seto，Eiichi Tamiya
机构	Department of Applied Physics，Graduate School of Engineering，Osaka University，Yamadaoka，Suita，Osaka，Japan；Advanced Photonics and Biosensing Open Innovation Laboratory（PhotoBIO-OIL），National Institute of Advanced Industrial Science and Technology（AIST），Photonics Center Osaka University P3 Bldg，Yamada-Oka，Suita，Osaka，Japan；Nanomaterials Research Institute，National Institute of Advanced Industrial Science and Technology（AIST），Higashi，Tsukuba，Japan；Health Research Institute，National Institute of Advanced Industrial Science and Technology（AIST），Midorigaoka，Ikeda，Osaka，Japan；Department of Applied Chemistry，Graduate School of Engineering，Okayama University of Science，Ridai-cho，Kita-ku，Okayama-shi，

续表

机构	Japan；National Research Institute of Police Science，Kashiwanoha，Kashiwa，Chiba，Japan
DOI 号	DOI：10.1038/micronano.2017.83.
页数	11
编号	R295
标题	Development of a Risk-Priority Score for Category a Bioterrorism Agents as an Aid for Public Health Policy
期刊	Mil Med
年度 / 卷期 / 页码	2006，171（7）：589–594
作者	C. Raina MacIntyre，Alison Seccull，J. Michael Lane，Aileen Plant
机构	National Centre for Immunisation Research and Surveillance of Vaccine Preventable Diseases，The Children's Hospital at Westmead and the University of Sydney. New South Wales，Australia；Victorian Public Health Training Scheme，Department of Human Services. Melbourne. Australia；Clifton Road NE，Atlanta GA，USA；Intemational Health，Curtin University of Technology. Western Australia
DOI 号	DOI：10.7205/MILMED.171.7.589.
页数	7
编号	R296
标题	Molecular Identification of the Biowarfare Simulant Serratia Marcescens from a 50-year-old Munition Buried at Fort Detrick，Maryland
期刊	Mil Med
年度 / 卷期 / 页码	2007，172（8）：860–863
作者	Chris A. Whitehouse，Carson Baldwin，Leonard Wasieloski，John Kondig，John Scherer
机构	Diagnostic Systems Division，U.S. Army Medical Research Institute of Infectious Diseases，Fort Detrick，Frederick，MD，USA
DOI 号	DOI：10.7205/milmed.172.8.860.
页数	4
编号	R297

续表

标题	Beyond the Dirty Dozen：A Proposed Methodology for Assessing Future Bioweapon Threats
期刊	Mil Med
年度／卷期／页码	2018，183（1–2）：e59–e65
作者	Theodore J. Cieslak，Mark G. Kortepeter，Ronald J. Wojtyk，Hugo-Jan Jansen，Ricardo A. Reyes，James O. Smith，NATO Biological Medical Advisory Panel
机构	Department of Epidemiology，College of Public Health，University of Nebraska Medical Center，Omaha，NE，USA
DOI 号	DOI：10.1093/milmed/usx004.
页数	7
编号	R298
标题	Biological Wcapons：Preparing for the Worst
期刊	MLO Med Lab Obs
年度／卷期／页码	2000，32（9）：26–29
作者	Donna Leach，Denny G. Ryman
机构	Clinical Laboratory Science Department，Winston-Salem State University，NC，USA
页数	12
编号	R299
标题	Biological and Chemical Terrorism：Strategic Plan for Preparedness and Response. Recommendations of the CDC Strategic Planning Workgroup
期刊	MMWR Recomm Rep
年度／卷期／页码	2000，49（RR–4）：1–14
作者	Ali S. Khan，Michael J. Sage
机构	National Center for Infectious Diseases，National Cener for Environment Health
页数	13
编号	R300

续表

标题	Development of a 5' Nuclease Assay to Detect Ciprofloxacin Resistant Isolates of the Biowarfare Agent Yersinia Pestis
期刊	Mol Cell Probes
年度 / 卷期 / 页码	2003，17（1）：41–47
作者	Luther E. Lindler，Wei Fan
机构	Department of Bacterial Diseases，Division of Communicable Disease and Immunology，Walter Reed Army Institute of Research，Silver Spring，MD，USA
DOI 号	DOI：10.1016/s0890-8508（02）00111-1.
页数	7
编号	R301
标题	Commensal Bacteria Armed Against Biological Warfare
期刊	Mol Med Today
年度 / 卷期 / 页码	1998，4（9）：369
作者	Dorothy Bonn
页数	1
编号	R302
标题	Synthetic Biology：Promises and Challenges
期刊	Mol Syst Biol
年度 / 卷期 / 页码	2007，3：158
作者	Luis Serrano
机构	EMBL-CRG Systems Biology Unit，Centro de Regulación Genomica CRG，Barcelona，Spain
DOI 号	DOI：10.1038/msb4100202.
页数	5
编号	R303
标题	Bioterrorism：Fear and reality
期刊	Mol Ther
年度 / 卷期 / 页码	2001，4（6）：509
作者	Inder M. Verma
DOI 号	DOI：10.1006/mthe.2001.0487.

续表

页数	1
编号	R304
标题	The Dual-Use Problem，Scientific Isolationism and the Division of Moral Labour
期刊	Monash Bioeth Rev
年度／卷期／页码	2014，32（1–2）：86–105
作者	Thomas Douglas
机构	University of Oxford，Suite 8，Littlegate House，St Ebbes Street，Oxford，UK
DOI 号	DOI：10.1007/s40592–014–0004–9.
页数	20
编号	R305
标题	Dual-use Decision Making：Relational and Positional Issues
期刊	Monash Bioeth Rev
年度／卷期／页码	2014，32（3–4）：268–283
作者	Nicholas G. Evans
机构	Department of Medical Ethics and Health Policy in the Perelman School of Medicine，University of Pennsylvania，3401 Market Street，Philadelphia，PA，USA
DOI 号	DOI：10.1007/s40592–015–0026–y.
页数	16
编号	R306
标题	Dual-use Nanoresearch of Concern：Recognizing Threat and Safeguarding the Power of Nanobiomedical Research Advances in the Wake of the H5N1 Controversy
期刊	Nanomedicine
年度／卷期／页码	2013，9（3）：316–321
作者	Kathleen Eggleson
机构	University of Notre Dame，Center for Nano Science and Technology，Notre Dame，IN，USA
DOI 号	DOI：10.1016/j.nano.2012.12.001.

续表

页数	22
编号	R307
标题	Functional Hybrid Nickel Nanostructures as Recyclable SERS Substrates：Detection of Explosives and Biowarfare Agents
期刊	Nanoscale
年度 / 卷期 / 页码	2012，4（11）：3427–3437
作者	P. R. Sajanlal，T. Pradeep
机构	DST Unit of Nanoscience（DST UNS），Department of Chemistry，Indian Institute of Technology Madras，Chennai，India
DOI 号	DOI：10.1039/c2nr30557g.
页数	11
编号	R308
标题	From Healthcare to Warfare and Reverse：How Should We Regulate Dual-Use Neurotechnology？
期刊	Neuron
年度 / 卷期 / 页码	2018，97（2）：269–274
作者	Marcello Ienca，Fabrice Jotterand，Bernice S. Elger
机构	Institute for Biomedical Ethics，Faculty of Medicine，University of Basel，Basel，Switzerland；Health Ethics and Policy Lab，Department of Health Sciences and Technology（HEST），ETH Zurich，Zurich，Switzerland；Center for Bioethics and Medical Humanities，Institute for Health and Equity，Medical College of Wisconsin，Milwaukee，WI，USA；University Center for Legal Medicine，University of Geneva，Geneva，Switzerland
DOI 号	DOI：10.1016/j.neuron.2017.12.017.
页数	6
编号	R309
标题	Biological Weapons，Genetics and Social Analysis：Emerging Responses，Emerging issues–I
期刊	New Genet Soc
年度 / 卷期 / 页码	2003，22（2）：169–181
作者	Brian Rappert

续表

机构	School of Sociology and Social Policy，University of Nottingham，Nottingham，UK
DOI 号	DOI：10.1080/14636770307131.
页数	14
编号	R310
标题	The 17th-century Plot to Use Hats As Bioweapons
期刊	New Sci
年度 / 卷期 / 页码	2015，228（3049）：15
作者	Debora MacKenzie
DOI 号	DOI：10.1016/S0262-4079（15）31691-2.
页数	1
编号	R311
标题	Age of Bioterrorism：Are You Prepared？ Review of Bioweapons and Their Clinical Presentation for Otolaryngologists
期刊	Otolaryngol Head Neck Surg
年度 / 卷期 / 页码	2014，151（2）：208-214
作者	Philip E. Zapanta，Saba Ghorab
机构	Division of Otolaryngology-Head and Neck Surgery，School of Medicine and Health Sciences，The George Washington University，Washington，DC，USA；Army Reserve Medical Command，Army Medical Department（AMEDD）Professional Management Command，Forest Park，GA，USA；School of Medicine and Health Sciences，The George Washington University，Washington，DC，USA
DOI 号	DOI：10.1177/0194599814531907.
页数	8
编号	R312
标题	Optical Techniques for Detecting and Identifying Biological-Warfare Agents
期刊	P IEEE
年度 / 卷期 / 页码	2009，97（6）：971-989

续表

作者	Darryl P. Greenwood, Fellow IEEE, Thomas H. Jeys, Bernadette Johnson, Jonathan M. Richardson, Michael P. Shatz
机构	MIT, Lincoln Laboratory, Lexington, MA, USA
DOI 号	DOI：10.1109/JPROC.2009.2013564.
页数	19
编号	R313
标题	**Engaging the Normative Question in the H5N1 Avian Influenza Mutation Experiments**
期刊	Philos Ethics Humanit Med
年度／卷期／页码	2013, 8：12
作者	Norman K. Swazo
机构	College of Science and General Studies, Alfaisal University, Riyadh, Saudi Arabia
DOI 号	DOI：10.1186/1747-5341-8-12.
页数	15
编号	R314
标题	**Decontamination of Chemical and Biological Warfare, (CBW) Agents Using an Atmospheric Pressure Plasma Jet (APPJ)**
期刊	Phys Plasmas
年度／卷期／页码	1999, 6 (5) ：2284-2289
作者	H. W. Herrmann；I. Henins；J. Park；G. S. Selwyn
机构	Physics Division, Los Alamos National Laboratory, Los Alamos, NM, USA
DOI 号	DOI：10.1063/1.873480.
页数	7
编号	R315
标题	**Simulated Experiment for Elimination of Chemical and Biological Warfare Agents by Making Use of Microwave Plasma Torch**
期刊	Phys Plasmas
年度／卷期／页码	2004, 11 (2) ：830-835
作者	Yong C. Hong, Jeong H. Kim, Han S. Uhm

续表

机构	Department of Molecular Science and Technology，Ajou University，Paldal-Gu，Suwon，Republic of Korea
DOI 号	DOI：10.1063/1.1635822.
页数	7
编号	R316
标题	**Decontamination of Biological Warfare Agents by a Microwave Plasma Torch**
期刊	Phys Plasmas
年度 / 卷期 / 页码	2005，12（2）：023501
作者	Wilson Lai，Henry Lai，Spencer P Kuo，Olga Tarasenko，Kalle Levon
机构	Department of Electrical and Computer Engineering，Polytechnic University，NY，USA；The Othmer Department of Chemical and Biological Sciences and Engineering，Polytechnic University，NY，USA
DOI 号	DOI：10.1063/1.1843131.
页数	7
编号	R317
标题	**Cyanogenic Glucosides in the Biological Warfare Between Plants and Insects：The Burnet moth-Birdsfoot Trefoil Model System**
期刊	Phytochemistry
年度 / 卷期 / 页码	2011，72（13）：1585–1592
作者	Mika Zagrobelny，Birger Lindberg Møller
机构	Plant Biochemistry Laboratory，Department of Plant Biology and Biotechnology，University of Copenhagen，Copenhagen，Denmark；The VKR Research Centre "Pro-active Plants"，University of Copenhagen，Copenhagen，Denmark
DOI 号	DOI：10.1016/j.phytochem.2011.02.023.
页数	8
编号	R318
标题	**Plant-pathogenic Bacteria as Biological Weapons - Real Threats？**
期刊	Phytopathology

续表

年度 / 卷期 / 页码	2008，98（10）：1060–1065
作者	J. M. Young, C. Allen, T. Coutinho, T. Denny, J. Elphinstone, M. Fegan, M. Gillings, T. R. Gottwald, J. H. Graham, N. S. Iacobellis, J. D. Janse, M.-A. Jacques, M. M. Lopez, C. E. Morris, N. Parkinson, P. Prior, O. Pruvost, J. Rodrigues Neto, M. Scortichini, Y. Takikawa, C. D. Upper
DOI 号	DOI：10.1094/PHYTO–98–10–1060.
页数	6
编号	R319
标题	From Biological Warfare to the Brighter Side of Rice Research
期刊	Plant Cell Physiol
年度 / 卷期 / 页码	2012，53（4）：603–605
作者	Liliana M. Costa
DOI 号	DOI：10.1093/pcp/pcs039.
页数	3
编号	R320
标题	Application of Genetics and Biotechnology for Improving Medicinal Plants
期刊	Planta
年度 / 卷期 / 页码	2019，249（4）：953–973
作者	Mohsen Niazian
机构	Department of Tissue and Cell Culture，Agricultural Biotechnology Research Institute of Iran（ABRII），Agricultural Research，Education and Extension Organization（AREEO），Karaj，Iran
DOI 号	DOI：10.1007/s00425–019–03099–1.
页数	21
编号	R321
标题	Dual-use Nano-Neurotechnology：An assessment of the Implications of Trends in Science and Technology
期刊	Politics Life Sci
年度 / 卷期 / 页码	2018，37（2）：180–202

续表

作者	Kathryn Nixdorff，Tatiana Borisova，Serhiy Komisarenko，Malcolm Dando
机构	Darmstadt University of Technology，Palladin Institute of Biochemistry，National Academy of Sciences of Ukraine，University of Bradford
DOI 号	DOI：10.1017/pls.2018.15.
页数	23
编号	R322
标题	**Bacteria as Agents of Biowarfare. How to Proceed When the Worst Is Suspected**
期刊	Postgrad Med
年度 / 卷期 / 页码	2002，112（2）：57–60
作者	Jeffrey A. Tjaden，Angeline A. Lazarus，Gregory J. Martin
机构	Infectious Diseases Division，National Naval Medical Center，Bethesda，MD，USA
DOI 号	DOI：10.3810/pgm.2002.08.1275.
页数	10
编号	R323
标题	**Defending Against Viruses in Biowarfare. How to Respond to Smallpox，Encephalitides，Hemorrhagic Fevers**
期刊	Postgrad Med
年度 / 卷期 / 页码	2002，112（2）：75–76
作者	Timothy M. Straight，Angeline A. Lazarus，Catherine F. Decker
机构	Department of Medicine，Infectious Disease Service，Walter Reed Army Medical Center，6800 Georgia Ave，Washington，DC，USA
DOI 号	DOI：10.3810/pgm.2002.08.1276.
页数	7
编号	R324
标题	**Vaccines，Biological Warfare，and Bioterrorism**
期刊	Prim Care
年度 / 卷期 / 页码	2001，28（4）：807–821

续表

作者	P. M. Polgreen，C. Helms
机构	Division of Infectious Diseases，Department of Internal Medicine，University of Iowa College of Medicine，Iowa City，IA，USA
DOI 号	DOI：10.1016/s0095-4543（05）70042-7.
页数	15
编号	R325
标题	**Preparing for Bioterrorism**
期刊	Proc（Bayl Univ Med Cent）
年度／卷期／页码	2001，14（3）：219-223
作者	Peggy Lathrop，Linda M. Mann
机构	Department of Epidemiology，Baylor University Medical Center，Dallas，TX，USA
DOI 号	DOI：10.1080/08998280.2001.11927766.
页数	5
编号	R326
标题	**Biological Warfare and Bioterrorism：A Historical Review**
期刊	Proc（Bayl Univ Med Cent）
年度／卷期／页码	2004，17（4）：400-406
作者	Stefan Riedel
机构	Department of Pathology，Baylor University Medical Center，Dallas，TX，USA
DOI 号	DOI：10.1080/08998280.2004.11928002.
页数	7
编号	R327
标题	**Anthrax：A Continuing Concern in the Era of Bioterrorism**
期刊	Proc（Bayl Univ Med Cent）
年度／卷期／页码	2005，18（3）：234-243
作者	Stefan Riedel
机构	Department of Pathology，Baylor University Medical Center，Dallas，TX，USA
DOI 号	DOI：10.1080/08998280.2005.11928074.

续表

页数	10
编号	R328
标题	**Gene Editing Using CRISPR/Cas9：Implications for Dual-Use and Biosecurity**
期刊	Protein Cell
年度／卷期／页码	2018，9（3）：239–240
作者	Diane DiEuliis，James Giordano
机构	Center for the Study of Weapons of Mass Destruction，National Defense University，Washington，DC，USA；Departments of Neurology and Biochemistry and Neuroethics Studies Program-Pellegrino Center for Clinical Bioethics，Georgetown University Medical Center，Washington，DC，USA
DOI 号	DOI：10.1007/s13238-017-0493 4.
页数	2
编号	R329
标题	**A Simple and Rapid Protein Array Based Method for the Simultaneous Detection of Biowarfare Agents**
期刊	Proteomics
年度／卷期／页码	2006，6（10）：2972–2981
作者	Birgit Huelseweh，Ralf Ehricht，Hans-Juergen Marschall
机构	German Armed Forces Scientific Institute for Protection Technologies-NBC Protection，Munster，Germany；CLONDIAG Chip Technologies，Jena，Germany
DOI 号	DOI：10.1002/pmic.200500721.
页数	10
编号	R330
标题	**Pandethics**
期刊	Public Health
年度／卷期／页码	2009，123（3）：255–259
作者	M. J. Selgelid
机构	Centre for Applied Philosophy and Public Ethics（CAPPE），The Australian National University，Canberra，Australia

续表

DOI 号	DOI：10.1016/j.puhe.2008.12.005.
页数	5
编号	R331
标题	Bioterrorism "Preparedness"：Dual Use or Poor Excuse？
期刊	Public Health Rep
年度 / 卷期 / 页码	2000，115（5）：403–406
作者	Hillel W. Cohen，Robert M. Gould，Victor W. Sidel
页数	3
编号	R332
标题	Biotechnology and Chemical Weapons Control
期刊	Pure Appl Chem
年度 / 卷期 / 页码	2002，74（12）：2247–2251
作者	Mark Wheelis
机构	Section of Microbiology，University of California，Davis，CA，USA
DOI 号	DOI：10.1351/pac200274122247.
页数	5
编号	R333
标题	Potential Strategies and Biosafety Protocols Used for Dual-Use Research on Highly Pathogenic Influenza Viruses
期刊	Rev Med Virol
年度 / 卷期 / 页码	2012，22（6）：412–419
作者	Lanying Du，Ye Li，Jimin Gao，Yusen Zhou，Shibo Jiang
机构	Lindsley F. Kimball Research Institute，New York Blood Center，New York，NY，USA；School of Medical Laboratory Science，Wenzhou Medical College，Wenzhou，Zhejiang，China；State Key Laboratory of Pathogen and Biosecurity，Beijing Institute of Microbiology and Epidemiology，Beijing，China；Key Laboratory of Medical Molecular Virology of Ministries of Education and Health，Shanghai Medical College and Institute of Medical Microbiology，Fudan University，Shanghai，China
DOI 号	DOI：10.1002/rmv.1729.

续表

页数	11
编号	R334
标题	Consensus Is Needed at a Global Level Concerning Dual-Use Research
期刊	Rev Med Virol
年度／卷期／页码	2013，23（1）：1–2
作者	Yiming Shao
DOI 号	DOI：10.1002/rmv.1737.
页数	2
编号	R335
标题	Bioweapons，Bioterrorism and Biodiversity：Potential Impacts of Biological Weapons Attacks on Agricultural and Biological Diversity
期刊	Rev Sci Tech
年度／卷期／页码	2002，21（1）：125–137
作者	J. P. Dudley，M. H. Woodford
机构	Institute of Arctic Biology，University of Alaska，Fairbanks，USA；Chairman of the Office International des Epizooties Working Group on Wildlife Disease，Apartado，Algarve，Portugal
DOI 号	DOI：10.20506/rst.21.1.1328.
页数	13
编号	R336
标题	Misperceptions in Preparing for Biological Attack：An Historical Survey
期刊	Rev Sci Tech
年度／卷期／页码	2006，25（1）：53–70
作者	M. Furmanski
机构	Arms Control Center Scientists' Working Group on Biological and Chemical Weapons，Ventura，CA，USA
页数	18
编号	R337
标题	A Brief History of Biological Weapons Programmes and the Use of Animal Pathogens as Biological Warfare Agents
期刊	Rev Sci Tech

续表

年度 / 卷期 / 页码	2017，36（2）：415–422
作者	R. A. Zilinskas
机构	James Martin Center for Nonproliferation Studies，Middlebury Institute of International Studies at Monterey，Monterey，CA，USA
DOI 号	DOI：10.20506/rst.36.2.2662.
页数	8
编号	R338
标题	**Simulation Modeling of Anthrax Spore Dispersion in a Bioterrorism Incident**
期刊	Risk Anal
年度 / 卷期 / 页码	2003，23（6）：1135–1145
作者	Vladimir P. Reshetin，James L. Regens
机构	Joint Institute for Power and Nuclear Research，nationa Academy of Sciences of Belarus，Sosny-Minsk，Belarus；Institute for Science and Public Policy，University of Oklahoma，Norman，USA
DOI 号	DOI：10.1111/j.0272–4332.2003.00387.x.
页数	11
编号	R339
标题	**The Potential of Next-Generation Microbiological Diagnostics to Improve Bioterrorism Detection Speed**
期刊	Risk Anal
年度 / 卷期 / 页码	2004，24（3）：521–536
作者	Elizabeth A. Casman
机构	Carnegie Mellon University，Department of Engineering & Public Policy，Pittsburgh，PA，USA
DOI 号	DOI：10.1111/j.0272–4332.2004.00456.x.
页数	16
编号	R340
标题	**A Discussion of Findings and Their Possible Implications from a Workshop on Bioterrorism Threat Assessment and Risk Management**
期刊	Risk Anal

续表

年度／卷期／页码	2004，24（4）：901–908
作者	Raymond A. Zilinskas，Bruce Hope，D. Warner North
机构	Center for Nonproliferation Studies，Monterey Institute of International Studies，Monterey，CA，USA；Air Quality Division，Oregon Department of Environmental Quality，Portland，OR，USA；NorthWorks Inc.，Belmont，CA，USA
DOI 号	DOI：10.1111/j.0272–4332.2004.00488.x.
页数	8
编号	R341
标题	**Intelligent Adversary Risk Analysis：A Bioterrorism Risk Management Model**
期刊	Risk Anal
年度／卷期／页码	2010，30（1）：32–48
作者	Gregory S Parnell，Christopher M Smith，Frederick I Moxley
机构	Department of Systems Engineering，United States Military Academy at West Point，NY，USA and Innovative Decisions Inc.，Vienna，VA，USA；Department of Mathematical Sciences，United States Military Academy at West Point，NY，USA；Department of Electrical Engineering and Computer Science，United States Military Academy at West Point，NY，USA
DOI 号	DOI：10.1111/j.1539–6924.2009.01319.x.
页数	17
编号	R342
标题	**Cocoa Pod Borer（Conopomorpha Cramerella Snellen）in Papua New Guinea：Biosecurity Models for New Ireland and the Autonomous Region of Bougainville**
期刊	Risk Anal
年度／卷期／页码	2010，30（2）：293–309
作者	Jian D. L. Yen，Edward K. Waters，Andrew J. Hamilton
机构	Department of Resource Management and Geography，Melbourne School of Land and Environment，The University of Melbourne，Melbourne，Australia；Monash University，Clayton，Australia
DOI 号	DOI：10.1111/j.1539–6924.2009.01297.x.

续表

页数	17
编号	R343
标题	Adaptive Approaches to Biosecurity Governance
期刊	Risk Anal
年度／卷期／页码	2010，30（9）：1303–1314
作者	David C. Cook，Shuang Liu，Brendan Murphy，W. Mark Lonsdale
机构	CSIRO，Black Mountain，Australia；Cooperative Research Centre for National Plant Biosecurity；CSIRO，Cooperative Research Centre for National Plant Biose Curity，Bruce，Australia；CSIRO，Indooroopilly，Australia；Cooperative Research Centre for National Plant Biosecurity，Bruce，Australia；CSIRO，Entomology
DOI 号	DOI：10.1111/j.1539–6924.2010.01439.x.
页数	12
编号	R344
标题	Using Simulation to Evaluate Time to Detect Incursions in Honeybee Biosecurity in Australia
期刊	Risk Anal
年度／卷期／页码	2011，31（12）：1961–1968
作者	David Clifford，Simon Barry，David Cook，Rob Duthie，Denis Anderson
机构	CSIRO Mathematics，Informatics and Statistics，Australia；CSIRO Ecosystem Sciences，Canberra，ACT，Australia；Kalang Pty. Ltd.，NSW，Australia
DOI 号	DOI：10.1111/j.1539–6924.2011.01607.x.
页数	8
编号	R345
标题	Biosecurity Policy and the Use of Geospatial Predictive Tools to Address Invasive Plants：Updating the Risk Analysis Toolbox
期刊	Risk Anal
年度／卷期／页码	2012，32（1）：9–15
作者	Cory J. Lindgren

续表

机构	Department of Environment and Geography，University of Manitoba，Winnipeg，Manitoba，Canada
DOI 号	DOI：10.1111/j.1539-6924.2011.01642.x.
页数	7
编号	R346
标题	**Optimal Strategies for Interception，Detection，and Eradication in Plant Biosecurity**
期刊	Risk Anal
年度 / 卷期 / 页码	2015，35（9）：1663-1673
作者	Sara Pasquali，Gianni Gilioli，Dirk Janssen，Stephan Winter
机构	CNR-IMATI，Milano，Italy；DMMT，University of Brescia，Brescia，Italy；IFAPA，Centro La Mojonera，Almería，Spain；Leibniz Institut DSMZ，Plant Virus Department，Germany
DOI 号	DOI：10.1111/risa.12278.
页数	11
编号	R347
标题	**When Does Poor Governance Presage Biosecurity Risk ?**
期刊	Risk Anal
年度 / 卷期 / 页码	2018，38（4）：653-665
作者	Stephen E. Lane，Anthony D. Arthur，Christina Aston，Sam Zhao，Andrew P. Robinson
机构	Centre of Excellence for Biosecurity Risk Analysis，University of Melbourne，Parkville，Victoria，Australia；Department of Agriculture and Water Resources，Canberra，Australian Capital Territory Australia
DOI 号	DOI：10.1111/risa.12873.
页数	13
编号	R348
标题	**Biological Warfare Against Crops**
期刊	Sci Am
年度 / 卷期 / 页码	1999，280（6）：70-75
作者	Paul Rogers，Simon Whitby，Malcoln Dando

续表

机构	Department of Peace Studies，University of Bradford，UK
DOI 号	DOI：10.1038/scientificamerican0699-70.
页数	6
编号	R349
标题	Seeing the Invisible：Liquid Crystals May Be Enlisted to Create Pocket Bioweapons Detectors
期刊	Sci Am
年度／卷期／页码	2002，286（1）：32
作者	Diane Martindale
页数	1
编号	R350
标题	Training for Terror：In Canada，US Marines Find a PLace to Learn How to Handle Live Chemical and Biological Warfare Agents
期刊	Sci Am
年度／卷期／页码	2002，287（3）：28–29
作者	Mart Klinkenberg
DOI 号	DOI：10.1038/scientificamerican0902-28.
页数	2
编号	R351
标题	Synthetic Generation of Influenza Vaccine Viruses for Rapid Response to Pandemics
期刊	Sci Transl Med
年度／卷期／页码	2013，5（185）：185ra68
作者	Philip R. Dormitzer，Pirada Suphaphiphat，Daniel G. Gibson，David E. Wentworth，Timothy B. Stockwell，Mikkel A. Algire，Nina Alperovich，Mario Barro，David M. Brown，Stewart Craig，Brian M. Dattilo，Evgeniya A. Denisova，Ivna De Souza，Markus Eickmann，Vivien G. Dugan，Annette Ferrari，Raul C. Gomila，Liqun Han，Casey Judge，Sarthak Mane，Mikhail Matrosovich，Chuck Merryman，Giuseppe Palladino，Gene A. Palmer，Terika Spencer，Thomas Strecker，Heidi Trusheim，Jennifer Uhlendorff，Yingxia Wen，Anthony C. Yee，Jayshree Zaveri，Bin Zhou，Stephan Becker，Armen Donabedian，Peter W. Mason，John I. Glass，Rino Rappuoli，J. Craig Venter

续表

机构	Novartis Vaccines and Diagnostics，Cambridge，MA，USA；The J. Craig Venter Institute，Rockville，MD，USA；The J. Craig Venter Institute，San Diego，CA，USA；Synthetic Genomics Inc.，La Jolla，CA，USA；Biomedical Advanced Research and Development Authority，USDepartment of Health and Human Services，Washington，DC，USA；Institut für Virologie，Philipps-Universität Marburg，Marburg，Germany；Novartis Vaccines and Diagnostics，Siena，Italy；Novartis Vaccines and Diagnostics，Holly Springs，NC，USA
DOI 号	DOI：10.1126/scitranslmed.3006368.
页数	14
编号	R352
标题	**From Bioweapon to Biodefense-The Collaborative Literature of Biodefense in the 1990s**
期刊	Scientometrics
年度 / 卷期 / 页码	2002，53（1）：21–38
作者	Valentina A. Markusova，Concepción S. Wilson，Mari Davis
机构	Russian Acad Sci，All Russian Inst Sci & Tech Informat，Moscow，Russia；School of Information Systems，Technology and Management，University of New South Wales，Sydney，Australia
DOI 号	DOI：10.1023/A：1014827819263.
页数	18
编号	R353
标题	**Parallel Acoustic Detection of Biological Warfare Agents Surrogates by Means of Piezoelectric Immunochips**
期刊	Sensor Actuat B-Chem
年度 / 卷期 / 页码	2009，138（2）：532–538
作者	Thomas Alavaa，Nathalie Berthet-Durourea，Cédric Ayelaa，Emmanuelle Trévisiol，Martine Pugnière，Yannick Morel，Pascal Rameil，Liviu Nicu
机构	LAAS CNRS，France；CPBS-CNRS，Faculté de Pharmacie，Montpellier，France；Centre d' Etudes du Bouchet，DGA/DET/CEB，Vert le Petit，France
DOI 号	DOI：10.1016/j.snb.2009.02.060.

续表

页数	7
编号	R354
标题	**Love-wave Sensors Combined with Microfluidics for Fast Detection of Biological Warfare Agents**
期刊	Sensors（Basel）
年度／卷期／页码	2014，14（7）：12658–12669
作者	Daniel Matatagui，José Luis Fontecha，María Jesús Fernández，Isabel Gràcia，Carles Cané，José Pedro Santos，María Carmen Horrillo
机构	Instituto de Tecnologías Físicas y de la Información（ITEFI），CSIC，Madrid，Spain；Centro de Ciencias Aplicadas y Desarrollo Tecnológico（CCADET），Universidad Nacional Autónoma de México（UNAM），Distrito Federal，Mexico；Instituto de Microelectrónica de Barcelona，CSIC，Campus UAB，Bellaterra，Spain
DOI 号	DOI：10.3390/s140712658.
页数	13
编号	R355
标题	**COVID-19 Testing and the Soviet Biowarfare Project**
期刊	Soc Anthropol
年度／卷期／页码	2020，5（14）：10.1111/1469–8676.12799
作者	Mikbail O. Piskunov
机构	Tyumen University，Humanitites and Social Science，Tyumen，Russia
DOI 号	DOI：10.1111/1469–8676.12799.
页数	2
编号	R356
标题	**One-health Approach as Counter-Measure Against "Autoimmune" Responses in Biosecurity**
期刊	Soc Sci Med
年度／卷期／页码	2015，129：123–130
作者	Inge Mutsaers

续表

机构	Radboud University Nijmegen，The Netherlands
DOI 号	DOI：10.1016/j.socscimed.2014.09.042.
页数	8
编号	R357
标题	**Bioweapons Proliferation：Where Science Studies and Public Policy Collide**
期刊	Soc Stud Sci
年度／卷期／页码	2006，36（5）：659–690
作者	Kathleen Vogel
机构	Department of Science and Technology Studies，Cornell University，Ithaca，NY，USA
DOI 号	DOI：10.1177/0306312706059460.
页数	33
编号	R358
标题	**Detection of Biological Warfare Agents Using Ultra Violet-Laser Induced Fluorescence LIDAR**
期刊	Spectrochim Acta A Mol Biomol Spectrosc
年度／卷期／页码	2013，112：446–456
作者	Deepti Joshi，Deepak Kumar，Anil K. Maini，Ramesh C. Sharma
机构	Laser Science and Technology Centre，Metcalf House，DRDO，Delhi，India
DOI 号	DOI：10.1016/j.saa.2013.04.082.
页数	11
编号	R359
标题	**Investigation of Statistics Strategies for Improving the Discriminating Power of Laser-induced Breakdown Spectroscopy for Chemical and Biological Warfare Agent Simulants**
期刊	Spectrochim Acta Part B At Spectrosc
年度／卷期／页码	2005，60（7–8）：1217–1224
作者	Chase A. Munson，Frank C. De Lucia Jr.，Thuvan Piehler，Kevin L. McNesby，Andrzej W. Miziolek

续表

机构	USA，Res Lab，AMSRL，WM BD，Aberdeen Proving Ground，MD，USA
DOI 号	DOI：10.1016/j.sab.2005.05.017.
页数	8
编号	R360
标题	Can Scientists Regulate the Publication of Dual Use Research？
期刊	Stud Ethics Law Technol
年度 / 卷期 / 页码	2010，4（1）：Article6
作者	David B. Resnik
机构	National Institute of Environmental Health Sciences，National Institutes of Health Box 12233，Research Triangle Park，NC，USA
DOI 号	DOI：10.2202/1941-6008.1124.
页数	5
编号	R361
标题	Clostridium Botulinum and the Ophthalmologist：A Review of Botulism，Including Biological Warfare Ramifications of Botulinum Toxin
期刊	Surv Ophthalmol
年度 / 卷期 / 页码	2001，46（1）：25-34
作者	James G. Caya
机构	Department of Pathology and Laboratory Medicine，University of Wisconsin Hospital，Madison，WI，USA
DOI 号	DOI：10.1016/s0039-6257（01）00227-2.
页数	10
编号	R362
标题	Dirty War：Rhodesia's and Chemical Biological Warfare 1975-1980
期刊	Survival
年度 / 卷期 / 页码	2018，60（6）：199-206
作者	Kathleen M. Vogel
机构	School of Public Policy，University of Maryland，MD，USA
DOI 号	DOI：10.1080/00396338.2018.1542811.
页数	9

续表

编号	R363
标题	Dual Use in the 21st Century：Emerging Risks and Global Governance
期刊	Swiss Med Wkly
年度／卷期／页码	2018，148：w14688
作者	Ienca Marcello，Vayena Effy
机构	Health Ethics and Policy Lab，Department of Health Sciences and Technology，ETH Zurich，Switzerland
DOI 号	DOI：10.4414/smw.2018.14688.
页数	8
编号	R364
标题	Review of Quantitative and Qualitative Studies on U.S. Public Perceptions of Synthetic Biology
期刊	Syst Synth Biol
年度／卷期／页码	2009，3（1–4）：37–46
作者	Eleonore Pauwels
机构	Woodrow Wilson International Center for Scholars，One Woodrow Wilson Plaza，NW，Washington，DC，USA
DOI 号	DOI：10.1007/s11693–009–9035–6.
页数	10
编号	R365
标题	Ensuring the Security of Synthetic Biology-Towards a 5P Governance Strategy
期刊	Syst Synth Biol
年度／卷期／页码	2009，3（1–4）：85–90
作者	Alexander Kelle
机构	University of Bath，UK and IDC Vienna，Vienna，Austria
DOI 号	DOI：10.1007/s11693–009–9041–8.
页数	6
编号	R366
标题	Microbial Synthetic Biology for Human Therapeutics
期刊	Syst Synth Biol

续表

年度／卷期／页码	2012，6（1–2）：9–22
作者	Aastha Jain，Pooja Bhatia，Archana Chugh
机构	Kusuma School of Biological Sciences，Indian Institute of Technology Delhi，Hauz Khas，New Delhi，India
DOI 号	DOI：10.1007/s11693–012–9092–0.
页数	14
编号	R367
标题	**Surface Plasmon Resonance Detection of Biological Warfare Agent Staphylococcal Enterotoxin B Using High Affinity Monoclonal Antibody**
期刊	Thin Solid Films
年度／卷期／页码	2010，519（3）：1171–1177
作者	Garima Gupta，Pawan K. Singh，M. Boopathi，D.V. Kamboj，Beer Singh，R. Vijayaraghavan
机构	Defence Research and Development Establishment，Gwalior，India
DOI 号	DOI：10.1016/j.tsf.2010.08.064.
页数	7
编号	R368
标题	**Synthetic Toxicology：Where Engineering Meets Biology and Toxicology**
期刊	Toxicol Sci
年度／卷期／页码	2011，120（Suppl1）：S204–S224
作者	Markus Schmidt，Lei Pei
机构	Organization for International Dialogue and Conflict Management，Biosafety Working Group，Vienna，Austria
DOI 号	DOI：10.1093/toxsci/kfq339.
页数	21
编号	R369
标题	**The Toxicologist and the Response to Incidents with Chemical and Biological Warfare Agents-Editorial**
期刊	Toxicology

续表

年度／卷期／页码	2005，214（3）：165-166
作者	Michael Schwenk，Ladislaus Szinicz
机构	Landesgesundheitsamt，Stuttgart，Germany；Bundeswehr Institute of Pharmacology and Toxicology Neuherbergstrasse 11，Munich，Germany
DOI 号	DOI：10.1016/j.tox.2005.06.010.
页数	2
编号	R370
标题	**History of Chemical and Biological Warfare Agents**
期刊	Toxicology
年度／卷期／页码	2005，214（3）：167-181
作者	L. Szinicz
机构	Bundeswehr Institute of Pharmacology and Toxicology，Neuherbergstr，Munich，Germany
DOI 号	DOI：10.1016/j.tox.2005.06.011.
页数	15
编号	R371
标题	**Genetic Medicine Strategies to Protect Against Bioterrorism**
期刊	Trans Am Clin Climatol Assoc
年度／卷期／页码	2006，117：297-310
作者	Julie L. Boyer，Ronald G. Crystal
机构	Department of Genetic Medicine，Weill Medical College of Cornell University，New York，NY，USA
页数	15
编号	R372
标题	**Angels and Devils：Dilemmas in Dual-Use Biotechnology**
期刊	Trends Biotechnol
年度／卷期／页码	2018，36（12）：1202-1205
作者	Landon J. Getz，Graham Dellaire
机构	Department of Microbiology and Immunology，Faculty of Medicine，Dalhousie University，Halifax，NS，Canada

续表

DOI 号	DOI：10.1016/j.tibtech.2018.07.016.
页数	4
编号	R373
标题	**Advances in Industrial Biotechnology Using CRISPR-Cas Systems**
期刊	Trends Biotechnol
年度 / 卷期 / 页码	2018，36（2）：134–146
作者	Paul D. Donohoue，Rodolphe Barrangou，Andrew P. May
机构	Caribou Biosciences，Inc.，Suite，Berkeley，CA，USA；Department of Food，Bioprocessing，and Nutrition Sciences，North Carolina State University，Raleigh，NC，USA；Current address：Chan Zuckerberg Biohub，San Francisco，CA，USA
DOI 号	DOI：10.1016/j.tibtech.2017.07.007.
页数	13
编号	R374
标题	**Deep Learning with Microfluidics for Biotechnology**
期刊	Trends Biotechnol
年度 / 卷期 / 页码	2019，37（3）：310–324
作者	Jason Riordon，Dušan Sovilj，Scott Sanner，David Sinton，Edmond W. K. Young
机构	Department of Mechanical and Industrial Engineering，University of Toronto，Toronto，ON，Canada
DOI 号	DOI：10.1016/j.tibtech.2018.08.005.
页数	15
编号	R375
标题	**Global Patterns of Zoonotic Disease in Mammals**
期刊	Trends Parasitol
年度 / 卷期 / 页码	2016，32（7）：565–577
作者	Barbara A. Han，Andrew M. Kramer，John M. Drake
机构	Cary Institute of Ecosystem Studies，Box AB Millbrook，NY，USA；Odum School of Ecology，University of Georgia，Athens，GA，USA；Center for the Ecology of Infectious Diseases，University of Georgia，Athens，GA，USA

续表

DOI 号	DOI：10.1016/j.pt.2016.04.007.
页数	13
编号	R376
标题	**Expression of Cereolysine AB Genes in Bacillus Anthracis Vaccine Strain Ensures Protection Against Experimental Hemolytic Anthrax Infection**
期刊	Vaccine
年度／卷期／页码	1997，15（17–18）：1846–1850
作者	A. P. Pomerantsev，N. A. Staritsin，Mockov YuV.，L. I. Marinin
机构	State Research Centre for Applied Microbiology，Obolensk，Moscow Region，Russia
DOI 号	DOI：10.1016/s0264–410x（97）00132–1.
页数	5
编号	R377
标题	**Overview：Cause and Prevention in Biowarfare and Bioterrorism**
期刊	Vaccine
年度／卷期／页码	2002，20（25–26）：3055–3067
作者	Maurice R. Hilleman
机构	Merck Institute for Vaccinology，West Point，PA，USA
DOI 号	DOI：10.1016/s0264–410x（02）00300–6.
页数	13
编号	R378
标题	**An Inactivated West Nile Virus Vaccine Derived from a Chemically Synthesized cDNA System**
期刊	Vaccine
年度／卷期／页码	2010，28（19）：3318–3324
作者	Klaus K. Orlinger，Georg W. Holzer，Julia Schwaiger，Josef Mayrhofer，Karl Schmid，Otfried Kistner，P. Noel Barrett，Falko G. Falkner
机构	Baxter Bioscience，Biomedical Research Center，Orth/Donau，Austria

续表

DOI 号	DOI：10.1016/j.vaccine.2010.02.092.
页数	7
编号	R379
标题	Dual Use Issues in Research - A Subject of Increasing Concern？
期刊	Vaccine
年度／卷期／页码	2017，35（44）：5990–5994
作者	Trevor W. Drew，Uwe Ulex Mueller-Doblies
机构	Animal & Plant Health Agency，Addlestone，UK；University of Nottingham，UK；Epibiosafe Ltd.，Woking，UK；University of Surrey，Guildford，UK
DOI 号	DOI：10.1016/j.vaccine.2017.07.109.
页数	5
编号	R380
标题	Risk of Disease Spread Through Bioterrorism
期刊	Vet Ital
年度／卷期／页码	2006，42（4）：351–367
作者	R. E. Weller
机构	Biological Sciences Division，Pacific Northwest National Laboratories，Ichland，Washington，DC，USA
页数	17
编号	R381
标题	Infectious Disease Research and Dual-Use Risk
期刊	Virtual Mentor
年度／卷期／页码	2006，8（4）：230–234
作者	Maureen Kelley
机构	Philosophy Department and Sparkman Scholar in Global Health in the School of Public Health at the University of Alabama at Birmingham
DOI 号	DOI：10.1001/virtualmentor.2006.8.4.pfor1–0604.
页数	5
编号	R382

续表

标题	Distinct Human Antibody Response to the Biological Warfare Agent Burkholderia Mallei
期刊	Virulence
年度 / 卷期 / 页码	2012，3（6）：510–514
作者	John J. Varga，Adam Vigil，David DeShazer，David M. Waag，Philip Felgner，Joanna B. Goldberg
机构	University of Virginia，Charlottesville，VA，USA
DOI 号	DOI：10.4161/viru.22056.
页数	6
编号	R383
标题	Can Biowarfare Agents Be Defeated with Light ?
期刊	Virulence
年度 / 卷期 / 页码	2013，4（8）：796–825
作者	Fatma Vatansever，Cleber Ferraresi，Marcelo Victor Pires de Sousa，Rui Yin，Ardeshir Rineh，Sulbha K. Sharma，Michael R. Hamblin
机构	Wellman Center for Photomedicine；Massachusetts General Hospital；Boston，MA USA；Harvard Medical School；Department of Dermatology；Boston，MA，USA
DOI 号	DOI：10.4161/viru.26475.
页数	32
编号	R384
标题	ABSL-4 Aerobiology Biosafety and Technology at the NIH/NIAID Integrated Research Facility at Fort Detrick
期刊	Viruses
年度 / 卷期 / 页码	2014，6（1）：137–150
作者	Matthew G. Lackemeyer，Fabian de Kok-Mercado，Jiro Wada，Laura Bollinger，Jason Kindrachuk，Victoria Wahl-Jensen，Jens H. Kuhn，Peter B. Jahrling
机构	Integrated Research Facility at Fort Detrick，Division of Clinical Research，National Institute of Allergy and Infectious Diseases，National Institutes of Health，Fort Detrick，Frederick，MD，USA
DOI 号	DOI：10.3390/v6010137.

续表

页数	14
编号	R385
标题	Cathartic Turned Bioweapon：Ricinus Communis，the Castor Bean
期刊	Wilderness Environ Med
年度／卷期／页码	2016，27（3）：444–445
作者	Tanuj Kanchan，Alok Atreya，Raghvendra Singh Shekhawat
机构	Department of Forensic Medicine and Toxicology，All India Institute of Medical Sciences，Jodhpur，India（Drs Kanchan and Shekhawat）
DOI 号	DOI：10.1016/j.wem.2016.06.049.
页数	2
编号	R386
标题	The State Laboratory of Hygiene's Role in Terrorism Preparedness and Response
期刊	WMJ
年度／卷期／页码	2003，102（6）：60–64
作者	Peggy L. Hintzman
机构	Wisconsin State Laboratory of Hygiene，65 Henry Mall，Madison，WI，USA
页数	6
编号	R387
标题	Anthrax：A Disease of Biowarfare and Public Health Importance
期刊	World J Clin Cases
年度／卷期／页码	2015，3（1）：20–33
作者	Ajay Kumar Goel
机构	Ajay Kumar Goel，Biotechnology Division，Defence Research and Development Establishment，Gwalior，India
DOI 号	DOI：10.12998/wjcc.v3.i1.20.
页数	15
编号	R388

续表

标题	Effects of Lactoferrin Derived Peptides on Simulants of Biological Warfare Agents
期刊	World J Microbiol Biotechnol
年度／卷期／页码	2017，33（1）：3
作者	Tjitske Sijbrandij，Antoon J. Ligtenberg，Kamran Nazmi，Enno C. I. Veerman，Jan G. M. Bolscher，Floris J. Bikker
机构	Department of Oral Biochemistry，Academic Centre for Dentistry Amsterdam，University of Amsterdam and VU University Amsterdam，Amsterdam，The Netherlands
DOI 号	DOI：10.1007/s11274-016-2171-8.
页数	9
编号	R389
标题	Bioweapons Synthesis and Storage：The Venom Gland of Front-Fanged Snakes
期刊	Zool ANZ
年度／卷期／页码	2006，245（3-4）：147-159
作者	Stephen P. Mackessy，Louise M. Baxter
机构	School of Biological Sciences，University of Northern Colorado，Greeley，CO，USA
DOI 号	DOI：10.1016/j.jcz.2006.01.003.
页数	13
编号	R390
标题	Animal Biowarfare Research：Historical Perspective and Potential Future Attacks
期刊	Zoonoses Public Health
年度／卷期／页码	2012，59（8）：536-544
作者	Jung-Yong Yeh，Jee-Yong Park，Yun Sang Cho，In-Soo Cho
机构	Foreign Animal Disease Division，Animal，Plant，and Fisheries Quarantine and Inspection Agency，Gyeonggi-do，Republic of Korea
DOI 号	DOI：10.1111/j.1863-2378.2012.01505.x.
页数	9
编号	R391

二、研究报告

NAP

标题	Firepower in the Lab：Automation in the Fight Against Infectious Diseases and Bioterrorism
年度	2001
页数	314
网址	https：//nap.edu/9749
编号	9749
标题	Genetically Modified Pest-Protected Plants：Science and Regulation
年度	2000
页数	290
网址	http：//nap.edu/9795
编号	9795
标题	Environmental Contamination，Biotechnology，and the Law：The Impact of Emerging Genomic Information：Summary of a Forum
年度	2001
页数	44
网址	http：//nap.edu/10104
编号	10104
标题	Opportunities in Biotechnology for Future Army Applications
年度	2001
页数	118
网址	http：//nap.edu/10142
编号	10142
标题	Environmental Effects of Transgenic Plants：The Scope and Adequacy of Regulation
年度	2002
页数	343

续表

网址	http：//nap.edu/10258
编号	10258
标题	Biological Threats and Terrorism：Assessing the Science and Response Capabilities：Workshop Summary
年度	2002
页数	336
网址	http：//nap.edu/10290
编号	10290
标题	Animal Biotechnology：Science-Based Concerns
年度	2002
页数	201
网址	http：//nap.edu/10418
编号	10418
标题	Protecting Our Forces：Improving Vaccine Acquisition and Availability in the U.S. Military
年度	2002
页数	33
网址	http：//www.nap.edu/catalog/10483.html
编号	10483
标题	Countering Bioterrorism：The Role of Science and Technology
年度	2002
页数	106
网址	http：//nap.edu/10536
编号	10536
标题	Biotechnology Research in an Age of Terrorism
年度	2004
页数	165
网址	http：//nap.edu/10827
编号	10827

续表

标题	Biological Confinement of Genetically Engineered Organisms
年度	2004
页数	277
网址	http：//nap.edu/10880
编号	10880
标题	Giving Full Measure to Countermeasures：Addressing Problems in the DoD Program to Develop Medical Countermeasures Against Biological Warfare Agents
年度	2004
页数	161
网址	http：//www.nap.edu/catalog/10908.html
编号	10908
标题	Safety of Genetically Engineered Foods：Approaches to Assessing Unintended Health Effects
年度	2004
页数	255
网址	http：//nap.edu/10977
编号	10977
标题	Seeking Security：Pathogens，Open Access，and Genome Databases
年度	2004
页数	89
网址	http：//nap.edu/11087
编号	11087
标题	The Threat of Pandemic Influenza：Are We Ready？ Workshop Summary
年度	2005
页数	431
网址	http：//www.nap.edu/catalog/11150.html
编号	11150
标题	Sensor Systems for Biological Agent Attacks：Protecting Buildings and Military Bases
年度	2005

续表

页数	209
网址	http：//www.nap.edu/catalog/11207.html
编号	11207
标题	An International Perspective on Advancing Technologies and Strategies for Managing Dual-Use Risks：Report of a Workshop
年度	2005
页数	157
网址	http：//nap.edu/11301
编号	11301
标题	Microbial Threats to Health：The Threat of Pandemic Influenza
年度	2005
页数	49
网址	http：//www.nap.edu/catalog/11371.html
编号	11371
标题	Biological Science and Biotechnology in Russia：Controlling Diseases and Enhancing Security
年度	2006
页数	157
网址	http：//nap.edu/11382
编号	11382
标题	Reaping the Benefits of Genomic and Proteomic Research：Intellectual Property Rights，Innovation，and Public Health
年度	2006
页数	189
网址	http：//nap.edu/11487
编号	11487
标题	Globalization，Biosecurity，and the Future of the Life Sciences
年度	2006
页数	317
网址	http：//nap.edu/11567

续表

编号	11567
标题	Long-Term Health Effects of Participation in Project SHAD（Shipboard Hazard and Defense）
年度	2007
页数	143
网址	http：//www.nap.edu/catalog/11900.html
编号	11900
标题	Ethical and Legal Considerations in Mitigating Pandemic Disease：Workshop Summary
年度	2007
页数	251
网址	http：//nap.edu/11917
编号	11917
标题	Global Infectious Disease Surveillance and Detection：Assessing the Challenges – Finding Solutions，Workshop Summary
年度	2007
页数	285
网址	http：//www.nap.edu/catalog/11996.html
编号	11996
标题	The Biological Threat Reduction Program of the Department of Defense：From Foreign Assistance to Sustainable Partnerships
年度	2007
页数	121
网址	http：//nap.edu/12005
编号	12005
标题	The Role of Theory in Advancing 21st Century Biology：Catalyzing Transformative Research
年度	2008
页数	209
网址	http：//nap.edu/12026
编号	12026

续表

标题	Genetically Engineered Organisms, Wildlife, and Habitat: A Workshop Summary
年度	2008
页数	85
网址	http://nap.edu/12218
编号	12218
标题	2008 Amendments to the National Academies' Guidelines for Human Embryonic Stem Cell Research
年度	2008
页数	65
网址	http://nap.edu/12260
编号	12260
标题	A Survey of Attitudes and Actions on Dual Use Research in the Life Sciences: A Collaborative Effort of the National Research Council and the American Association for the Advancement of Science
年度	2009
页数	189
网址	http://nap.edu/12460
编号	12460
标题	The 2nd International Forum on Biosecurity: Summary of an International Meeting
年度	2009
页数	159
网址	http://nap.edu/12525
编号	12525
标题	Beyond 'Fortress America': National Security Controls on Science and Technology in a Globalized World
年度	2009
页数	151
网址	http://nap.edu/12567
编号	12567

续表

标题	Effectiveness of National Biosurveillance Systems：BioWatch and the Public Health System：Interim Report
年度	2009
页数	31
网址	http：//www.nap.edu/catalog.php？ record_id=12599
编号	12599
标题	BioWatch and Public Health Surveillance：Evaluating Systems for the Early Detection of Biological Threats：Abbreviated Version
年度	2011
页数	253
网址	http：//www.nap.edu/catalog.php？ record_id=12688
编号	12688
标题	Infectious Disease Movement in a Borderless World：Workshop Summary
年度	2010
页数	323
网址	http：//www.nap.edu/catalog.php？ record_id=12758
编号	12758
标题	Responsible Research with Biological Select Agents and Toxins
年度	2009
页数	189
网址	http：//nap.edu/12774
编号	12774
标题	The Public Health Emergency Medical Countermeasures Enterprise：Innovative Strategies to Enhance Products from Discovery Through Approval：Workshop Summary
年度	2010
页数	195
网址	http：//www.nap.edu/catalog.php？ record_id=12856
编号	12856

续表

标题	Evaluation of the Health and Safety Risks of the New USAMRIID High Containment Facilities at Fort Detrick，Maryland
年度	2010
页数	87
网址	http：//www.nap.edu/catalog.php？ record_id=12871
编号	12871
标题	Challenges and Opportunities for Education about Dual Use Issues in the Life Sciences
年度	2011
页数	147
网址	http：//nap.edu/12958
编号	12958
标题	Building a National Framework for the Establishment of Regulatory Science for Drug Development：Workshop Summary
年度	2011
页数	95
网址	http：//nap.edu/12968
编号	12968
标题	Evaluation of a Site-Specific Risk Assessment for the Department of Homeland Security's Planned National Bio-and Agro-Defense Facility in Manhattan, Kansas
年度	2010
页数	147
网址	http：//nap.edu/13031
编号	13031
标题	Review of the Scientific Approaches Used During the FBI's Investigation of the 2001 Anthrax Letters
年度	2011
页数	233
网址	http：//www.nap.edu/catalog.php？ record_id=13098
编号	13098

续表

标题	Trends in Science and Technology Relevant to the Biological and Toxin Weapons Convention：Summary of an International Workshop
年度	2011
页数	57
网址	http：//nap.edu/13113
编号	13113
标题	Life Sciences and Related Fields：Trends Relevant to the Biological Weapons Convention
年度	2011
页数	165
网址	http：//nap.edu/13130
编号	13130
标题	Assistance to the U.S. Army Medical Research and Materiel Command with Preparation of a Risk Assessment for the Medical Countermeasures Test and Evaluation（MCMT&E）Facility at Fort Detrick，MD：A Letter Report
年度	2011
页数	41
网址	http：//www.nap.edu/catalog.php？ record_id=13161
编号	13161
标题	Animal Research in a Global Environment：Meeting the Challenges：Proceedings of the November 2008 International Workshop
年度	2011
页数	285
网址	http：//nap.edu/13175
编号	13175
标题	Animal Models for Assessing Countermeasures to Bioterrorism Agents
年度	2011
页数	153
网址	http：//nap.edu/13233
编号	13233

续表

标题	The Science and Applications of Synthetic and Systems Biology：Workshop Summary
年度	2011
页数	571
网址	http：//nap.edu/13239
编号	13239
标题	Review of Risk Assessment Work Plan for the Medical Countermeasures Test and Evaluation Facility at Fort Detrick：A Letter Report
年度	2011
页数	59
网址	http：//www.nap.edu/catalog.php？ record_id=13265
编号	13265
标题	Research in the Life Sciences with Dual Use Potential：An International Faculty Development Project on Education About the Responsible Conduct of Science
年度	2011
页数	55
网址	http：//nap.edu/13270
编号	13270
标题	Improving Metrics for the Department of Defense Cooperative Threat Reduction Program
年度	2012
页数	119
网址	http：//www.nap.edu/catalog.php？ record_id=13289
编号	13289
标题	Biosecurity Challenges of the Global Expansion of High-Containment Biological Laboratories：Summary of a Workshop
年度	2012
页数	217
网址	http：//nap.edu/13315
编号	13315

续表

标题	Positioning Synthetic Biology to Meet the Challenges of the 21st Century：Summary Report of a Six Academies Symposium Series
年度	2013
页数	81
网址	http：//www.nap.edu/catalog.php？ record_id=13316
编号	13316
标题	International Animal Research Regulations：Impact on Neuroscience Research：Workshop Summary
年度	2012
页数	103
网址	http：//nap.edu/13322
编号	13322
标题	Understanding Biosecurity：Protecting Against the Misuse of Science in Today's World
年度	2010
页数	25
网址	http：//nap.edu/13341
编号	13341
标题	Genome-Based Diagnostics：Clarifying Pathways to Clinical Use：Workshop Summary
年度	2012
页数	105
网址	http：//nap.edu/13359
编号	13359
标题	Evaluation of the Updated Site-Specific Risk Assessment for the National Bio- and Agro-Defense Facility in Manhattan，Kansas
年度	2012
页数	133
网址	http：//www.nap.edu/catalog.php？ record_id=13418
编号	13418

续表

标题	Genome-Based Therapeutics：Targeted Drug Discovery and Development：Workshop Summary
年度	2012
页数	111
网址	http：//nap.edu/13436
编号	13436
标题	Accelerating the Development of New Drugs and Diagnostics：Maximizing the Impact of the Cures Acceleration Network：Workshop Summary
年度	2012
页数	133
网址	http：//www.nap.edu/catalog.php？ record_id=13452
编号	13452
标题	Determining Core Capabilities in Chemical and Biological Defense Science and Technology
年度	2012
页数	151
网址	http：//nap.edu/13516
编号	13516
标题	Perspectives on Research with H5N1 Avian Influenza：Scientific Inquiry，Communication，Controversy：Summary of a Workshop
年度	2013
页数	133
网址	http：//nap.edu/18255
编号	18255
标题	The Science and Applications of Microbial Genomics：Workshop Summary
年度	2013
页数	429
网址	http：//nap.edu/18261
编号	18261

续表

标题	The Unique U.S.-Russian Relationship in Biological Science and Biotechnology：Recent Experience and Future Directions
年度	2013
页数	257
网址	http：//www.nap.edu/catalog.php？ record_id=18277
编号	18277
标题	Emerging and Readily Available Technologies and National Security：A Framework for Addressing Ethical，Legal，and Societal Issues
年度	2014
页数	349
网址	http：//nap.edu/18512
编号	18512
标题	Refining Processes for the Co-Development of Genome-Based Therapeutics and Companion Diagnostic Tests：Workshop Summary
年度	2014
页数	103
网址	http：//nap.edu/18617
编号	18617
标题	Science Needs for Microbial Forensics：Initial International Research Priorities
年度	2014
页数	178
网址	http：//www.nap.edu/catalog.php？ record_id=18737
编号	18737
标题	Stem Cell Therapies：Opportunities for Ensuring the Quality and Safety of Clinical Offerings：Summary of a Joint Workshop by the Institute of Medicine，the National Academy of Sciences，and the International Society for Stem Cell Research
年度	2014
页数	109
网址	http：//nap.edu/18746
编号	18746

续表

标题	Potential Risks and Benefits of Gain-of-Function Research：Summary of a Workshop
年度	2015
页数	141
网址	http：//nap.edu/21666
编号	21666
标题	Public Engagement on Genetically Modified Organisms：When Science and Citizens Connect：Workshop Summary
年度	2015
页数	60
网址	http：//nap.edu/21750
编号	21750
标题	Design，Implementation，Monitoring，and Sharing of Performance Standards for Laboratory Animal Use：Summary of a Workshop
年度	2015
页数	129
网址	http：//nap.edu/21820
编号	21820
标题	Global Health Risk Framework：Governance for Global Health：Workshop Summary
年度	2016
页数	201
网址	http：//nap.edu/21854
编号	21854
标题	Global Health Risk Framework：Resilient and Sustainable Health Systems to Respond to Global Infectious Disease Outbreaks：Workshop Summary
年度	2016
页数	151
网址	http：//nap.edu/21856
编号	21856

续表

标题	The Neglected Dimension of Global Security：A Framework to Counter Infectious Disease Crises
年度	2016
页数	143
网址	http：//nap.edu/21891
编号	21891
标题	Genetically Engineered Crops：Experiences and Prospects
年度	2016
页数	607
网址	http：//nap.edu/23395
编号	23395
标题	Gene Drives on the Horizon：Advancing Science，Navigating Uncertainty，and Aligning Research with Public Values
年度	2016
页数	231
网址	http：//nap.edu/23405
编号	23405
标题	Gain-of-Function Research：Summary of the Second Symposium，March 10-11，2016
年度	2016
页数	141
网址	http：//nap.edu/23484
编号	23484
标题	The Nation's Medical Countermeasure Stockpile：Opportunities to Improve the Efficiency，Effectiveness，and Sustainability of the CDC Strategic National Stockpile：Workshop Summary
年度	2016
页数	143
网址	http：//www.nap.edu/23532
编号	23532

续表

标题	Big Data and Analytics for Infectious Disease Research，Operations，and Policy：Proceedings of a Workshop
年度	2016
页数	99
网址	http：//nap.edu/23654
编号	23654
标题	Enhancing BioWatch Capabilities Through Technology and Collaboration：Proceedings of a Workshop
年度	2016
页数	93
网址	http：//www.nap.edu/23687
编号	23687
标题	Preparing for Future Products of Biotechnology
年度	2017
页数	231
网址	http：//nap.edu/24605
编号	24605
标题	Human Genome Editing：Science，Ethics，and Governance
年度	2017
页数	261
网址	http：//www.nap.edu/24623
编号	24623
标题	Making the Living World Engineerable：Science，Practice，and Policy：Proceedings of a Workshop in Brief
年度	2016
页数	10
网址	http：//nap.edu/24656
编号	24656

续表

标题	Exploring the State of the Science in the Field of Regenerative Medicine：Challenges of and Opportunities for Cellular Therapies：Proceedings of a Workshop
年度	2017
页数	137
网址	http：//nap.edu/24671
编号	24671
标题	Global Health and the Future Role of the United States
年度	2017
页数	385
网址	http：//nap.edu/24737
编号	24737
标题	Dual Use Research of Concern in the Life Sciences：Current Issues and Controversies
年度	2017
页数	115
网址	http：//nap.edu/24761
编号	24761
标题	Examining Challenges and Possible Strategies to Strengthen U.S. Health Security：Proceedings of a Workshop
年度	2018
页数	125
网址	http：//nap.edu/24856
编号	24856
标题	Biodefense in the Age of Synthetic Biology
年度	2018
页数	189
网址	http：//nap.edu/24890
编号	24890

续表

标题	Combating Antimicrobial Resistance：A One Health Approach to a Global Threat：Proceedings of a Workshop
年度	2017
页数	173
网址	http：//nap.edu/24914
编号	24914
标题	Implementing and Evaluating Genomic Screening Programs in Health Care Systems：Proceedings of a Workshop
年度	2018
页数	151
网址	http：//nap.edu/25048
编号	25048
标题	The Promise of Genome Editing Tools to Advance Environmental Health Research：Proceedings of a Workshop in Brief
年度	2018
页数	13
网址	http：//nap.edu/25136
编号	25136
标题	Governance of Dual Use Research in the Life Sciences：Advancing Global Consensus on Research Oversight：Proceedings of a Workshop
年度	2018
页数	211
网址	http：//nap.edu/25154
编号	25154
标题	Cooperative Threat Reduction Programs for the Next Ten Years and Beyond：Proceedings of a Symposium in Brief
年度	2018
页数	13
网址	http：//nap.edu/25209
编号	25209

续表

标题	Understanding the Economics of Microbial Threats：Proceedings of a Workshop
年度	2018
页数	169
网址	http：//nap.edu/25224
编号	25224
标题	Second International Summit on Human Genome Editing：Continuing the Global Discussion：Proceedings of a Workshop in Brief
年度	2019
页数	11
网址	http：//nap.edu/25343
编号	25343
标题	Care，Use，and Welfare of Marmosets as Animal Models for Gene Editing-Based Biomedical Research：Proceedings of a Workshop
年度	2019
页数	123
网址	http：//nap.edu/25356
编号	25356
标题	Framework for Addressing Ethical Dimensions of Emerging and Innovative Biomedical Technologies：A Synthesis of Relevant National Academies Reports
年度	2019
页数	14
网址	http：//nap.edu/25491
编号	25491
标题	Safeguarding the Bioeconomy
年度	2020
页数	393
网址	http：//nap.edu/25525
编号	25525

续表

标题	Strategies for Identifying and Addressing Vulnerabilities Posed by Synthetic Biology：Proceedings of a Workshop in Brief
年度	2019
页数	7
网址	http：//nap.edu/25621
编号	25621
标题	A Strategic Vision for Biological Threat Reduction：The U.S. Department of Defense and Beyond
年度	2020
页数	203
网址	http：//nap.edu/25681
编号	25681

GAO

标题	Combating Terrorism：Federal Response Teams Provide Varied Capabilities；Opportunities Remain to Improve Coordination
日期	2000 年 11 月
页数	82
网址	https：//www.gao.gov/assets/240/230993.pdf
编号	GAO–01–14
标题	Bioterrorism：Federal Research and Preparedness Activities
日期	2001 年 9 月
页数	102
网址	https：//www.gao.gov/assets/240/232804.pdf
编号	GAO–01–915
标题	Chemical and Biological Defense：DOD Needs to Clarify Expectations for Medical Readiness
日期	2001 年 10 月
页数	57

续表

网址	https：//www.gao.gov/assets/240/232902.pdf
编号	GAO–02–38
标题	Bioterrorism：Coordination and Preparedness
日期	2001 年 10 月 5 日
页数	25
网址	https：//www.gao.gov/assets/110/109012.pdf
编号	GAO–02–129T
标题	Bioterrorism：Public Health and Medical Preparedness
日期	2001 年 10 月 9 日
页数	26
网址	https：//www.gao.gov/assets/110/109014.pdf
编号	GAO–02–141T
标题	Bioterrorism：Review of Public Health Preparedness Programs
日期	2001 年 10 月 10 日
页数	26
网址	https：//www.gao.gov/assets/110/109021.pdf
编号	GAO–02–149T
标题	Bioterrorism：The Centers for Disease Control and Prevention's Role in Public Health Protection
日期	2001 年 11 月 15 日
页数	19
网址	https：//www.gao.gov/assets/90/81751.pdf
编号	GAO–02–235T
标题	Chemical and Biological Defense：Observations on DOD's Risk Assessment of Defense Capabilities
日期	2002 年 10 月 1 日
页数	18
网址	https：//www.gao.gov/assets/110/109616.pdf
编号	GAO–03–137T

续表

标题	Bioterrorism：Information Technology Strategy Could Strengthen Federal Agencies' Abilities to Respond to Public Health Emergencies
日期	2003 年 5 月
页数	103
网址	https：//www.gao.gov/assets/240/238401.pdf
编号	GAO−03−139
标题	Bioterrorism：Preparedness Varied across State and Local Jurisdictions
日期	2003 年 4 月
页数	53
网址	https：//www.gao.gov/assets/240/237799.pdf
编号	GAO−03−373
标题	Infectious Disease Outbreaks：Bioterrorism Preparedness Efforts Have Improved Public Health Response Capacity，but Gaps Remain
日期	2003 年 4 月 9 日
页数	16
网址	https：//www.gao.gov/assets/110/109847.pdf
编号	GAO−03−654T
标题	SARS Outbreak：Improvements to Public Health Capacity Are Needed for Responding to Bioterrorism and Emerging Infectious Diseases
日期	2003 年 5 月 7 日
页数	24
网址	https：//www.gao.gov/assets/110/109932.pdf
编号	GAO−03−769T
标题	Combating Bioterrorism：Actions Needed to Improve Security at Plum Island Animal Disease Center
日期	2003 年 9 月
页数	52
网址	https：//www.gao.gov/assets/240/239784.pdf
编号	GAO−03−847

续表

标题	Hospital Preparedness：Most Urban Hospitals Have Emergency Plans but Lack Certain Capacities for Bioterrorism Response
日期	2003 年 8 月
页数	45
网址	https：//www.gao.gov/assets/240/239250.pdf
编号	GAO–03–924
标题	Bioterrorism：Public Health Response to Anthrax Incidents of 2001
日期	2003 年 10 月
页数	48
网址	https：//www.gao.gov/assets/250/240162.pdf
编号	GAO–04–152
标题	Bioterrorism：A Threat to Agriculture and the Food Supply
日期	2003 年 11 月 19 日
页数	19
网址	https：//www.gao.gov/assets/90/82077.pdf
编号	GAO–04–259T
标题	Department of State：Nonproliferation，Anti-terrorism，Demining，and Related Programs Follow Legal Authority，but Some Activities Need Reassessment
日期	2004 年 4 月
页数	64
网址	https：//www.gao.gov/assets/250/242193.pdf
编号	GAO–04–521
标题	Homeland Security：DHS Needs a Strategy to Use DOE's Laboratories for Research on Nuclear，Biological，and Chemical Detection and Response Technologies
日期	2004 年 5 月
页数	44
网址	https：//www.gao.gov/assets/250/242436.pdf
编号	GAO–04–653

续表

标题	Bioterrorism：Information on Jurisdictions' Expenditure and Reported Obligation of Program Funds
日期	2005 年 2 月
页数	40
网址	https：//www.gao.gov/assets/250/245473.pdf
编号	GAO–05–239
标题	Anthrax：Federal Agencies Have Taken Some Steps to Validate Sampling Methods and to Develop a Next-Generation Anthrax Vaccine
日期	2006 年 5 月 9 日
页数	32
网址	https：//www.gao.gov/assets/120/113823.pdf
编号	GAO–06–756T
标题	Chemical and Biological Defense：Management Actions Are Needed to Close the Gap Between Army Chemical Unit Preparedness and Stated National Priorities
日期	2007 年 1 月
页数	53
网址	https：//www.gao.gov/assets/260/255407.pdf
编号	GAO–07–143
标题	Anthrax Detection：DHS Cannot Ensure That Sampling Activities Will Be Validated
日期	2007 年 3 月 29 日
页数	18
网址	https：//www.gao.gov/assets/120/116107.pdf
编号	GAO–07–687T
标题	High-Containment Biosafety Laboratories：Preliminary Observations on the Oversight of the Proliferation of BSL-3 and BSL-4 Laboratories in the United States
日期	2007 年 10 月 4 日
页数	39
网址	https：//www.gao.gov/assets/120/117997.pdf
编号	GAO–08–108T

续表

标题	Chemical and Biological Defense：DOD and VA Need to Improve Efforts to Identify and Notify Individuals Potentially Exposed during Chemical and Biological Tests
日期	2008 年 2 月
页数	49
网址	https：//www.gao.gov/assets/280/272744.pdf
编号	GAO–08–366
标题	Response Framework：FEMA Needs Policies and Procedures to Better Integrate Non-Federal Stakeholders in the Revision Process
日期	2008 年 6 月
页数	42
网址	https：//www.gao.gov/assets/280/276372.pdf
编号	GAO–08–768
标题	High-Containment Biosafety Laboratories：DHS Lacks Evidence to Conclude That Foot-and-Mouth Disease Research Can Be Done Safely on the U.S. Mainland
日期	2008 年 5 月 22 日
页数	33
网址	https：//www.gao.gov/assets/130/120209.pdf
编号	GAO–08–821T
标题	Biosafety Laboratories：Perimeter Security Assessment of the Nation' s Five BSL-4 Laboratories
日期	2008 年 9 月
页数	25
网址	https：//www.gao.gov/assets/290/281037.pdf
编号	GAO–08–1092
标题	High-Containment Laboratories：National Strategy for Oversight Is Needed
日期	2009 年 9 月
页数	104
网址	https：//www.gao.gov/assets/300/295543.pdf
编号	GAO–09–574

续表

标题	Project Bioshield：HHS Can Improve Agency Internal Controls for Its New Contracting Authorities
日期	2009 年 7 月
页数	22
网址	https：//www.gao.gov/assets/300/292736.pdf
编号	GAO–09–820
标题	Biosafety Laboratories：BSL-4 Laboratories Improved Perimeter Security Despite Limited Action by CDC
日期	2009 年 7 月
页数	22
网址	https：//www.gao.gov/assets/300/292089.pdf
编号	GAO–09–851
标题	Homeland Defense：Preliminary Observations on Defense Chemical，Biological，Radiological，Nuclear，and High-Yield Explosives Consequence Management Plans and Preparedness
日期	2009 年 7 月 28 日
页数	23
网址	https：//www.gao.gov/assets/130/123118.pdf
编号	GAO–09–927T
标题	Biosafety Laboratories：BSL-4 Laboratories Improved Perimeter Security Despite Limited Action by CDC
日期	2009 年 9 月 22 日
页数	18
网址	https：//www.gao.gov/assets/130/123339.pdf
编号	GAO–09–1038T
标题	Homeland Defense：Planning，Resourcing，and Training Issues Challenge DOD’s Response to Domestic Chemical，Biological，Radiological，Nuclear，and High-Yield Explosive Incidents
日期	2009 年 10 月
页数	64
网址	https：//www.gao.gov/assets/300/296475.pdf
编号	GAO–10–123

续表

标题	Critical Infrastructure Protection：Update to National Infrastructure Protection Plan Includes Increased Emphasis on Risk Management and Resilience
日期	2010 年 3 月
页数	48
网址	https：//www.gao.gov/assets/310/301494.pdf
编号	GAO–10–296
标题	Biosurveillance：Efforts to Develop a National Biosurveillance Capability Need a National Strategy and a Designated Leader
日期	2010 年 6 月
页数	144
网址	https：//www.gao.gov/assets/310/306362.pdf
编号	GAO–10–645
标题	New Drug Approval：FDA's Consideration of Evidence from Certain Clinical Trials
日期	2010 年 7 月
页数	38
网址	https：//www.gao.gov/assets/310/308301.pdf
编号	GAO–10–798
标题	Public Health Preparedness：Developing and Acquiring Medical Countermeasures Against Chemical，Biological，Radiological，and Nuclear Agents
日期	2011 年 4 月 13 日
页数	19
网址	https：//www.gao.gov/assets/130/126034.pdf
编号	GAO–11–567T
标题	Department of Homeland Security：Progress Made and Work Remaining in Implementing Homeland Security Missions 10 Years after 9/11
日期	2011 年 9 月
页数	226
网址	https：//www.gao.gov/assets/330/322889.pdf
编号	GAO–11–881

续表

标题	National Preparedness：Improvements Needed for Acquiring Medical Countermeasures to Threats from Terrorism and Other Sources
日期	2011 年 10 月
页数	58
网址	https：//www.gao.gov/assets/520/511470.pdf
编号	GAO–12–121
标题	Critical Infrastructure Protection：DHS Could Better Manage Security Surveys and Vulnerability Assessments
日期	2012 年 5 月
页数	87
网址	https：//www.gao.gov/assets/600/591292.pdf
编号	GAO–12–378
标题	Biosurveillance：DHS Should Reevaluate Mission Need and Alternatives before Proceeding with BioWatch Generation-3 Acquisition
日期	2012 年 9 月
页数	57
网址	https：//www.gao.gov/assets/650/648026.pdf
编号	GAO–12–810
标题	Biosurveillance：Observations on BioWatch Generation-3 and Other Federal Efforts
日期	2012 年 9 月 13 日
页数	17
网址	https：//www.gao.gov/assets/650/648265.pdf
编号	GAO–12–994T
标题	Homeland Security：An Overall Strategy Is Needed to Strengthen Disease Surveillance in Livestock and Poultry
日期	2013 年 5 月
页数	49
网址	https：//www.gao.gov/assets/660/654749.pdf
编号	GAO–13–424

续表

标题	National Preparedness：HHS Is Monitoring the Progress of Its Medical Countermeasure Efforts but Has Not Provided Previously Recommended Spending Estimates
日期	2013 年 12 月
页数	36
网址	https：//www.gao.gov/assets/660/659949.pdf
编号	GAO–14–90
标题	Drug Shortages：Public Health Threat Continues，Despite Efforts to Help Ensure Product Availability
日期	2014 年 2 月
页数	94
网址	https：//www.gao.gov/assets/670/660785.pdf
编号	GAO–14–194
标题	National Preparedness：HHS Has Funded Flexible Manufacturing Activities for Medical Countermeasures，but It Is Too Soon to Assess Their Effect
日期	2014 年 3 月
页数	36
网址	https：//www.gao.gov/assets/670/662120.pdf
编号	GAO–14–329
标题	Biological Defense：DOD Has Strengthened Coordination on Medical Countermeasures but Can Improve Its Process for Threat Prioritization
日期	2014 年 5 月
页数	55
网址	https：//www.gao.gov/assets/670/663212.pdf
编号	GAO–14–442
标题	High-Containment Laboratories：Recent Incidents of Biosafety Lapses
日期	2014 年 7 月 16 日
页数	14
网址	https：//www.gao.gov/assets/670/664799.pdf
编号	GAO–14–785T

续表

标题	Chemical and Biological Defense：Designated Entity Needed to Identify, Align，and Manage DOD’s Infrastructure
日期	2015 年 6 月
页数	77
网址	https：//www.gao.gov/assets/680/671004.pdf
编号	GAO–15–257
标题	Biodefense：The Nation Faces Multiple Challenges in Building and Maintaining Biodefense and Biosurveillance
日期	2016 年 4 月 14 日
页数	22
网址	https：//www.gao.gov/assets/680/676548.pdf
编号	GAO–16–547T
标题	High-Containment Laboratories：Comprehensive and Up-to-Date Policies and Stronger Oversight Needed
日期	2016 年 4 月 20 日
页数	14
网址	https：//www.gao.gov/assets/680/676705.pdf
编号	GAO–16–566T
标题	High-Containment Laboratories：Improved Oversight of Dangerous Pathogens Needed to Mitigate Risk
日期	2016 年 8 月
页数	71
网址	https：//www.gao.gov/assets/680/679392.pdf
编号	GAO–16–642
标题	High-Containment Laboratories：Actions Needed to Mitigate Risk of Potential Exposure and Release of Dangerous Pathogens
日期	2016 年 9 月 23 日
页数	11
网址	https：//www.gao.gov/assets/680/680000.pdf
编号	GAO–16–871T

续表

标题	Bioforensics：DHS Needs to Conduct a Formal Capability Gap Analysis to Better Identify and Address Gaps
日期	2017 年 1 月
页数	64
网址	https：//www.gao.gov/assets/690/682007.pdf
编号	GAO–17–177
标题	Biodefense：Federal Efforts to Develop Biological Threat Awareness
日期	2017 年 10 月
页数	67
网址	https：//www.gao.gov/assets/690/687675.pdf
编号	GAO–18–155
标题	Biological Select Agents and Toxins：Actions Needed to Improve Management of DOD’s Biosafety and Biosecurity Program
日期	2018 年 9 月
页数	122
网址	https：//www.gao.gov/assets/700/694617.pdf
编号	GAO–18–422
标题	Biodefense：The Nation Faces Long-Standing Challenges Related to Defending Against Biological Threats
日期	2019 年 6 月 26 日
页数	23
网址	https：//www.gao.gov/assets/710/700014.pdf
编号	GAO–19–635T
标题	National Biodefense Strategy：Additional Efforts Would Enhance Likelihood of Effective Implementation
日期	2020 年 2 月
页数	76
网址	https：//www.gao.gov/assets/710/704698.pdf
编号	GAO–20–273

续表

标题	National Biodefense Strategy：Opportunities and Challenges with Early Implementation
日期	2020 年 3 月 11 日
页数	13
网址	https：//www.gao.gov/assets/710/705218.pdf
编号	GAO–20–483T

美国政府

标题	Public Health Security and Bioterrorism Preparedness and Response Act of 2002
年度	2002
来源	U.S. Law
页数	105
网址	https：//www.congress.gov/bill/107th-congress/house-bill/3448
编号	A1
标题	Homeland Security Act of 2002
年度	2002
来源	U.S. Law
页数	187
网址	https：//www.dhs.gov/xlibrary/assets/hr_5005_enr.pdf
编号	A2
标题	Project BioShield Act of 2004
年度	2004
来源	U.S. Law
页数	30
网址	https：//www.congress.gov/108/plaws/publ276/PLAW-108publ276.pdf
编号	A3
标题	Strategic National Stockpile and Security Countermeasure Procurements
年度	2015
来源	U.S. Law

续表

页数	13
网址	https：//www.law.cornell.edu/uscode/text/42/247d–6b
编号	A4
标题	Biomedical Advanced Research and Development Authority
年度	2015
来源	U.S. Law
页数	7
网址	https：//uscode.house.gov/view.xhtml?req=（title:42%20section：247d–7e%20edition：prelim）
编号	A5
标题	Enhanced Control of Dangerous Biological Agents and Toxins
年度	2015
来源	U.S. Law
页数	11
网址	https：//uscode.house.gov/view.xhtml?req=（title：42%20section：262a%20edition：prelim）
编号	A6
标题	Public Health and Medical Preparedness and Response Functions
年度	2015
来源	U.S. Law
页数	2
网址	https：//uscode.house.gov/view.xhtml ？ path=&req=（title%3A42+section%3A300hh+edition%3Aprelim）+OR+（granuleid%3AUSC-prelim-title42-section300hh）&f=treesort&num=0&edition=prelim
编号	A7
标题	Coordination of Preparedness for and Response to All-hazards Public Health
年度	2015
来源	U.S. Law
页数	6
网址	https：//uscode.house.gov/view.xhtml?req=granuleid%3AUSC-prelim-title42-chapter6A-subchapter26-partB&edition=prelim

续表

编号	A8
标题	National Disaster Medical System
年度	2015
来源	U.S. Law
页数	5
网址	https：//uscode.house.gov/view.xhtml?req =（title：42%20section：300hh-11%20edition：prelim）
编号	A9
标题	Robert T. Stafford Disaster Relief and Emergency Assistance Act
年度	2007
来源	U.S. Law
页数	125
网址	https：//www.cdc.gov/cpr/documents/stafford_act_fema_592_june_2007.pdf
编号	A10
标题	Organization and Operation of the Homeland Security Council
年度	2001
来源	U.S. Homeland Security Presidential Directive（HSPD）–1
页数	3
网址	https：//www. fas.org/irp/offdocs/nspd/hspd–1.htm
编号	A11
标题	Homeland Security Advisory System
年度	2002
来源	U.S. Homeland Security Presidential Directive（HSPD）–3
页数	6
网址	https：//fas.org/irp/offdocs/nspd/hspd–3.htm
编号	A12
标题	National Strategy to Combat Weapons of Mass Destruction
年度	2002
来源	U.S. Homeland Security Presidential Directive（HSPD）–4

续表

页数	9
网址	https：//fas.org/irp/offdocs/nspd/nspd-wmd.pdf
编号	A13
标题	**Management of Domestic Incidents**
年度	2003
来源	U.S. Homeland Security Presidential Directive（HSPD）–5
页数	6
网址	https：//www.dhs.gov/sites/default/files/publications/Homeland%20Security%20Presidential%20Directive%205.pdf
编号	A14
标题	**Critical Infrastructure Identification，Prioritization，and Protection**
年度	2003
来源	U.S. Homeland Security Presidential Directive（HSPD）–7
页数	11
网址	https：//fas.org/irp/offdocs/nspd/hspd–7.html
编号	A15
标题	**National Preparedness**
年度	2003
来源	U.S. Homeland Security Presidential Directive（HSPD）–8
页数	4
网址	https：//fas.org/irp/offdocs/nspd/hspd–8.html
编号	A16
标题	**Defense of United States Agriculture and Food**
年度	2004
来源	U.S. Homeland Security Presidential Directive（HSPD）–9
页数	6
网址	https：//fas.org/irp/offdocs/nspd/hspd–9.html
编号	A17
标题	**Biodefense for the 21st Century**
年度	2004

续表

来源	U.S. Homeland Security Presidential Directive（HSPD）–10
页数	5
网址	https：//fas.org/irp/offdocs/nspd/hspd–10.html
编号	A18
标题	Medical Countermeasures Against Weapons of Mass Destruction
年度	2007
来源	U.S. Homeland Security Presidential Directive（HSPD）D–18
页数	6
网址	https：//fas.org/irp/offdocs/nspd/hspd–18.html
编号	A19
标题	Public Health and Medical Preparedness
年度	2007
来源	U.S. Homeland Security Presidential Directive（HSPD）–21
页数	8
网址	https：//fas.org/irp/offdocs/nspd/hspd–21.htm
编号	A20
标题	National Strategy for Homeland Security
年度	2002
来源	U.S. Office of Homeland Security
页数	90
网址	https：//www.dhs.gov/xlibrary/assets/nat_strat_homelandsecurity_2007.pdf
编号	A21
标题	National Strategy for Countering Biological Threats
年度	2009
来源	U.S. National Security Council
页数	26
网址	https：//obamawhitehouse.archives.gov/sites/default/files/National_Strategy_for_Countering_BioThreats.pdf
编号	A22

续表

标题	Organization of the National Security Council System
年度	2009
来源	U.S. Presidential Policy Directive–1
页数	5
网址	https：//fas.org/irp/offdocs/ppd/ppd–1.pdf
编号	A23
标题	Implementation of the National Strategy for Countering Biological Threats
年度	2009
来源	U.S. Presidential Policy Directive–2
页数	3
网址	https：//fas.org/irp/offdocs/ppd/ppd–2.pdf
编号	A24
标题	National Preparedness
年度	2011
来源	U.S. Presidential Policy Directive–8
页数	6
网址	https://www.dhs.gov/presidential-policy-directive-8-national-preparedness
编号	A25
标题	Organizing for Homeland Security and Counterterrorism
年度	2009
来源	U.S. Presidential Study Directive–1
页数	3
网址	https：//fas.org/irp/offdocs/psd/psd–1.pdf
编号	A26
标题	United States Government Policy for Oversight of Life Sciences Dual Use Research of Concern
年度	2012
来源	U.S. Government
页数	4
网址	https：//www.phe.gov/s3/dualuse/documents/us-policy-durc–032812.pdf

续表

编号	A27
标题	United States Government Policy for Institutional Oversight of Life Sciences Dual Use Research of Concern
年度	2014
来源	U.S. Government
页数	19
网址	https：//www.phe.gov/s3/dualuse/Documents/durc-policy.pdf
编号	A28
标题	Implemen Tation of the U.S. Government Policy for Institutional Oversight of Life Sciences DURC：Frequently Asked Questions
年度	2014
来源	U.S. Government
页数	6
网址	https：//www.phe.gov/s3/dualuse/Documents/durc-faqs.pdf
编号	A29
标题	U.S. Government Gain-of-Function Deliberative Process and Research Funding Pause on Selected Gain-of-Function Research Involving Influenza，MERS，and SARS Viruses
年度	2014
来源	U.S. Government
页数	3
网址	https：//www.phe.gov/s3/dualuse/Documents/gain-of-function.pdf
编号	A30
标题	U.S. Government Gain-of-Function Deliberative Process and Research Funding Pause on Selected Gain-of-Function Research Involving Influenza，MERS，and SARS Viruses-Frequently Asked Questions
年度	2014
来源	U.S. Government
页数	5
网址	https：//www.phe.gov/s3/dualuse/Documents/gof-qanda.pdf
编号	A31

续表

标题	Recommended Policy Guidance for Departmental Development of Review Mechanisms for Potential Pandemic Pathogen Care and Oversight（P3CO）
年度	2017
来源	U.S. Government-White House Office of Science and Technology Policy（OSTP）
页数	6
网址	https：//obamawhitehouse.archives.gov/sites/default/files/microsites/ostp/p3co-finalguidancestatement.pdf
编号	A32
标题	National Strategy for Modernizing the Regulatory System for Biotechnology Products
年度	2016
来源	U.S. Government
页数	19
网址	https：//obamawhitehouse.archives.gov/sites/default/files/microsites/ostp/biotech_national_strategy_final.pdf
编号	A33
标题	National Strategy for Biosurveillance
年度	2012
来源	U.S. White House
页数	16
网址	https：//obamawhitehouse.archives.gov/sites/default/files/National_Strategy_for_Biosurveillance_July_2012.pdf
编号	A34
标题	National Biosurveillance Science and Technology Roadmap
年度	2013
来源	U.S. National Science and Technology Council
页数	41
网址	https：//obamawhitehouse.archives.gov/sites/default/files/microsites/ostp/biosurveillance_roadmap_2013.pdf
编号	A35

续表

标题	Coordinated Framework for Regulation of Biotechnology
年度	1986
来源	U.S. Office of Science and Technology Policy
页数	112
网址	https://www.aphis.usda.gov/brs/fedregister/coordinated_framework.pdf
编号	A36
标题	Modernizing the Regulatory System for Biotechnology Products: Final Version of the 2017 Update to the Coordinated Framework for the Regulation of Biotechnology
年度	2017
来源	U.S. White House
页数	74
网址	https://obamawhitehouse.archives.gov/sites/default/files/microsites/ostp/2017_coordinated_framework_update.pdf
编号	A37
标题	National Biodefense Strategy
年度	2018
来源	U.S. White House
页数	36
网址	https://www.whitehouse.gov/wp-content/uploads/2018/09/National-Biodefense-Strategy.pdf
编号	A38
标题	Engineering Bio-Terror Agents: Lessons from the Offensive U.S. and Russian Biological Weapons Programs
年度	2005
来源	U.S. Committee on Homeland Security
页数	57
网址	https://fas.org/irp/congress/2005_hr/bioterror.pdf
编号	A39

续表

标题	Preventing Proliferation of Biological Weapons：U.S. Assistance to the Former Soviet States
年度	2002
来源	U.S. Congressional Research Service
页数	25
网址	https：//digital.library.unt.edu/ark：/67531/metacrs3667/m1/1/high_res_d/RL31368_2002Apr10.pdf
编号	A40
标题	The National Institutes of Health（NIH）：Organization，Funding，and Congressional Issues
年度	2006
来源	U.S. Congressional Research Service
页数	44
网址	https：//digital.library.unt.edu/ark：/67531/metadc807718/m2/1/high_res_d/RL33695_2008Apr25.pdf
编号	A41
标题	Oversight of Dual-Use Biological Research：The National Science Advisory Board for Biosecurity
年度	2006
来源	U.S. Congressional Research Service（CRS）
页数	16
网址	https：//fas.org/programs/bio/resource/documents/RL33342.pdf
编号	A42
标题	The National Biodefense Analysis and Countermeasures Center：Issues for Congress
年度	2007
来源	U.S. Congressional Research Service（CRS）
页数	18
网址	https：//fas.org/sgp/crs/homesec/RL32891.pdf
编号	A43

续表

标题	The Project BioShield Act：Issues for the 112th Congress
年度	2012
来源	U.S. Congressional Research Service（CRS）
页数	21
网址	https：//fas.org/sgp/crs/terror/R42349.pdf
编号	A44
标题	Federal Research and Development Funding：FY2015
年度	2015
来源	U.S. Congressional Research Service（CRS）
页数	81
网址	https：//fas.org/sgp/crs/misc/R43580.pdf
编号	A45
标题	Biological Response and Recovery Science and Technology Roadmap
年度	2013
来源	U.S. National Science and Technology Council
页数	30
网址	https：//obamawhitehouse.archives.gov/sites/default/files/microsites/ostp/NSTC/brrst_roadmap_2013.pdf
编号	A46
标题	National Strategy for Pandemic Influenza
年度	2005
来源	U.S. Homeland Security Council
页数	17
网址	https：//www.cdc.gov/flu/pandemic-resources/pdf/pandemic-influenza-strategy-2005.pdf
编号	A47
标题	National Strategy for Pandemic Influenza Implementation Plan
年度	2006
来源	U.S. Homeland Security Council
页数	234

续表

网址	https：//www.cdc.gov/flu/pandemic-resources/pdf/pandemic-influenza-implementation.pdf
编号	A48
标题	New Directions：The Ethics of Synthetic Biology and Emerging Technologies
年度	2010
来源	U.S. Presidential Commission for the Study of Bioethical Issues
页数	192
网址	https：//bioethicsarchive.georgetown.edu/pcsbi/sites/default/files/PCSBI-Synthetic-Biology-Report-12.16.10_0.pdf
编号	A49

HHS

标题	HHS Pandemic Influenza Plan
年度	2005
来源	U.S. Department of Health and Human Services（HHS）
页数	396
网址	https：//www.cdc.gov/flu/pandemic-resources/pdf/hhspandemicinfluenzaplan.pdf
编号	B1
标题	Terrorism and Other Public Health Emergencies：A Field Guide for Media
年度	2006
来源	U.S. Department of Health and Human Services（HHS）
页数	10
网址	http：//dhhr.wv.gov/healthprep/about/archives/Documents/HHS%20Media%20Field%20Guide%202006.pdf
编号	B2
标题	HHS Public Health Emergency Medical Countermeasure Enterprise Implementation Plan for Chemical，Biological，Radiological and Nuclear Threats
年度	2007

续表

来源	U.S. Department of Health and Human Services（HHS）
页数	21
网址	https：//www.medicalcountermeasures.gov/barda/documents/phemce_implplan_041607final.pdf
编号	B3
标题	**NIH Guidelines for Research Involving Recombinant or Synthetic Nucleic Acid Molecules（NIH Guidelines）April 2019**
年度	2019
来源	U.S. National Institutes of Health（NIH）
页数	149
网址	https：//osp.od.nih.gov/wp-content/uploads/NIH_Guidelines.pdf
编号	B4
标题	**Biosafety in Microbiological and Biomedical Laboratories 5th Edition（U.S. Department of Health and Human Services）**
年度	2009
来源	U.S. Department of Health and Human Services（HHS）
页数	438
网址	https：//www.cdc.gov/labs/pdf/CDC-BiosafetyMicrobiologicalBiomedicalLaboratories-2009-P.PDF
编号	B5
标题	**Screening Framework Guidance for Providers of Synthetic Double-Stranded DNA**
年度	2010
来源	U.S. Department of Health and Human Services（HHS）
页数	28
网址	https：//www.phe.gov/Preparedness/legal/guidance/syndna/Documents/syndna-guidance.pdf
编号	B6

续表

标题	A Framework for Guiding U.S. Department of Health and Human Services Funding Decisions about Research Proposals with the Potential for Generating Highly Pathogenic Avian Influenza H5N1 Viruses that are Transmissible among Mammals by Respiratory Droplets
年度	2013
来源	U.S. Department of Health and Human Services（HHS）
页数	7
网址	https：//www.phe.gov/s3/dualuse/Documents/funding-hpai-h5n1.pdf
编号	B7
标题	Framework for Guiding Funding Decisions about Proposed Research Involving Enhanced Potential Pandemic Pathogens
年度	2017
来源	U.S. Department of Health and Human Services（HHS）
页数	7
网址	https：//www.phe.gov/s3/dualuse/Documents/p3co.pdf
编号	B8
标题	Dual Use Research of Concern-A Companion Guide
年度	2014
来源	U.S. National Institutes of Health（NIH）
页数	77
网址	https：//www.phe.gov/s3/dualuse/Documents/durc-companion-guide.pdf
编号	B9
标题	NSABB Draft Guidance Documents
年度	2006
来源	U.S. National Science Advisory Board for Biosecurity（NSABB）
页数	26
网址	https：//osp.od.nih.gov/wp-content/uploads/2013/12/NSABB%20Draft%20Guidance%20Documents.pdf
编号	B10
标题	Addressing Biosecurity Concerns Related to the Synthesis of Select Agents
年度	2006

续表

来源	U.S. National Science Advisory Board for Biosecurity（NSABB）
页数	20
网址	https：//osp.od.nih.gov/wp-content/uploads/2013/06/Final_NSABB_Report_on_Synthetic_Genomics.pdf
编号	B11
标题	Proposed Framework for the Oversight of Dual Use Life Sciences Research：Strategies for Minimizing the Potential Misuse of Research Information
年度	2007
来源	U.S. National Science Advisory Board for Biosecurity（NSABB）
页数	65
网址	https：//osp.od.nih.gov/wp-content/uploads/Proposed-Oversight-Framework-for-Dual-Use-Research.pdf
编号	B12
标题	Strategic Plan for Outreach and Education on Dual Use Research Issues
年度	2008
来源	U.S. National Science Advisory Board for Biosecurity（NSABB）
页数	12
网址	https：//osp.od.nih.gov/wp-content/uploads/2014/08/Strategic%20Plan%20for%20Outreach%20and%20Education%20on%20Dual%20Use%20Research%20Issues.pdf
编号	B13
标题	Addressing Biosecurity Concerns Related to Synthetic Biology
年度	2010
来源	U.S. National Science Advisory Board for Biosecurity（NSABB）
页数	39
网址	https：//osp.od.nih.gov/wp-content/uploads/NSABB_SynBio_DRAFT_Report-FINAL-2_6-7-10.pdf
编号	B14
标题	Enhancing Responsible Science-Considerations for the Development and Dissemination of Codes of Conduct for Dual Use Research
年度	2010

续表

来源	U.S. National Science Advisory Board for Biosecurity（NSABB）
页数	153
网址	https：//osp.od.nih.gov/wp-content/uploads/2013/06/COMBINED_Codes_PDFs.pdf
编号	B15
标题	**Strategies to Educate Amateur Biologists and Scientists in Non-life Science Disciplines about Dual Use Research in the Life Sciences**
年度	2011
来源	U.S. National Science Advisory Board for Biosecurity（NSABB）
页数	26
网址	https：//osp.od.nih.gov/wp-content/uploads/2013/06/FinalNSABBReport-AmateurBiologist-NonlifeScientists_June–2011_0.pdf
编号	B16
标题	**Guidance for Enhancing Personnel Reliability and Strengthening the Culture of Responsibility**
年度	2011
来源	U.S. National Science Advisory Board for Biosecurity（NSABB）
页数	94
网址	https：//osp.od.nih.gov/wp-content/uploads/2013/06/CRWG_Report_final.pdf
编号	B17
标题	**Framework for Conducting Risk and Benefit Assessments of Gain-of-Function Research**
年度	2015
来源	U.S. National Science Advisory Board for Biosecurity（NSABB）
页数	28
网址	https：//osp.od.nih.gov/wp-content/uploads/2016/06/NSABB_Final_Report_Recommendations_Evaluation_Oversight_Proposed_Gain_of_Function_Research.pdf
编号	B18

续表

标题	Recommendations for the Evaluation and Oversight of Proposed Gain-of-Function Research
年度	2016
来源	U.S. National Science Advisory Board for Biosecurity（NSABB）
页数	109
网址	https：//osp.od.nih.gov/wp-content/uploads/2016/06/NSABB_Final_Report_Recommendations_Evaluation_Oversight_Proposed_Gain_of_Function_Research.pdf
编号	B19
标题	Risk and Benefit Analysis of Gain of Function Research Final Report
年度	2016
来源	U.S. Gryphon Scientific
页数	1021
网址	http：//gryphonsci.wpengine.com/wp-content/uploads/2018/12/Risk-and-Benefit-Analysis-of-Gain-of-Function-Research-Final-Report–1.pdf
编号	B20
标题	White-Paper Gain-of-Function Research：Ethical Analysis
年度	2016
来源	Michael J. Selgelid
页数	37
网址	https：//osp.od.nih.gov/wp-content/uploads/2013/06/Gain-of-Function_Research_Ethical_Analysis.pdf
编号	B21
标题	Report of the Blue Ribbon Panel to Review the 2014 Smallpox（Variola）Virus Incident on the NIH Campus
年度	2017
来源	U.S. National Institutes of Health（NIH）
页数	50
网址	https：//osp.od.nih.gov/wp-content/uploads/BRP_Final_Report_on_the_Variola_Virus_Incident.pdf
编号	B22

续表

标题	Pandemic Influenza Plan 2017 UPDATE
年度	2017
来源	U.S. Department of Health and Human Services（HHS）
页数	52
网址	https：//www.cdc.gov/flu/pandemic-resources/pdf/pan-flu-report-2017v2.pdf
编号	B23
标题	FY 2018 HHS Agency Financial Report
年度	2018
来源	U.S. Department of Health and Human Services（HHS）
页数	243
网址	https：//www.hhs.gov/sites/default/files/fy-2018-hhs-agency-financial-report.pdf
编号	B24
标题	BARDA Strategic Plan 2011-2016
年度	2011
来源	U.S. Biomedical Advanced Research and Development Authority（BARDA）
页数	20
网址	https：//www.phe.gov/about/barda/Documents/barda-strategic-plan.pdf
编号	B25
标题	Project Bioshield Annual Report to Congress August 2006 - July 2007
来源	U.S. Department of Health and Human Services（HHS）
页数	68
网址	https：//www.medicalcountermeasures.gov/BARDA/documents/bioshieldannualreport2006.pdf
编号	B26
标题	Project BioShield Annual Report to Congress August 2007 through December 2008
来源	U.S. Department of Health and Human Services（HHS）
页数	36

续表

网址	https：//www.medicalcountermeasures.gov/BARDA/documents/bioshieldannualreport 2008.pdf
编号	B27
标题	Project BioShield Annual Report to Congress 2009
来源	U.S. Department of Health and Human Services（HHS）
页数	20
网址	https：//www.medicalcountermeasures.gov/BARDA/documents/2009BioShieldReportFINAL.pdf
编号	B28
标题	Project BioShield Annual Report to Congress January 2010 – December 2010
来源	U.S. Department of Health and Human Services（HHS）
页数	16
网址	https：//www.medicalcountermeasures.gov/BARDA/documents/PBSReport2010.pdf
编号	B29
标题	Project BioShield Annual Report to Congress January 2011 – December 2011
来源	U.S. Department of Health and Human Services（HHS）
页数	16
网址	https：//www.medicalcountermeasures.gov/media/10061/pbs_report_2011_final_9–6–2012.pdf
编号	B30
标题	Project BioShield Annual Report to Congress January 2012 – December 2012
来源	U.S. Department of Health and Human Services（HHS）
页数	16
网址	https：//www.medicalcountermeasures.gov/media/33065/pbs_report_2012_hires_final2_508.pdf
编号	B31
标题	Project BioShield Annual Report January 2013 – December 2013
来源	U.S. Department of Health and Human Services（HHS）
页数	20

续表

网址	https：//www.medicalcountermeasures.gov/media/36765/pbs_report_2013_508.pdf
编号	B32
标题	Project BioShield Annual Report January 2014 – December 2014
年度	—
来源	U.S. Department of Health and Human Services（HHS）
页数	20
网址	https：//www.medicalcountermeasures.gov/media/36816/pbs-report–2014.pdf
编号	B33
标题	Antibiotic Resistance Threats in the United States，2013
年度	2013
来源	U.S. Centers for Disease Control and Prevention（CDC）
页数	114
网址	https：//www.cdc.gov/drugresistance/pdf/ar-threats–2013–508.pdf
编号	B34
标题	2015 Federal Select Agent Program Annual Report
年度	2016
来源	U.S. Centers for Disease Control and Prevention（CDC）/Department of Agriculture（USDA）
页数	32
网址	https：//www.selectagents.gov/resources/FSAP_Annual_Report_2015.pdf
编号	B35
标题	NIAID Strategic Plan for Biodefense Research
年度	2002
来源	U.S. National Institute of Allergy and Infectious Diseases（NIAID）
页数	15
网址	https：//fas.org/biosecurity/resource/documents/NIAID%20Strategic%20Plan%20for%20Biodefense%20Research.pdf
编号	B36

续表

标题	NIAID Biodefense Research Agenda for Category B and C Priority Pathogens Progress Report
年度	2004
来源	U.S. National Institute of Allergy and Infectious Diseases（NIAID）
页数	72
网址	https：//www.niaid.nih.gov/sites/default/files/category_bc_progress_report.pdf
编号	B37
标题	NIAID Biodefense Research Agenda for CDC Category a Agents
年度	2006
来源	U.S. National Institute of Allergy and Infectious Diseases（NIAID）
页数	90
网址	https：//www.niaid.nih.gov/sites/default/files/category_a_progress_report.pdf
编号	B38
标题	NIAID Strategic Plan for Biodefense Research
年度	2007
来源	U.S. National Institute of Allergy and Infectious Diseases（NIAID）
页数	10
网址	https：//www.niaid.nih.gov/sites/default/files/biosp2007.pdf
编号	B39
标题	NIAID Category A，B and C Priority Pathogens
年度	2007
来源	U.S. National Institute of Allergy and Infectious Diseases（NIAID）
页数	2
网址	https：//fas.org/biosecurity/resource/documents/NIAID_priority_pathogens-1-07.pdf
编号	B40
标题	NIAID Strategic Plan 2017
年度	2017

续表

来源	U.S. National Institute of Allergy and Infectious Diseases（NIAID）
页数	33
网址	https：//www.niaid.nih.gov/sites/default/files/NIAIDStrategicPlan2017.pdf
编号	B41
标题	**The Public Health Emergency Medical Countermeasures Enterprise Review**
年度	2010
来源	U.S. Department of Health and Human Services（HHS）
页数	21
网址	https：//www.medicalcountermeasures.gov/media/1138/mcmreviewfinalcover-508.pdf
编号	B42
标题	**2016 Public Health Emergency Medical Countermeasures Enterprise（PHEMCE）Strategy and Implementation Plan**
年度	2017
来源	U.S. Public Health Emergency Medical Countermeasures Enterprise（PHEMCE）
页数	169
网址	https：//www.medicalcountermeasures.gov/media/36937/2016_phemce_sip.pdf
编号	B43

DHS

标题	**National Planning Scenarios**
年度	2005
来源	U.S. Department of Homeland Security（DHS）
页数	157
网址	http：//media.washingtonpost.com/wp-srv/nation/nationalsecurity/earlywarning/NationalPlanningScenariosApril2005.pdf
编号	C1

标题	National Response Framework（NRF）
年度	2008
来源	U.S. Department of Homeland Security（DHS）
页数	90
网址	https：//www.fema.gov/pdf/emergency/nrf/nrf-core.pdf
编号	C2
标题	Emergency Support Function #8 – Public Health and Medical Services Annex
年度	2008
来源	U.S. Department of Homeland Security（DHS）
页数	16
网址	https：//www.fema.gov/media-library-data/20130726–1825–25045–8027/emergency_support_function_8_public_health___medical_services_annex_2008.pdf
编号	C3
标题	Emergency Support Function Annexes：Introduction
年度	2008
来源	U.S. Department of Homeland Security（DHS）
页数	288
网址	https：//www.fema.gov/pdf/emergency/nrf/nrf-esf-intro.pdf
编号	C4
标题	National Incident Management System（Third Edition）
年度	2017
来源	U.S. Department of Homeland Security（DHS）
页数	152
网址	https：//www.fema.gov/media-library-data/1508151197225–ced8c60378c3936adb92c1a3ee6f6564/FINAL_NIMS_2017.pdf
编号	C5

DOD

标题	Strategy for Homeland Defense and Civil Support
年度	2005

续表

来源	U.S. Department of Defense（DOD）
页数	46
网址	https：//fas.org/irp/agency/dod/homeland.pdf
编号	D1
标题	National Military Strategy to Combat Weapons of Mass Destruction
年度	2006
来源	U.S. Chairman of the Joint Chiefs of Staff
页数	31
网址	https：//archive.defense.gov/pdf/NMS-CWMD2006.pdf
编号	D2
标题	Defense Support of Civil Authorities（DSCA）for Domestic Consequence Management（CM）Operations in Response to a Chemical，Biological，Radiological，Nuclear，or High-Yield Explosive（CBRNE）Incident
年度	2009
来源	U.S. Chairman of the Joint Chiefs of Staff
页数	68
网址	https：//fas.org/irp/doddir/dod/cjcsi3125_01b.pdf
编号	D3
标题	Department of Defense Homeland Defense and Civil Support Joint Operating Concept
年度	2007
来源	U.S. Department of Defense（DOD）
页数	124
网址	https：//www.jcs.mil/Portals/36/Documents/Doctrine/concepts/joc_hld.pdf？ ver=2017–12–28–162017–823
编号	D4
标题	Safety Standards for Microbiological and Biomedical Laboratories
年度	2010
来源	U.S. Department of Defense（DOD）
页数	67
网址	https：//www.esd.whs.mil/Portals/54/Documents/DD/issuances/dodm/605518m.pdf？ ver=2019–07–16–073254–057

续表

编号	D5
标题	Chemical，Biological，Radiological，and Nuclear Consequence Management
年度	2016
来源	U.S. Department of Defense Joint Publication
页数	174
网址	https：//www.jcs.mil/Portals/36/Documents/Doctrine/pubs/jp3_41.pdf
编号	D6
标题	Operations in Chemical，Biological，Radiological，and Nuclear Environments
年度	2018
来源	U.S. Department of Defense Joint Publication
页数	143
网址	https：//www.jcs.mil/Portals/36/Documents/Doctrine/pubs/jp3_11.pdf ？ver=2018-12-07-091639-697
编号	D7
标题	Defense Advanced Research Projects Agency Strategic Plan
年度	2003
来源	U.S. Defense Advanced Research Projects Agency（DARPA）
页数	26
网址	https：//www.hsdl.org/？ view&did=1068
编号	D8
标题	Medical Management of Biological Casualties Handbook（Seventh Edition）
年度	2011
来源	United States Army Medical Research Institute of Infectious Diseases USAMRIID
页数	254
网址	https：//www.usamriid.army.mil/education/bluebookpdf/USAMRIID%20BlueBook%207th%20Edition%20-%20Sep%202011.pdf
编号	D9
标题	Chemical Biological Defense Program Strategic Plan
年度	2008
来源	U.S. Department of Defense Chemical and Biological Defense Program（CBDP）

续表

页数	28
网址	https：//apps.dtic.mil/dtic/tr/fulltext/u2/a495871.pdf
编号	D10
标题	Chemical and Biological Defense Annual Report to Congress 2000
年度	2000
来源	U.S. Department of Defense（DOD）
页数	272
网址	https：//archive.defense.gov/pubs/chembio02012000.pdf
编号	D11
标题	Chemical and Biological Defense Annual Report to Congress 2005
年度	2005
来源	U.S. Department of Defense（DOD）
页数	328
网址	https：//fas.org/irp/threat/cbw/cbd-2005.pdf
编号	D12
标题	Chemical and Biological Defense Annual Report to Congress 2006
年度	2006
来源	U.S. Department of Defense（DOD）
页数	334
网址	https：//fas.org/irp/threat/cbdp2006.pdf
编号	D13
标题	Chemical and Biological Defense Annual Report to Congress 2007
年度	2007
来源	U.S. Department of Defense（DOD）
页数	335
网址	https：//fas.org/biosecurity/resource/documents/dod_4-2007_chemical_and_biological_defense_program_annual_report_to_congress.pdf
编号	D14
标题	Chemical and Biological Defense Annual Report to Congress 2008
年度	2008

续表

来源	U.S. Department of Defense（DOD）
页数	108
网址	https：//fas.org/irp/threat/cbw/cbd-2008.pdf
编号	D15
标题	Chemical and Biological Defense Annual Report to Congress 2009
年度	2009
来源	U.S. Department of Defense（DOD）
页数	76
网址	https：//www.hsdl.org/？ abstract&did=37449
编号	D16
标题	Chemical and Biological Defense Annual Report to Congress 2010
年度	2010
来源	U.S. Department of Defense（DOD）
页数	92
网址	https：//www.hsdl.org/？ abstract&did=22672
编号	D17
标题	Chemical and Biological Defense Annual Report to Congress 2013
年度	2013
来源	U.S. Department of Defense（DOD）
页数	40
网址	https：//www.hsdl.org/？ view&did=740744
编号	D18
标题	Chemical and Biological Defense Annual Report to Congress 2014
年度	2014
来源	U.S. Department of Defense（DOD）
页数	37
网址	https：//www.hsdl.org/？ view&did=758323
编号	D19
标题	Chemical and Biological Defense Annual Report to Congress 2015
年度	2015

续表

来源	U.S. Department of Defense（DOD）
页数	32
网址	https：//fas.org/irp/threat/cbw/cbd-2015.pdf
编号	D20
标题	Potential Military Chemical/Biological Agents and Compounds
年度	2005
来源	U.S. Army，Marine Corps，Navy，Air Force
页数	318
网址	https：//fas.org/irp/doddir/army/fm3-11-9.pdf
编号	D21
标题	Report on Biological Warfare Defense Vaccine Research & Development Programs
年度	2001
来源	U.S. Department of Defense（DOD）
页数	190
网址	https：//archive.defense.gov/pubs/Reporton Biological Warfare Defense VaccineRDPrgras-July2001.pdf
编号	D22
标题	Treatment of Biological Warfare Agent Casualties
年度	2000
来源	U.S. Departments of the Army，The Navy，and the Air Force，and Commandant，Marine Corps
页数	115
网址	https：//www.med.navy.mil/directives/Pub/5042.pdf
编号	D23
标题	Next Generation Bioweapons：The Technology of Genetic Engineering Applied to Biowarfare and Bioterrorism
年度	2002
来源	U.S. Air War College
页数	50
网址	https：//fas.org/irp/threat/cbw/nextgen.pdf

续表

编号	D24
标题	Toward a National Biodefense Strategy Challenges and Opportunities
年度	2003
来源	U.S. National Defense University
页数	58
网址	https：//wmdcenter.ndu.edu/Portals/97/Documents/Publications/Articles/Towards-a-National-Biodefense-Strategy1.pdf
编号	D25
标题	Analysis of the Threat of Genetically Modified Organisms for Biological Warfare
年度	2011
来源	U.S. National Defense University
页数	37
网址	https：//ndupress.ndu.edu/Portals/68/Documents/DefenseTechnologyPapers/DTP–082.pdf?ver=2017–06–22–143029–967
编号	D26
标题	The Digitization of Biology：Understanding the New Risks and Implications for Governance
年度	2018
来源	U.S. National Defense University
页数	29
网址	https：//wmdcenter.ndu.edu/Portals/97/Documents/Publications/EC%20research%20paper%20no%203%20–%20DiEuliis%20Bajema%20Lim%20–%20FINAL.pdf?ver=2018–07–09–104517–157
编号	D27

美国其他

标题	Amerithrax Investigative Summary
年度	2010
来源	United States Department of Justice

续表

页数	96
网址	https：//www.justice.gov/archive/amerithrax/docs/amx-investigative-summary.pdf
编号	E1
标题	Cuba's Pursuit of Biological Weapons：Fact or Fiction？
年度	2002
来源	U.S. SENATE
页数	49
网址	https：//www.govinfo.gov/content/pkg/CHRG–107shrg82407/html/CHRG–107shrg82407.htm
编号	E2
标题	Guiding Principles for Biosafety Governance
年度	2017
来源	U.S. Federal Experts Security Advisory Panel
页数	19
网址	https：//www.phe.gov/s3/Documents/FESAP-guiding-principles.pdf
编号	E3
标题	Agricultural Bioterrorism Protection Act of 2002；Listing of Biological Agents and Toxins
年度	2002
来源	Animal and Plant Health Inspection Service，USDA.
页数	13
网址	https：//fas.org/sgp/news/2002/08/fr081202.html
编号	E4
标题	Animal and Plant Health Inspection Service（APHIS）Agricultural Health and Homeland Security Emergency Response Integration Plan
年度	2007
来源	APHIS Emergency Management Leadership Council
页数	42

续表

网址	https：//archive.epa.gov/wastes/homeland/web/pdf/aphis%20 emergency%20integration%20plan%20final%202-1-07.pdf
编号	E5
标题	**Monitoring Select Agent Theft，Loss and Release Reports in the United States—2004—2010**
年度	2012
来源	U.S. Centers for Disease Control and Prevention（CDC）
页数	10
网址	https：//www.selectagents.gov/resources/Monitoring_Select_Agent_Theft_Loss_Release.pdf
编号	E6
标题	**Asymmetric and Terrorist Attacks with Biological Weapons**
年度	2001
来源	U.S.Center for Strategic and International Studies（CSIS）
页数	95
网址	https：//csis-website-prod.s3.amazonaws.com/s3fs-public/legacy_files/files/media/csis/pubs/bioterr010923.pdf
编号	E7
标题	**Biological Warfare and the “Buffy Paradigm”**
年度	2001
来源	U.S.Center for Strategic and International Studies（CSIS）
页数	42
网址	https：//www.peacepalacelibrary.nl/ebooks/files/378071971.pdf
编号	E8
标题	**Weapons of Mass Destruction in India and Pakistan**
年度	2002
来源	U.S.Center for Strategic and International Studies（CSIS）
页数	27
网址	https：//csis-website-prod.s3.amazonaws.com/s3fs-public/legacy_files/files/media/csis/pubs/wmdpakind020202%5B1%5D.pdf
编号	E9

续表

标题	The Biological Weapons Threat and Nonproliferation Options
年度	2006
来源	U.S.Center for Strategic and International Studies（CSIS）
页数	47
网址	https：//csis-website-prod.s3.amazonaws.com/s3fs-public/legacy_files/files/media/csis/pubs/061129_biosurvey.pdf
编号	E10
标题	Iranian Weapons of Mass Destruction：Biological Weapons Programs
年度	2008
来源	U.S.Center for Strategic and International Studies（CSIS）
页数	37
网址	https：//csis-website-prod.s3.amazonaws.com/s3fs-public/legacy_files/files/media/csis/pubs/081028_iranbw_chapterrev.pdf
编号	E11
标题	The Global Forum on Biorisks Toward Effective Management and Governance of Biological Risks
年度	2009
来源	U.S.Center for Strategic and International Studies（CSIS）
页数	28
网址	https：//csis-website-prod.s3.amazonaws.com/s3fs-public/legacy_files/files/publication/100113_Heyman_GlobalForumBiorisks_Web.pdf
编号	E12
标题	A Biological Threat Prevention Strategy
年度	2013
来源	U.S.Center for Strategic and International Studies（CSIS）
页数	32
网址	https：//www.csis.org/analysis/biological-threat-prevention-strategy-complicating-adversary-acquisition-and-misuse
编号	E13

续表

标题	Synthetic Genomics，Options for Governance
年度	2007
来源	U.S. J. Craig Venter Institute
页数	66
网址	https：//www.bio.org/sites/default/files/legacy/bioorg/docs/synthetic-genomics-report.pdf
编号	E14
标题	Synthetic Biology and the U.S. Biotechnology Regulatory System：Challenges and Options
年度	2014
来源	U.S. J. Craig Venter Institute
页数	60
网址	https：//www.jcvi.org/sites/default/files/assets/projects/synthetic-biology-and-the-us-regulatory-system/full-report.pdf
编号	E15
标题	Policy and Regulatory Issues for Gene Drives in Insects Workshop Report
年度	2016
来源	U.S. J. Craig Venter Institute
页数	22
网址	https：//www.jcvi.org/sites/default/files/assets/projects/policy-and-regulatory-issues-for-gene-drives-in-insects/report-complete.pdf
编号	E16
标题	A National Blueprint for Biodefense
年度	2015
来源	U.S. Blue Ribbon Study Panel on Biodefense
页数	102
网址	https：//biodefensecommission.org/wp-content/uploads/2015/10/NationalBluePrintNov2018–03.pdf
编号	E17
标题	BioResponse Report Card
年度	2011

续表

来源	U.S. Bipartisan WMD Terrorism Research Center
页数	73
网址	https：//bio-defensenetwork.com/wp-content/uploads/2015/03/WMD-Center-bio-response-report-card–2011.pdf
编号	E18
标题	**Use of Attribution and Forensic Science in Addressing Biological Weapon Threats：A Multi-Faceted Study**
年度	2016
来源	U.S. Federation of American Scientists
页数	34
网址	https：//fas.org/wp-content/uploads/2016/03/bioattribution-nps-report–3–14.pdf
编号	E19
标题	**Averting the Hostile Exploitation of Biotechnology**
年度	2000
来源	Harvard University
页数	4
网址	http：//www.sussex.ac.uk/Units/spru/hsp/documents/Pages%20from%20cbwcb48.pdf
编号	E20
标题	**Findings from the 2016 Symposium on Export Control of Emerging Biotechnologies**
年度	2017
来源	James Martin Center for Nonproliferation Studies
页数	40
网址	https：//www.nonproliferation.org/wp-content/uploads/2017/04/op26–findings-from-the–2016–symposium-on-export-control-of-emerging-biotechnologies.pdf
编号	E21
标题	**The 1971 Smallpox Epidemic in Aralsk，Kazakhstan，and the Soviet Biological Warfare Program**
年度	2002

续表

来源	Monterey Institute of International Studies
页数	79
网址	https：//www.nonproliferation.org/wp-content/uploads/2014/01/op9.pdf
编号	E22
标题	**Former Soviet Biological Weapons Facilities in Kazakhstan：Past，Present，and Future**
年度	1999
来源	Monterey Institute of International Studies
页数	29
网址	https：//www.nonproliferation.org/former-soviet-biological-weapons-facilities-in-kazakhstan/
编号	E23
标题	**Chemical and Biological Weapons：Current Concepts for Future Defenses**
年度	2005
来源	Johns Hopkins APL Technical Digest
页数	13
网址	https：//www.jhuapl.edu/Content/techdigest/pdf/V26–N04/26–04–Demirev.pdf
编号	E24
标题	**Technologies to Address Global Catastrophic Biological Risks**
年度	2018
来源	Johns Hopkins University
页数	71
网址	https：//www.centerforhealthsecurity.org/our-work/pubs_archive/pubs-pdfs/2018/181009–gcbr-tech-report.pdf
编号	E25
标题	**Biological Weapons in the Former Soviet Union：An Interview with Dr. Kenneth Alibek**
年度	1999
来源	Jonathan B. Tucker
页数	10

续表

网址	https：//www.nonproliferation.org/wp-content/uploads/npr/alibek63.pdf
编号	E26
标题	Biological Weapons：A National Security Problem that Requires a Public Health Response
年度	2001
来源	Princeton University
页数	38
网址	https：//web.archive.org/web/20150907011914/http：//opr.princeton.edu/papers/opr0104.pdf
编号	E27
标题	Analysis of Department of Defense Plans and Responses to Three Potential Anthrax Incidents in March 2005
年度	2016
来源	RNAD
页数	19
网址	https：//www.rand.org/pubs/monographs/MG445z1.html
编号	E28
标题	Homeland Insecurity：Building the Expertise to Defend America from Bioterrorism
年度	2003
来源	The Partnership for Public Service
页数	36
网址	https：//ourpublicservice.org/wp-content/uploads/2003/06/808c968ed0f2786dc78f2257db6cae9d–1414078610.pdf
编号	E29
标题	The U.S. Threat Assessment Process and Oversight for Biological Research at NBACC
年度	2007
来源	University of Maryland
页数	23
网址	https：//drum.lib.umd.edu/bitstream/handle/1903/15982/u.s_threat_assessment_process_and_oversight_of_biological_research_at_nbacc.pdf；sequence=1

续表

编号	E30
标题	National and Transnational Security Implications of Big Data in the Life Sciences
年度	2014
来源	American Association for the Advancement of Science（AAAS）
页数	91
网址	https://www.aaas.org/sites/default/files/AAAS-FBI-UNICRI_Big_Data_Report_111014.pdf
编号	E31
标题	Ethical Issues in Synthetic Biology
年度	2009
来源	Wilson Center
页数	36
网址	https://www.wilsoncenter.org/sites/default/files/media/documents/publication/synbio3.pdf
编号	E32
标题	A Guide for Communicating Synthetic Biology
年度	2014
来源	Wilson Center
页数	28
网址	https://www.wilsoncenter.org/sites/default/files/media/documents/publication/STIP_140909_CommunicatingSynthBio_v1r6.pdf
编号	E33
标题	U.S. Trends in Synthetic Biology Research Funding
年度	2015
来源	Wilson Center
页数	12
网址	https://www.wilsoncenter.org/sites/default/files/media/documents/publication/final_web_print_sept2015.pdf
编号	E34

续表

标题	Digital DNA：The Nagoya Protocol，Intellectual Property Treaties，and Synthetic Biology
年度	2015
来源	Wilson Center
页数	36
网址	https：//www.wilsoncenter.org/sites/default/files/media/documents/publication/digital_dna_final.pdf
编号	E35
标题	The DNA of the U.S. Regulatory System：Are We Getting It Right for Synthetic Biology？
年度	2015
来源	Wilson Center
页数	69
网址	https：//www.wilsoncenter.org/sites/default/files/media/documents/publication/synbio_reg_report_final.pdf
编号	E36
标题	The Synthetic Biology Project at the Wilson Center：Eight Years of Engagement and Analysis
年度	2016
来源	Wilson Center
页数	17
网址	https：//www.wilsoncenter.org/sites/default/files/media/documents/publication/stip_synbio_sloanreport_v2r5.pdf
编号	E37

WHO

标题	Laboratory Biosafety Manual （Third Edition）
年度	2004
来源	WHO
页数	193

网址	https：//www.who.int/csr/resources/publications/biosafety/WHO_CDS_CSR_LYO_2004_11chweb.pdf?ua=1
编号	F1
标题	Public Health Response to Biological and Chemical Weapons WHO Guidance
年度	2004
来源	WHO
页数	357
网址	https：//www.who.int/csr/delibepidemics/biochemguide/en/
编号	F2
标题	国际卫生条例（第三版）
年度	2005
来源	WHO
页数	86
网址	https：//apps.who.int/iris/bitstream/handle/10665/246107/9789245580492-chi.pdf；jsessionid=1DC7117F41E17B1AE0D7AABCB51C2690?sequence=4
编号	F3
标题	WHO Global Influenza Preparedness Plan
年度	2005
来源	WHO
页数	54
网址	https：//www.who.int/csr/resources/publications/influenza/WHO_CDS_CSR_GIP_2005_5.pdf
编号	F4
标题	Biorisk Management Laboratory Biosecurity Guidance
年度	2006
来源	WHO
页数	41
网址	https：//www.who.int/csr/resources/publications/biosafety/WHO_CDS_EPR_2006_6.pdf
编号	F5
标题	Responsible Life Sciences Research for Global Health Security a Guidance Document
年度	2010

续表

来源	WHO
页数	69
网址	https：//apps.who.int/iris/bitstream/handle/10665/70507/WHO_HSE_GAR_BDP_2010.2_eng.pdf?sequence=1
编号	F6
标题	Report of the WHO Informal Consultation on Dual Use Research of Concern
年度	2013
来源	WHO
页数	9
网址	https：//www.who.int/csr/durc/durc_feb2013_full_mtg_report.pdf？ ua=1
编号	F7
标题	An R&D Blueprint for Action to Prevent Epidemics
年度	2016
来源	WHO
页数	34
网址	https：//www.who.int/publications/m/item/an-r-d-blueprint-for-action-to-prevent-epidemics
编号	F8
标题	WHO Consultative Meeting on High/Maximum Containment（Biosafety Level 4）Laboratories Networking Meeting report
年度	2017
来源	WHO
页数	66
网址	https：//apps.who.int/iris/bitstream/handle/10665/311625/WHO-WHE-CPI–2018.40–eng.pdf
编号	F9

BTWC

标题	United States of America Confidence Building Measure 2020
年度	2020

来源	BWC-CBM
页数	172
网址	https：//bwc-ecbm.unog.ch/system/files/form-pdf/bwc_cbm_2020_us.pdf
编号	G1
标题	United Kingdom Confidence Building Measure 2020
年度	2020
来源	BWC-CBM
页数	52
网址	https：//bwc-ecbm.unog.ch/system/files/form-pdf-auto-public/10727_bwc_cbm_2020_united_kingdom-public.pdf
编号	G2
标题	Canada Confidence Building Measure 2020
年度	2020
来源	BWC-CBM
页数	48
网址	https：//bwc-ecbm.unog.ch/system/files/form-pdf/bwc_cbm_2020_canada_en.pdf
编号	G3
标题	Germany Confidence Building Measure 2020
年度	2020
来源	BWC-CBM
页数	39
网址	https：//bwc-ecbm.unog.ch/system/files/form-pdf-auto-public/10697_bwc_cbm_2020_germany-public.pdf
编号	G4
标题	Japan Confidence Building Measure 2020
年度	2020
来源	BWC-CBM
页数	13
网址	https：//bwc-ecbm.unog.ch/system/files/form-pdf/bwc_cbm_2020_japan.pdf
编号	G5

续表

标题	Netherlands Confidence Building Measure 2020
年度	2020
来源	BWC-CBM
页数	33
网址	https：//bwc-ecbm.unog.ch/system/files/form-pdf/bwc_cbm_2020_netherlands.pdf
编号	G6
标题	New Zealand Confidence Building Measure 2020
年度	2020
来源	BWC-CBM
页数	8
网址	https：//bwc-ecbm.unog.ch/system/files/form-pdf/bwc_cbm_2020_new_zealand.pdf
编号	G7
标题	Slovak Republic Confidence Building Measure 2020
年度	2020
来源	BWC-CBM
页数	15
网址	https：//bwc-ecbm.unog.ch/system/files/form-pdf/bwc_cbm_2020_slovakia.pdf
编号	G8
标题	Sweden Confidence Building Measure 2020
年度	2020
来源	BWC-CBM
页数	20
网址	https：//bwc-ecbm.unog.ch/system/files/form-pdf/bwc_cbm_2020_sweden.pdf
编号	G9
标题	Switzerland Confidence Building Measure 2020
年度	2020

续表

来源	BWC-CBM
页数	65
网址	https：//bwc-ecbm.unog.ch/system/files/form-pdf/bwc_cbm_2020_switzerland.pdf
编号	G10
标题	**The Biological Weapons Convention and Dual Use Life Science Research**
来源	BWC-Implementation Support Unit
页数	27
网址	https：//www.unog.ch/80256EDD006B8954/（httpAssets）/B95E511B8594F310C1257B1D0041A5D6/$file/BWC+DURC+Background+paper.pdf
编号	G11
标题	**Scientific and Technological Developments that May Be Relevant to the Convention**
来源	BWC-Implementation Support Unit
页数	31
网址	https：//www.unog.ch/80256EDD006B8954/（httpAssets）/60DF13D6F1C36120C1257935003301CB/$file/Scientific+and+Technological+Developments+that+may+be+Relevant+to+the+Convention+-+no+refs.pdf
编号	G12
标题	**Scientific and Technological Challenges to the BTWC**
年度	2006
来源	Kathryn Nixdorff
页数	23
网址	https：//www.jstor.org/stable/pdf/resrep06955.7.pdf
编号	G13
标题	**Convergence of Chemistry and Biology**
年度	2014
来源	Organisation for the Prohibition of Chemical Weapons
页数	45
网址	https：//www.opcw.org/sites/default/files/documents/SAB/en/TWG_Scientific_Advsiory_Group_Final_Report.pdf
编号	G14

欧盟

标题	Directive 2000/54/EC of the European Parliament and of the Council of 18 September2000 on the Protection of Workers from Risks Related to Exposure to Biological Agents at Work
年度	2000
来源	European Parliament
页数	25
网址	https：//eur-lex.europa.eu/LexUriServ/LexUriServ.do?uri=OJ：L：2000：262：0021：0045：EN：PDF
编号	H1
标题	Directive 2001/18/EC of the European Parliament and of the Council of 12 March 2001 on the Deliberate Release into the Environment of Genetically Modified Organisms and Repealing Council Directive 90/220/EEC
年度	2001
来源	European Parliament
页数	38
网址	https：//eur-lex.europa.eu/legal-content/EN/TXT/?uri=CELEX：32001L0018
编号	H2
标题	Directive 2009/41/EC of the European Parliament and of the Council of 6 May 2009 on the Contained Use of Genetically Modified Micro-Organisms
年度	2009
来源	European Parliament
页数	23
网址	https：//eur-lex.europa.eu/LexUriServ/LexUriServ.do?uri=OJ：L：2009：125：0075：0097：EN：PDF
编号	H3
标题	The Genetically Modified Organisms（Contained Use）Regulations 2014
年度	2014
来源	Health and Safety Executive，UK
页数	78

续表

网址	https：//www.hse.gov.uk/pubns/priced/l29.pdf
编号	H4
标题	Interim Document：Technical Guidance on Generic Preparedness Planning for Public Health Emergencies
年度	2005
来源	European Union
页数	81
网址	https：//ec.europa.eu/health/ph_threats/Bioterrorisme/keydo_bio_01_en.pdf
编号	H5
标题	Commission Working Paper on Community Influenza Pandemic Preparedness and Response Planning
年度	2004
来源	Commission of the European Communities
页数	28
网址	https：//op.europa.eu/en/publication-detail/-/publication/85faf155–d285–45c8–8485–3a2244a1f628/language-en
编号	H6
标题	Gain of Function：Experimental Applications Relating to Potentially Pandemic Pathogens
年度	2015
来源	European Academies’ Science Advisory Council
页数	45
网址	https：//www.academies.fi/wp-content/uploads/2015/11/EASAC-Gain-of-Function-report-Oct15.pdf
编号	H7
标题	Antimicrobial Resistance Surveillance in Europe
年度	2015
来源	European Centre for Disease Prevention and Control（ECDC）
页数	120
网址	https：//www.ecdc.europa.eu/sites/portal/files/media/en/publications/Publications/antimicrobial-resistance-europe–2015.pdf

续表

编号	H8
标题	Ethics of Synthetic Biology
年度	2009
来源	European Commission
页数	89
网址	https：//op.europa.eu/en/publication-detail/-/publication/c9b00815-2268-4ba7-bdfe-59d96dfb1f5d
编号	H9
标题	Biotechnology Report
年度	2010
来源	European Commission
页数	385
网址	https：//ec.europa.eu/commfrontoffice/publicopinion/archives/ebs/ebs_341_en.pdf
编号	H10
标题	Opinion on Synthetic Biology I Definition
年度	2014
来源	European Commission
页数	67
网址	https：//ec.europa.eu/health/scientific_committees/emerging/docs/scenihr_o_044.pdf
编号	H11
标题	Opinion on Synthetic Biology Ⅱ Risk Assessment Methodologies and Safety Aspects
年度	2015
来源	European Commission
页数	65
网址	https：//ec.europa.eu/health/scientific_committees/emerging/docs/scenihr_o_048.pdf
编号	H12

续表

标题	Final Opinion on Synthetic Biology Ⅲ：Risks to the Environment and Biodiversity Related to Synthetic Biology and Research Priorities in the Field of Synthetic Biology
年度	2015
来源	European Commission
页数	64
网址	https：//ec.europa.eu/health/scientific_committees/emerging/docs/scenihr_o_050.pdf
编号	H13
标题	UK Biological Security Strategy
年度	2018
来源	UK Government
页数	48
网址	https：//assets.publishing.service.gov.uk/government/uploads/system/uploads/attachment_data/file/730213/2018_UK_Biological_Security_Strategy.pdf
编号	H14
标题	A Synthetic Biology Roadmap for the UK
年度	2012
来源	UK Synthetic Biology Roadmap Coordination Group
页数	19
网址	https：//admin.ktn-uk.co.uk/app/uploads/2016/12/Synthetic-Biology-Roadmap-Report.pdf
编号	H15

其他

标题	The Role of Scientific Discovery in the Establishment of the First Biological Weapons Programmes
年度	2005
来源	Bradford Science and Technology Report
页数	25

续表

网址	https：//core.ac.uk/reader/135022
编号	I1
标题	The Bradford Non-Lethal Weapons Research Project
年度	2003
来源	University of Bradford
页数	51
网址	http：//www.chemtrailplanet.com/PDF/bradford%20non%20lethal%20weapons.pdf
编号	I2
标题	Non-Lethal Technologies-an Overview
年度	2005
来源	University of Bradford
页数	15
网址	http：//piohelp.ru/myfiles/acoustic/pdf-art2217.pdf
编号	I3
标题	Synthetic Biology & Biosecurity Awareness in Europe
年度	2007
来源	University of Bradford
页数	32
网址	https：//core.ac.uk/download/pdf/135089.pdf
编号	I4
标题	Syria's Chemical and Biological Weapons：Assessing Apabilities and Motivations
年度	1997
来源	Nonproliferation Review
页数	8
网址	http：//www.nonproliferation.org/wp-content/uploads/npr/diab51.pdf
编号	I5
标题	The South Afican Chemical and Biological Warfare Program an Overriew
年度	2000

续表

来源	Nonproliferation Review
页数	14
网址	https：//www.nonproliferation.org/wp-content/uploads/npr/73gould.pdf
编号	I6
标题	**Israel and Chemical/Biological Weapons：History，Deterrence，and Arms Control**
年度	2001
来源	Nonproliferation Review
页数	27
网址	https：//www.nonproliferation.org/wp-content/uploads/npr/83cohen.pdf
编号	I7
标题	**The Soviet Union，Russia，and the Biological and Toxin Weapons Convention**
年度	2011
来源	Nonproliferation Review
页数	11
网址	https：//www.nonproliferation.org/wp-content/uploads/npr/81moodie.pdf
编号	I8
标题	**An Introduction to Biological Weapons，Their Prohibition，and the Relationship to Biosafety**
年度	2002
来源	Sunshine Project
页数	21
网址	http：//www.ogmdangers.org/enjeu/philosophique/science/document/arme_genetique/bk10en.pdf
编号	I9
标题	**Non-Lethal Weapons Research in the US：Genetically Engineered Anti-Material Weapons**
年度	2002
来源	Sunshine Project
页数	8

续表

网址	https：//targetedindividualscanada.files.wordpress.com/2010/06/non-lethal-weapons-research-in-the-us–2002.pdf
编号	I10
标题	Emerging Technologies：Genetic Engineering and Biological Weapons
年度	2005
来源	Sunshine Project
页数	53
网址	http：//www.agenda21–treffpunkt.de/archiv/03/11/EmergingBiotech-sun.pdf
编号	I11
标题	Biotechnology and the Future of the Biological and Toxin Weapons Convention
年度	2001
来源	Stockholm International Peace Research Institute（SIPRI）
页数	12
网址	https：//www.sipri.org/sites/default/files/files/FS/SIPRIFS0111.pdf
编号	I12
标题	Countering Bio-threats EU Instruments for Managing Biological Materials，Technology and Knowledge SIPRI Policy Paper No. 19
年度	2007
来源	Stockholm International Peace Research Institute（SIPRI）
页数	46
网址	https：//www.sipri.org/sites/default/files/files/PP/SIPRIPP19.pdf
编号	I13
标题	Chemical and Biochemical Non-Lethal Weapons Political and Technical Aspects
年度	2008
来源	Stockholm International Peace Research Institute（SIPRI）
页数	50
网址	https：//www.sipri.org/sites/default/files/files/PP/SIPRIPP23.pdf
编号	I14

续表

标题	Hand Book of Applied Biosecurity for Life Science Laboratories
年度	2009
来源	Stockholm International Peace Research Institute（SIPRI）
页数	36
网址	https：//www.sipri.org/sites/default/files/files/misc/SIPRI09HAB.pdf
编号	I15
标题	Science and Technology and Their Impacts on the Biological and Toxin Weapons Convention
年度	2011
来源	Stockholm International Peace Research Institute（SIPRI）
页数	47
网址	https：//www.sipri.org/sites/default/files/Science-Technology-Impacts-Biological-Toxin-Weapons-Convention.pdf
编号	I16
标题	Reassessing CBRN Threats in a Changing Global Environment
年度	2019
来源	Stockholm International Peace Research Institute（SIPRI）
页数	66
网址	https：//www.sipri.org/sites/default/files/2019-06/1906_cbrn_threats_su_anthony_0.pdf
编号	I17
标题	Emerging Dual-Use Technologies in the Life Sciences：Challenges and Policy
年度	2019
来源	Stockholm International Peace Research Institute（SIPRI）
页数	16
网址	https：//sipri.org/sites/default/files/2019-11/eunpdc_no_64.pdf
编号	I18
标题	Arms Control and the Convergence of Biology and Emerging Technologies
年度	2019
来源	Stockholm International Peace Research Institute（SIPRI）

续表

页数	56
网址	https：//www.sipri.org/sites/default/files/2019-03/sipri2019_bioplusx_0.pdf
编号	I19
标题	Cartagena Protocol on Biosafety to the Convention on Biological Diversity
年度	2000
来源	Secretariat of the Convention on Biological Diversity World Trade Centre
页数	19
网址	https：//www.cbd.int/doc/legal/cartagena-protocol-en.pdf
编号	J1
标题	Genetically Engineered Virus-Vectored Vaccines–Environmental Risk Assessment and Management Challenges
年度	2012
来源	Anne Ingeborg Myhr and Terje Traavik
页数	26
网址	http：//genok.no/wp-content/uploads/2013/04/InTech-Genetically_engineered_virus_vectored_vaccines_environmental_risk_assessment_and_management_challenges2.pdf
编号	J2
标题	Prohibition of Human Cloning for Reproduction Act 2002
年度	2002
来源	Australia
页数	30
网址	https：//www.legislation.gov.au/Details/C2017C00306
编号	J3
标题	Regulations and Guidelines on Biosafety of Recombinant DNA Research and Biocontainment
年度	2017
来源	India
页数	195

续表

网址	https：//rcb.res.in/upload/Biosafety_Guidelines.pdf
编号	J4
标题	**Bioethics and Biosafety Act**
年度	2005
来源	Republic of Korea
页数	23
网址	https：//mbbnet.ahc.umn.edu/scmap/KoreanBioethics.pdf
编号	J5
标题	**Dangerous Science：Science Policy and Risk Analysis for Scientists and Engineers**
年度	2020
来源	Ubiquity Press
页数	164
网址	https：//library.oapen.org/handle/20.500.12657/22397
编号	J6
标题	**Synthetic Biology-Ethical Considerations**
年度	2010
来源	Federal Ethics Committee on Non-Human Biotechnology，Swiss Confederation
页数	32
网址	https：//www.ekah.admin.ch/inhalte/ekah-dateien/dokumentation/publikationen/e-Synthetische_Bio_Broschuere.pdf
编号	J7
标题	**The Ethics of Synthetic Biology：Next Steps and Prior Questions**
年度	2014
来源	Hastings Center Report
页数	23
网址	https：//www.onlinelibrary.wiley.com/doi/pdf/10.1002/hast.392
编号	J8

续表

标题	Synthetic Biology as a New Threat to Biosecurity. Is There a Road to Suitable Governance？
年度	2015
来源	Ilaria Anna Colussi
页数	27
网址	https：//pdfs.semanticscholar.org/4ef2/9a71f3359d5fada59f028015373310b5e40f.pdf
编号	J9
标题	The Principles for the Oversight of Synthetic Biology
年度	2005
来源	International Center for Technology Assessment
页数	20
网址	http：//www.icta.org/files/2016/09/ICTA_Principles_Oversight-Synthetic-Biology.pdf
编号	J10
标题	Guidelines for the Appropriate Risk Governance of Synthetic Biology
年度	2010
来源	International Risk Governance Council
页数	52
网址	https：//irgc.org/wp-content/uploads/2018/09/irgc_SB_final_07jan_web.pdf
编号	J11
标题	Synthetic Biology and Biosecurity：How Scared Should We Be？
年度	2014
来源	King' s College London
页数	62
网址	https：//openaccess.city.ac.uk/id/eprint/16093/1/Jefferson%20et%20al%202014%20Synthetic%20Biology%20and%20Biosecurity%20Low%20Res.pdf
编号	J12

续表

标题	The Regulation of Synthetic Biology a Guide to United States and European Union Regulations，Rules and Guidelines
年度	2012
来源	SynBERC and iGEM
页数	31
网址	http：//biologie-synthese.cnam.fr/medias/fichier/concise-guide-to-synbio-regulation-oye-jan–2012–0_1379430776509.pdf
编号	J13
标题	Synthetic Biology Dialogue
年度	2010
来源	TNS BMRB，UK
页数	90
网址	https：//bbsrc.ukri.org/documents/1006–synthetic-biology-dialogue-pdf/
编号	J14
标题	Synthetic Biology Social and Ethical Challenges
年度	2008
来源	University of Nottingham
页数	36
网址	https：//med.stanford.edu/content/dam/sm/cirge/documents/activities/journalclubs/0806_synthetic_biology.pdf
编号	J15
标题	Incapacitating Biochemical Weapons Science，Technology，and Policy for the 21st Century
年度	2006
来源	Alan Pearson
页数	38
网址	https：//fas.org/biosecurity/resource/documents/132pearson.pdf
编号	J16
标题	Biological Weapons and the New Genetics
年度	2000
来源	Gene Watch UK

续表

页数	4
网址	http：//www.genewatch.org/uploads/f03c6d66a9b354535738483c1c3d49e4/Bio1.pdf
编号	J17
标题	Concepts of Offensive Use of Biological Weapons
年度	2006
来源	John-Erik Stig Hansen
页数	9
网址	https：//krigsvidenskab.dk/emne/concepts-offensive-use-biological-weapons
编号	J18
标题	Scientific and Technological Change and the Future of the CWC：The Problem of non-Lethal Weapons
年度	2002
来源	Malcolm DANDO
页数	12
网址	https：//www.peacepalacelibrary.nl/ebooks/files/UNIDIR_pdf-art1824.pdf
编号	J19
标题	New Technology and Future Developments in Biological Warfare
年度	2000
来源	Mark WHEELIS and Malcolm DANDO
页数	8
网址	https：//www.peacepalacelibrary.nl/ebooks/files/UNIDIR_pdf-art115.pdf
编号	J20
标题	Biological Weapons and “Bioterrorism” in the First Years of the 21st Century
年度	2002
来源	Milton Leitenberg
页数	115
网址	https：//fas.org/programs/bio/resource/documents/21centurybw.pdf

续表

编号	J21
标题	Deadly Unknowns about Iraq's Biological Weapons Program
年度	2000
来源	Milton Leitenberg
页数	5
网址	https：//isis-online.org/publications/iraq/leitenberg.html
编号	J22
标题	Assessing the Biological Weapons and Bioterrorism Threat
年度	2005
来源	Milton Leitenberg
页数	125
网址	https：//www.globalsecurity.org/wmd/library/report/2005/ssi_leitenberg.pdf
编号	J23
标题	Biological Weapons as a Strategic Threat
年度	2001
来源	Public Health Reports
页数	4
网址	https：//journals.sagepub.com/doi/pdf/10.1093/phr/116.S2.5
编号	J24
标题	South Africa's chemical and Biological Warfare Programme 1981–1995
年度	2005
来源	Rhodes University
页数	350
网址	https：//core.ac.uk/reader/145054998
编号	J25
标题	Transparency in Past Offensive Biological Weapon Programmes an Analysis of Confidence Building Measure Form F 1992–2003
年度	2006
来源	Nicolas Isla

续表

页数	43
网址	http：//www.biological-arms-control.org/publications/FormF_1992–2003.pdf
编号	J26
标题	The “Yellow Rain” Controversy：Are There Lessons from the Past？
年度	2008
来源	Asian Biomedicine
页数	9
网址	https：//www.researchgate.net/publication/279640502_The_Yellow_Rain_controversy_Are_there_lessons_from_the_past/link/55b97d4808ae9289a09001cd/download
编号	J27
标题	Constructing Life：Early Social Reflections on the Emerging Field of Synthetic Biology
年度	2006
来源	Rathenau Institute
页数	88
网址	https：//pure.knaw.nl/ws/portalfiles/portal/478922/WED97_Constructing_Life_2006.pdf
编号	J28
标题	Banning Biological Weapons National Legislation in Africa
年度	2005
来源	African Security Review
页数	10
网址	http：//www.vertic.org/media/assets/nim_docs/background%20articles/Banning%20Biological%20Weapons_national%20legislation%20in%20Africa.pdf
编号	J29
标题	Medical Aspects of Chemical and Biological Terrorism
年度	2004
来源	Alexander Monov and Christophor Dishovski

续表

页数	243
网址	https：//core.ac.uk/display/20797498
编号	J30
标题	Report of Pneumonic Tularemia in Three Boston University Researchers
年度	2005
来源	Boston Public Health Commission
页数	15
网址	https：//www.cbc.arizona.edu/sites/cbc.arizona.edu/files/Boston_Univerity_Tularemia_report_2005.pdf
编号	J31
标题	Biotechnology in Developing Countries：Growth and Competitiveness
年度	2016
来源	CAS-TWAS
页数	234
网址	http：//english.im.cas.cn/ns/es/201611/W020161115403490152491.pdf
编号	J32
标题	Bioterrorism or Natural Disasters：What Shall We Worry about Next？
年度	2007
来源	Charles H. Calisher
页数	5
网址	https：//www.ncbi.nlm.nih.gov/pmc/articles/PMC2080551/pdf/CroatMedJ_48_0574.pdf
编号	J33
标题	Health Security Challenges：Biological Weapons and Pandemic Influenza
年度	2007
来源	Christian Enemark
页数	13
网址	https：//kokodafoundation.wildapricot.org/Resources/Files/vol3no3Enemark.pdf
编号	J34

续表

标题	Biodefense Research Supporting the DOD：A New Strategic Vision
年度	2007
来源	Coleen K. Martinez
页数	44
网址	https：//www.jstor.org/stable/pdf/resrep11238.pdf？refreqid=excelsior%3Aff40f9a3c9ddbbe3434aa1f876feac61
编号	J35
标题	North Korea's Chemical and Biological Weapons Programs
年度	2009
来源	Crisis Group Asia Report
页数	36
网址	https：//www.files.ethz.ch/isn/102273/167_north_koreas_chemical_biological_weapons_programs.pdf
编号	J36
标题	Chemical and Biological Weapons in Egypt
年度	1998
来源	Dany Shoham
页数	11
网址	https：//www.nonproliferation.org/wp-content/uploads/npr/shoham53.pdf
编号	J37
标题	Bioterrorism-Health Emergency Preparedness and Response
年度	2003
来源	Douglas W MacPherson
页数	4
网址	https：//www.ncbi.nlm.nih.gov/pmc/articles/PMC2791430/pdf/pch08093.pdf
编号	J38
标题	International Biodefense Handbook 2007
年度	2007

续表

来源	ETH Zurich
页数	437
网址	https：//www.files.ethz.ch/isn/31146/Biodefense_HB.pdf
编号	J39
标题	**The Role of the New Russian Anti-Bioterrorism Centres**
年度	2006
来源	Russian FOI
页数	84
网址	https：//www.foi.se/rest-api/report/FOI-R—1971—SE
编号	J40
标题	**The Cartagena Protocol on Biosafety：An analysis of results**
年度	2000
来源	International Institute for Sustainable Development
页数	17
网址	https：//www.iisd.org/pdf/biosafety.pdf
编号	J41
标题	**Covert Biological Weapons Attacks Against Agricultural Targets：**
年度	2001
来源	Jason Pate and Gavin Cameron.
页数	30
网址	https：//www.belfercenter.org/sites/default/files/legacy/files/covert_biological_weapons_attacks_against_agricultural_targets.pdf
编号	J42
标题	**Dreaded Risks and the Control of Biological Weapons**
年度	2003
来源	Jessica Stern
页数	35
网址	https：//www.mitpressjournals.org/doi/10.1162/01622880260553642
编号	J43

续表

标题	Biological Warfare-Perspectives from Premodern History
年度	2005
来源	Karl-Heinz Leven
页数	7
网址	https：//www.leopoldina.org/uploads/tx_leopublication/Probe344Bd92.pdf
编号	J44
标题	Biotechnology and Biochemical Weapons
年度	2002
来源	Mark Wheelis
页数	6
网址	https：//www.nonproliferation.org/wp-content/uploads/npr/91whee.pdf
编号	J45
标题	Preventing the Next Attack：An Examination of Policy Issues Brought to Light by the Rajneesh Bioterrorist Attack in Oregon in 1984
年度	2005
来源	Public Policy in Global Health and Medical Practice
页数	18
网址	https：//csimpp.gmu.edu/pdfs/student_papers/2005/fall05_04.pdf
编号	J46
标题	Nature’s Bioterrorist
年度	2005
来源	The Newyorker
页数	12
网址	https：//www.newyorker.com/magazine/2005/02/28/natures-bioterrorist–2
编号	J47

三、出版图书

Elsevier

书名	Safety in Industrial Microbiology and Biotechnology
作者	C.H. COLLINS，A.J. BEALE
出版社	Elsevier
年度	1992
页数	268
网址	https：//www.sciencedirect.com/book/9780750611053/safety-in-industrial-microbiology-and-biotechnology
编号	A1
书名	Biotechnology and Safety Assessment
作者	John A. Thomas，Roy L. Fuchs
出版社	Elsevier
年度	2003
页数	400
网址	https：//www.sciencedirect.com/book/9780126887211/biotechnology-and-safety-assessment
编号	A2
书名	Ensuring National Biosecurity Institutional Biosafety Committees
作者	Carole R. Baskin，Alan P. Zelicoff
出版社	Elsevier
年度	2016
页数	270
网址	https：//www.sciencedirect.com/book/9780128018859/ensuring-national-biosecurity
编号	A3

续表

书名	Biosecurity and Bioterrorism-Containing and Preventing Biological Threats Second Edition
作者	Jeffrey R. Ryan
出版社	Elsevier
年度	2016
页数	392
网址	https：//www.sciencedirect.com/book/9780128020296/biosecurity-and-bioterrorism
编号	A4
书名	An Introduction to Ethical，Safety and Intellectual Rights Issues in Biotechnology
作者	Padma Nambisan
出版社	Elsevier
年度	2017
页数	392
网址	https：//www.sciencedirect.com/book/9780128092316/an-introduction-to-ethical-safety-and-intellectual-property-rights-issues-in-biotechnology
编号	A5
书名	Handbook on Biological Warfare Preparedness
作者	S.J.S Flora，Vidhu Pachauri
出版社	Elsevier
年度	2019
页数	306
网址	https：//www.sciencedirect.com/book/9780128120262/handbook-on-biological-warfare-preparedness
编号	A6

Springer

书名	The Role of Biotechnology in Countering BTW Agents
作者	Alexander Kelle，Malcolm R. Dando，Kathryn Nixdorff
出版社	Springer

续表

年度	2001
页数	336
网址	https：//link.springer.com/book/10.1007/978-94-010-0775-7
编号	B1
书名	Bioterrorism and Infectious Agents：A New Dilemma for the 21st Century
作者	W. Fong，Kenneth Alibek
出版社	Springer
年度	2005
页数	284
网址	https：//link.springer.com/book/10.1007%2Fb102143
编号	B2
书名	The Evolution of Biotechnology from Natufians to Nanotechnology
作者	Martina Newell-McGloughlin，Edward Re
出版社	Springer
年度	2006
页数	262
网址	https：//www.springer.com/gp/book/9781402051487
编号	B3
书名	Risk Assessment and Risk Communication Strategies in Bioterrorism Preparedness
作者	Manfred S. Green，Jonathan Zenilman，Dani Cohen，Itay Wiser，Ran D. Balicer
出版社	Springer
年度	2007
页数	248
网址	https：//link.springer.com/book/10.1007/978-1-4020-5808-0
编号	B4
书名	Ethical and Philosophical Consideration of the Dual-Use Dilemma in the Biological Sciences
作者	Miller，Seumas，Selgelid，Michael J.
出版社	Springer

续表

年度	2008
页数	76
网址	https：//www.springer.com/gp/book/9781402083112
编号	B5
书名	Use of Microbes for Control and Eradication of Invasive Arthropods
作者	Ann Hajek，Travis Glare，Maureen O’Callaghan
出版社	Springer
年度	2009
页数	366
网址	https：//www.springer.com/gp/book/9781402085598
编号	B6
书名	Transgenic Crop Plants Volume 2：Utilization and Biosafety
作者	Kole C.，Michler C.，Abbott A.G.，Hall T.C.
出版社	Springer
年度	2010
页数	487
网址	https：//www.springer.com/gp/book/9783642048111+F61：J61
编号	B7
书名	Regulation of Agricultural Biotechnology：The United States and Canada
作者	Wozniak，Chris A.，McHughen，Alan
出版社	Springer
年度	2012
页数	396
网址	https：//www.springer.com/gp/book/9789400721555
编号	B8
书名	Biotechnology：Prospects and Applications
作者	R.K. Salar，S.K. Gahlawat，P. Siwach，J.S. Duhan
出版社	Springer
年度	2013

续表

页数	313
网址	https：//link.springer.com/book/10.1007/978–81–322–1683–4
编号	B9
书名	**Biotechnology and Bioforensics**
作者	Amit Kumar
出版社	Springer
年度	2015
页数	100
网址	https：//link.springer.com/book/10.1007/978–981–287–050–6
编号	B10
书名	**Biosafety of Forest Transgenic Trees**
作者	Cristina Vettori，Fernando Gallardo，Hely Häggman，Vassiliki Kazana，Fabio Migliacci，Gilles Pilate，Matthias Fladung
出版社	Springer
年度	2016
页数	342
网址	https：//link.springer.com/book/10.1007%2F978–94–017–7531–1
编号	B11
书名	**Biotechnology Regulation and Trade**
作者	Stuart J. Smyth，William A. Kerr，Peter W. B. Phillips
出版社	Springer
年度	2017
页数	286
网址	https：//link.springer.com/book/10.1007%2F978–3–319–53295–0
编号	B12
书名	**Defence Against Bioterrorism-Methods for Prevention and Control**
作者	Radosavljevic，Vladan，Banjari，Ines，Belojevic，Goran
出版社	Springer
年度	2018
页数	272

续表

网址	https：//www.springer.com/gp/book/9789402412628
编号	B13
书名	Dual Use Science and Technology，Ethics and Weapons of Mass Destruction
作者	Seumas Miller
出版社	Springer
年度	2018
页数	126
网址	https：//link.springer.com/book/10.1007/978-3-319-92606-3
编号	B14
书名	Insecurity and Emerging Biotechnology
作者	Brett Edwards
出版社	Springer
年度	2019
页数	99
网址	https：//link.springer.com/book/10.1007%2F978-3-030-02188-7
编号	B15
书名	Regulation of Genome Editing in Plant Biotechnology
作者	Hans-Georg Dederer，David Hamburger
出版社	Springer
年度	2019
页数	372
网址	https：//www.springer.com/gp/book/9783030171186
编号	B16

Wiley

书名	Bioethics for Scientists
作者	John Bryant，Dr Linda Baggott la Velle，Revd Dr John Searle
出版社	Wiley

续表

年度	2002
页数	358
网址	https：//onlinelibrary.wiley.com/doi/book/10.1002/0470846593
编号	C1
书名	Bioterrorism Preparedness：Medicine-Public Health-Policy
作者	Nancy Khardori
出版社	Wiley
年度	2006
页数	275
网址	https：//onlinelibrary.wiley.com/doi/book/10.1002/3527608133
编号	C2
书名	Terrorism and Counter–Terrorism：Ethics and Liberal Democracy
作者	Seumas Miller
出版社	Wiley
年度	2008
页数	234
网址	https：//onlinelibrary.wiley.com/doi/book/10.1002/9781444302837
编号	C3
书名	Decontamination of Warefare Agents
作者	André Richardt，Marc-Michael Blum
出版社	Wiley
年度	2008
页数	311
网址	https：//onlinelibrary.wiley.com/doi/pdf/10.1002/9783527621620.fmatter
编号	C4
书名	Modern Biotechnology-Connecting Innovations in Microbiology and Biochemistry to Engineering Fundamentals
作者	Nathan S. Mosier，Michael R. Ladisch
出版社	Wiley
年度	2009

续表

页数	464
网址	https://onlinelibrary.wiley.com/doi/book/10.1002/9780470473412
编号	C5
书名	**Working in Biosafety Level 3 and 4 Laboratories-A Practical Introduction**
作者	Manfred Weidmann，Nigel Silman，Patrick ButayeMandy Elschner
出版社	Wiley
年度	2013
页数	148
网址	https://onlinelibrary.wiley.com/doi/book/10.1002/9783527675357
编号	C6
书名	**Biosecurity-Understanding，Assessing，and Preventing the Threat**
作者	Ryan Burnette
出版社	Wiley
年度	2013
页数	309
网址	https://onlinelibrary.wiley.com/doi/book/10.1002/9781118769119
编号	C7
书名	**Biological Weapons-Recognizing，Understanding，and Responding to the Threat**
作者	Kristy Young Johnson，Paul Matthew Nolan
出版社	Wiley
年度	2016
页数	360
网址	https://www.wiley.com/en-us/Biological+Weapons%3A+Recognizing%2C+Understanding%2C+and+Responding+to+the+Threat-p-9781118830598
编号	C8
书名	**Foundations of Homeland Security-Law and Policy 2nd Edition**
作者	Martin J. Alperen
出版社	Wiley
年度	2017
页数	512

续表

网址	https：//www.wiley.com/en-us/Foundations+of+Homeland+Security%3A+Law+and+Policy%2C+2nd+Edition-p−9781119289111
编号	C9

Palgrave Macmillan

书名	**From Biological Warfare to Healthcare Porton Down 1940–2000**
作者	Peter Hammond，Gradon Carter
出版社	Palgrave Macmillan
年度	2001
页数	299
网址	https：//link.springer.com/book/10.1057%2F9780230287211
编号	D1
书名	**Preventing Biological Warfare-The Failure of American Leadership**
作者	Malcolm R. Dando
出版社	Palgrave Macmillan
年度	2002
页数	244
网址	https：//link.springer.com/book/10.1057/9781403907196
编号	D2
书名	**Biological Warfare Against Crops**
作者	Simon M. Whitby
出版社	Palgrave Macmillan
年度	2002
页数	289
网址	https：//link.springer.com/book/10.1057/9780230514645
编号	D3
书名	**Biotechnology，Security and the Search for Limits**
作者	Brian Rappert

续表

出版社	Palgrave Macmillan
年度	2007
页数	206
网址	https：//link.springer.com/book/10.1057/9780230223158
编号	D4
书名	Biosecurity-Origins，Transformations and Practices
作者	Brian Rappert，Chandré Gould
出版社	Palgrave Macmillan
年度	2009
页数	250
网址	https：//link.springer.com/book/10.1057/9780230245730
编号	D5
书名	'Non-Lethal' Weapons
作者	Neil Davison
出版社	Palgrave Macmillan
年度	2009
页数	324
网址	https：//www.amazon.com/Non-Lethal-Weapons-Global-Issues-Davison/dp/0230221068
编号	D6
书名	Neuroscience and the Future of Chemical-Biological Weapons
作者	Malcolm Dando
出版社	Palgrave Macmillan
年度	2015
页数	206
网址	https：//link.springer.com/book/10.1057/9781137381828
编号	D7
书名	Governance of Biotechnology in Post-Soviet Russia
作者	Tatyana Novossiolova
出版社	Palgrave Macmillan

续表

年度	2017
页数	336
网址	https：//link.springer.com/book/10.1007/978-3-319-51004-0
编号	D8
书名	Intelligence，Biosecurity and Bioterrorism
作者	Patrick F. Walsh
出版社	Palgrave Macmillan
年度	2018
页数	303
网址	https：//link.springer.com/book/10.1057%2F978-1-137-51700-5
编号	D9

Routledge

书名	Ethics and Biotechnology
作者	Anthony Dyson，John Harris
出版社	Routledge
年度	1994
页数	288
网址	https：//www.taylorfrancis.com/books/e/9780203015445
编号	E1
书名	Factories of Death-Japanese Biological Warfare，1932–45 and the American Cover-Up（2nd Edition）
作者	Sheldon H. Harris
出版社	Routledge
年度	2002
页数	424
网址	https：//www.routledge.com/Factories-of-Death-Japanese-Biological-Warfare-1932-45-and-the-American/Harris/p/book/9780415932141
编号	E2

续表

书名	Biotechnology and the Integrity of Life-Taking Public Fears Seriously
作者	Michael Hauskeller
出版社	Routledge
年度	2007
页数	176
网址	https：//www.taylorfrancis.com/books/9781315569413
编号	E3
书名	Disease and Security-Natural Plagues and Biological Weapons in East Asia
作者	Christian Enemark
出版社	Routledge
年度	2007
页数	240
网址	https：//www.taylorfrancis.com/books/9780203089019
编号	E4
书名	Human Biotechnology as Social Challenge-An Interdisciplinary Introduction to Bioethics
作者	Dagmar Schipanski，Nikolaus Knoepffler，S. L. Sorgner
出版社	Routledge
年度	2007
页数	192
网址	https：//www.taylorfrancis.com/books/e/9781315252933
编号	E5
书名	Animals as Biotechnology-Ethics，Sustainability and Critical Animal Studies
作者	Richard Twine
出版社	Routledge
年度	2010
页数	232
网址	https：//www.taylorfrancis.com/books/9781849776356
编号	E6

续表

书名	Global Biosecurity-Threats and Responses
作者	Peter Katona，John P. Sullivan，Michael D. Intriligator
出版社	Routledge
年度	2010
页数	352
网址	https：//www.taylorfrancis.com/books/e/9780203860243
编号	E7
书名	Biotechnology，Education and Life Politics-Debating Genetic Futures from School to Society
作者	Pádraig Murphy
出版社	Routledge
年度	2014
页数	58
网址	https：//www.taylorfrancis.com/books/9781315886886
编号	E8
书名	Technology Transfers and Non-Proliferation
作者	Oliver Meier
出版社	Routledge
年度	2014
页数	74
网址	https：//www.taylorfrancis.com/books/9780203798973
编号	E9

CRC Press

书名	Biotechnology for Biological Control of Pests and Vectors
作者	Karl Maramorosch
出版社	CRC Press
年度	1991

续表

页数	290
网址	https：//www.taylorfrancis.com/books/e/9781351070300/chapters/10.1201/9781351070300-5
编号	F1
书名	Biotechnology and Safety Assessment
作者	J. A. Thomas
出版社	CRC Press
年度	1999
页数	638
网址	https：//www.taylorfrancis.com/books/e/9780367811662
编号	F2
书名	Laboratory Biorisk Management-Biosafety and Biosecurity
作者	Reynolds M. Salerno，Jennifer Gaudioso
出版社	CRC Press
年度	2015
页数	94
网址	https：//www.taylorfrancis.com/books/9780429169045
编号	F3
书名	Applied Molecular Biotechnology-The Next Generation of Genetic Engineering
作者	Muhammad Sarwar Khan，Iqrar Ahmad Khan，Debmalya Barh
出版社	CRC Press
年度	2016
页数	647
网址	https：//www.taylorfrancis.com/books/e/9780429068812
编号	F4
书名	Biotechnology-the Science，the Products，the Government，the Business
作者	Ronald P. Evens
出版社	CRC Press
年度	2020
页数	202

续表

网址	https：//www.taylorfrancis.com/books/9780429399299
编号	F5

Harvard University Press

书名	Deadly Cultures-Biological Weapons Since 1945
作者	Mark WheelisLajos Rózsa，Malcolm Dando
出版社	Harvard University Press
年度	2006
页数	496
网址	https：//www.hup.harvard.edu/catalog.php?isbn=9780674016996
编号	G1
书名	The Soviet Biological Weapons Program-A History
作者	Milton Leitenberg，Raymond A. Zilinskas，With Jens H. Kuhn
出版社	Harvard University Press
年度	2012
页数	960
网址	https：//www.hup.harvard.edu/catalog.php？ isbn=9780674047709
编号	G2
书名	The End of Sex and the Future of Human Reproduction
作者	Henry T. Greely
出版社	Harvard University Press
年度	2018
页数	400
网址	https：//www.hup.harvard.edu/catalog.php？ isbn=9780674984011
编号	G3
书名	Altered Inheritance：CRISPR and the Ethics of Human Genome Editing
作者	Françoise Baylis
出版社	Harvard University Press

续表

年度	2019
页数	304
网址	https：//www.hup.harvard.edu/catalog.php？ isbn=9780674976719
编号	G4
书名	Engineering Animals：How Life Works
作者	Mark Denny，Alan McFadzean
出版社	Harvard University Press
年度	2011
页数	400
网址	https：//www.hup.harvard.edu/catalog.php?isbn=9780674048546
编号	G5

MIT Press

书名	Governing Molecules-The Discursive Politics of Genetic Engineering in Europe and the United States
作者	Herbert Gottweis
出版社	MIT Press
年度	1998
页数	397
网址	https：//mitpress.mit.edu/books/governing-molecules
编号	H1
书名	Bioethics and Armed Conflict-Moral Dilemmas of Medicine and War
作者	Michael Gross
出版社	MIT Press
年度	2006
页数	401
网址	https：//mitpress.mit.edu/books/bioethics-and-armed-conflict
编号	H2

续表

书名	Reframing Rights-Bioconstitutionalism in the Genetic Age
作者	Sheila Jasanoff
出版社	MIT Press
年度	2011
页数	269
网址	https：//academic.oup.com/medlaw/article-abstract/21/1/165/949178 ?redirectedFrom=fulltext
编号	H3
书名	Innovation，Dual Use，and Security-Managing the Risks of Emerging Biological and Chemical Technologies
作者	Jonathan B. Tucker
出版社	MIT Press
年度	2012
页数	367
网址	https：//mitpress.mit.edu/books/innovation-dual-use-and-security
编号	H4
书名	Synthetic Biology and Morality-Artificial Life and the Bounds of Nature
作者	Gregory E. Kaebnick，Thomas H. Murray
出版社	MIT Press
年度	2013
页数	266
网址	https：//mitpress.mit.edu/books/synthetic-biology-and-morality
编号	H5
书名	Humanity Enhanced-Genetic Choice and the Challenge for Liberal Democracies
作者	Russell Blackford
出版社	MIT Press
年度	2013
页数	248
网址	https：//mitpress.mit.edu/books/humanity-enhanced
编号	H6

Cambridge University Press

书名	Biotechnology-Fifth Edition
作者	John E. Smith
出版社	Cambridge University Press
年度	2009
页数	280
网址	https：//www.cambridge.org/core/books/biotechnology/20C1C1DA5F97D24C7159564CCD95225E
编号	I1
书名	Bioethics-An Introduction
作者	Marianne Talbot
出版社	Cambridge University Press
年度	2012
页数	478
网址	https：//www.cambridge.org/core/books/bioethics/6F35C1F1B59FF0DE20B9DBFFB1DD8B3E
编号	I2
书名	Viral Sovereignty and Technology Transfer
作者	Sam F. Halabi
出版社	Cambridge University Press
年度	2020
页数	280
网址	https：//www.cambridge.org/core/books/viral-sovereignty-and-technology-transfer/D20BB0DD93018A518C3DC057204B13F5
编号	I3

Oxford University Press

书名	Biological and Toxin Weapons：Research，Development and Use from the Middle Ages to 1945
作者	Erhard Geissler，John Ellis van Courtland Moon
出版社	Oxford University Press
年度	1999
页数	279
网址	https：//www.sipri.org/publications/1999/biological-and-toxin-weapons-research-development-and-use-middle-ages–1945
编号	J1
书名	Human Dignity in Bioethics and Biolaw
作者	Deryck Beyleveld，Roger Brownsword
出版社	Oxford University Press
年度	2001
页数	298
网址	https：//global.oup.com/academic/product/human-dignity-in-bioethics-and-biolaw–9780198268260
编号	J2
书名	Six legged Soldiers-Using Insects as Weapons of War
作者	Jeffrey A. Lockwood
出版社	Oxford University Press
年度	2009
页数	400
网址	https：//global.oup.com/academic/product/six-legged-soldiers–9780199733538?cc=us&lang=en&
编号	J3
书名	The Regulation of Genetically Modified Organisms：Comparative Approaches
作者	Luc Bodiguel，Michael Cardwell
出版社	Oxford University Press
年度	2010

续表

页数	430
网址	https：//www.oxfordscholarship.com/view/10.1093/acprof：oso/9780199542482.001.0001/acprof-9780199542482
编号	J4
书名	The Ethics of Human Enhancement：Understanding the Debate
作者	Steve Clarke，Julian Savulescu，Tony Coady，Alberto Giubilini，Sagar Sanyal
出版社	Oxford University Press
年度	2016
页数	292
网址	https：//www.oxfordscholarship.com/view/10.1093/acprof：oso/9780198754855.001.0001/acprof-9780198754855
编号	J5

National Defense University Press

书名	Bio-inspired Innovation and National Security
作者	Robert E. Armstrong，Mark D. Drapeau
出版社	National Defense University Press
年度	2010
页数	372
网址	https：//ndupress.ndu.edu/Media/News/Article/1216613/bio-inspired-innovation-and-national-security/
编号	K1
书名	The Soviet Biological Weapons Program and Its Legacy in Today’s Russia
作者	Raymond A. Zilinskas
出版社	National Defense University Press
年度	2016
页数	72
网址	https：//ndupress.ndu.edu/Media/News/Article/848207/the-soviet-biological-weapons-program-and-its-legacy-in-todays-russia/

续表

编号	K2
书名	A Short History of Biological Warfare：From from Pre-History to the 21st Century
作者	W. Seth Carus
出版社	National Defense University Press
年度	2017
页数	80
网址	https：//inss.ndu.edu/Media/News/Article/1270612/a-short-history-of-biological-warfare-from-pre-history-to-the–21st-century/
编号	K3

其他

书名	Weapons of Mass Destruction
作者	Eric A.Croddy，James J.Wirtz
出版社	ABC-CLIO，Inc.
年度	2005
页数	466
网址	https：//www.amazon.com/Weapons-Mass-Destruction-Encyclopedia-Technology/dp/B008SLLPUC
编号	L1
书名	Vaccines for Biodefense and Emerging and Neglected Diseases
作者	Alan D.T. Barrett，Lawrence R. Stanberry
出版社	Academic Press
年度	2009
页数	1488
网址	https：//www.sciencedirect.com/book/9780123694089/vaccines-for-biodefense-and-emerging-and-neglected-diseases
编号	L2

续表

书名	Education and Ethics in the Life Sciences-Strengthening the Prohibition of Biological Weapons
作者	Brian Rappert
出版社	ANU Press
年度	2010
页数	240
网址	https：//press.anu.edu.au/publications/series/practical-ethics-public-policy/education-and-ethics-life-sciences
编号	L3
书名	Plant Biotechnology-Transgenics，Stress Management，and Biosafety Issues
作者	Sangita Sahni，Bishun Deo Prasad，Prasant Kumar
出版社	Apple Academic Press
年度	2018
页数	586
网址	https：//www.taylorfrancis.com/books/e/9781315213736
编号	L4
书名	Biotechnology of Microorganisms-Diversity，Improvement，and Application of Microbes for Food Processing，Healthcare，Environmental Safety，and Agriculture
作者	Jeyabalan Sangeetha，Devarajan Thangadurai，Somboon Tanasupawat，Pradnya Pralhad Kanekar
出版社	Apple Academic Press
年度	2019
页数	372
网址	https：//www.taylorfrancis.com/books/e/9780429434112
编号	L5
书名	On the Dual Uses of Science and Ethics-Principles，Practices，and Prospects
作者	Brian Rappert，Michael J. Selgelid
出版社	Australian National University Press
年度	2013
页数	410

续表

网址	https：//press.anu.edu.au/publications/series/practical-ethics-public-policy/dual-uses-science-and-ethics
编号	L6
书名	**Living Weapons-Biological Warfare and International Security**
作者	Gregory D. Koblentz
出版社	Cornell University Press
年度	2009
页数	271
网址	https：//www.amazon.com/Living-Weapons-Biological-International-Security/dp/0801477522
编号	L7
书名	**Barriers to Bioweapons-The Challenges of Expertise and Organization for Weapons Development**
作者	Robert J. Art，Robert Jervis，Stephen M. Walt
出版社	Cornell University Press
年度	2014
页数	240
网址	https：//www.cornellpress.cornell.edu/book/9780801452888/barriers-to-bioweapons/#bookTabs=1
编号	L8
书名	**Biohazard**
作者	Ken Alibek
出版社	Delta
年度	1999
页数	333
网址	https：//www.amazon.com/Biohazard-Chilling-Largest-Biological-World-Told/dp/0385334966
编号	L9
书名	**Medical Aspects of Chemical and Biological Warfare**
作者	Brigadier General Russ Zajtchuk
出版社	Department of the Army

续表

年度	1997
页数	710
网址	https：//www.cs.amedd.army.mil/borden/FileDownloadpublic.aspx ?docid=f445b502–8bfb–427c–8c59–5f72f6da55e6
编号	L10
书名	**Military Preventive Medicine：Mobilization and Deployment**
作者	Dave E. Lounsbury
出版社	Department of the Army
年度	2003
页数	724
网址	https：//ke.army.mil/bordeninstitute/published_volumes/mpmVol1/PM1fm.pdf
编号	L11
书名	**House of Cards：The Pivotal Importance of a Technically Sound BWC Monitoring Protocol**
出版社	Dupont Circle
年度	2001
页数	115
网址	https：//www.stimson.org/wp-content/files/file-attachments/Houseofcards_complete_1.pdf
编号	L12
书名	**Dual-Use Life Science Research and Biosecurity in the 21st Century：Social, Technical，Policy，and Ethical Challenges**
作者	Jonathan E. Suk
出版社	Frontiers
年度	2015
页数	97
网址	https：//www.frontiersin.org/research-topics/2211/dual-use-life-science-research-and-biosecurity-in-the–21st-century-social-technical-policy-and-ethic
编号	L13

续表

书名	Biosecurity-Freedom and Responsibility of Research
出版社	German Ethics Council
年度	2014
页数	221
网址	https：//www.ethikrat.org/fileadmin/Publikationen/Stellungnahmen/englisch/opinion-biosecurity.pdf
编号	L14
书名	Biological Weapons Defense-Infectious Diseases and Counterbioterrorism
作者	Luther E. Lindler，George W. Korch
出版社	Humana Press
年度	2005
页数	622
网址	https：//link.springer.com/book/10.1385/1592597645
编号	L15
书名	Biological Threats in the 21st Century-The Politics People Science and Historical Roots
作者	Filippa Lentzos
出版社	Imperial College Press
年度	2016
页数	500
网址	https：//kclpure.kcl.ac.uk/portal/en/publications/biological-threats-in-the-21st-century（4f4a7a95-c010-41f7-9b42-7ad510fe9467）.html
编号	L16
书名	Bioethics in the 21st Century
作者	Abraham Rudnick
出版社	InTech
年度	2011
页数	164
网址	https：//www.intechopen.com/books/bioethics-in-the-21st-century
编号	L17

续表

书名	Innovations in Biotechnology
作者	Eddy C. Agbo
出版社	InTech
年度	2012
页数	474
网址	https：//www.intechopen.com/books/innovations-in-biotechnology
编号	L18
书名	Tuning Innovation with Biotechnology
作者	Dong Hwa Kim
出版社	Jenny Stanford Publishing
年度	2017
页数	232
网址	https：//www.taylorfrancis.com/books/9781315364582
编号	L19
书名	Patho-Biotechnology
作者	Roy Sleator，Colin Hill
出版社	Landes Bioscience
年度	2008
页数	240
网址	https：//www.amazon.com/-/zh/dp/B00SC8IGQC/ref=sr_1_1 ? __mk_zh_CN=%E4%BA%9A%E9%A9%AC%E9%80%8A%E7%BD%91%E7%AB%99&dchild=1&keywords=Patho-Biotechnology&qid=1594642689&sr=8-1
编号	L20
书名	The New Biological Weapons
作者	Malcolm Dando
出版社	Lynne Rienner Publishers，Inc.
年度	2000
页数	192
网址	https：//www.amazon.com/New-Biological-Weapons-Proliferation-Control/dp/1555879241

续表

编号	L21
书名	The Weaponizing of Biology：Bioterrorism，Biocrime and Biohacking
作者	Marc E. Vargo
出版社	McFarland
年度	2017
页数	252
网址	https：//mcfarlandbooks.com/product/the-weaponizing-of-biology/
编号	L22
书名	Biosafety and Risk Assessment in Agricultural Biotechnology
作者	Patricia L. Traynor，Robert Frederick，Muffy Koch
出版社	Michigan State University，USA
年度	2002
页数	150
网址	http：//libvolume2.xyz/biotechnology/semester8/bioethicsandbiosafety/biosafetyconceptsandissues/biosafetyconceptsandissuestutorial2.pdf
编号	L23
书名	The Dead Hand：The Untold Story of the Cold War Arms Race and Its Dangerous Legacy
作者	David E. Hoffman
出版社	Rand House Audio
年度	2010
页数	401
网址	https：//www.amazon.com/Dead-Hand-Untold-Dangerous-Legacy/dp/0307387844
编号	L24
书名	A History of Chemical and Biological Weapons
作者	Edward M.Spiers
出版社	Reaktion Books
年度	2010
页数	183

续表

网址	https：//www.amazon.com/History-Chemical-Biological-Weapons/dp/1861896514
编号	L25
书名	Biotechnology and International Security
作者	David Malet
出版社	Rowman & Littlefield Publishers
年度	2016
页数	206
网址	https：//www.amazon.com/Biotechnology-International-Security-David-Malet/dp/1442268905
编号	L26
书名	Germs：Biological Weapons and America's Secret War
作者	Judith Miller，Stephen Engelberg，William J. Broad
出版社	Simon & Schuster
年度	2002
页数	416
网址	https：//www.simonandschuster.com/books/Germs/Judith-Miller/9780684871592
编号	L27
书名	Disease Emergence and Resurgence：The Wildlife–Human Connection
作者	Milton Friend，James W. Hurley，Pauline Nol，Katherine Wesenberg
出版社	U. S. Department of Interior
年度	2006
页数	388
网址	https：//pubs.er.usgs.gov/publication/cir1285
编号	L28
书名	Project on National Security Reform-Vol. 2：Case Studies Working Group Report
作者	Joshua Smith，Michael Best
出版社	U.S. Army War College

续表

年度	2012
页数	1026
网址	https：//archive.org/details/Project-on-National-Security-Reform-Vol–2–Case-Studies-Working-Group-Report–2012
编号	L29
书名	Nanoweapons-A Growing Threat to Humanity
作者	Louis A. Del Monte
出版社	University of Nebraska Press
年度	2017
页数	262
网址	https：//louisdelmonte.com/nanoweapons-a-growing-threat-to-humanity–2/
编号	L30
书名	Modern Biotechnology Panacea or New Pandora’s Box？
作者	Johannes Tramper，Yang Zhu
出版社	Wageningen Academic Publishers
年度	2011
页数	272
网址	https：//link.springer.com/book/10.3920/978–90–8686–725–7
编号	L31
书名	Public Health Response to Biological and Chemical Weapons—WHO Guidance
出版社	WHO
年度	2004
页数	357
网址	https：//www.who.int/csr/delibepidemics/biochemguide/en/
编号	L32
书名	Biological Weapons：From the Invention of State-Sponsored Programs to Contemporary Bioterrorism
作者	Jeanne Guillemin
出版社	Columbia University Press

续表

年度	2006
页数	256
网址	http：//cup.columbia.edu/book/biological-weapons/9780231129435
编号	L33

缩略词与中英文对照

英文简写	英文全称	中文名称
Nature	Nature	自然
Nat Biotechnol	Nature Biotechnology	自然：生物技术
Science	Science	科学
N Engl J Med	New England Journal of Medicine	新英格兰医学杂志
Lancet	Lancet	柳叶刀
Lancet Infect Dis	Lancet Infectious Diseases	柳叶刀：感染性疾病
EMBO	European Molecular Biology Organization	欧洲分子生物学组织
mBio	mBio	美国微生物学会会刊
Biosecur Bioterror	Biosecurity and Bioterrorism：Biodefense Strategy，Practice，and Science	生物安全与生物恐怖：生物防御战略、实践与科学
Health Secur	Health Security	健康安全
Emerg Infect Dis	Emerging Infectious Diseases	新发感染性疾病
JAMA	The Journal of the American Medical Association	美国医学会杂志
Proc Natl Acad Sci U. S. A.	Proceedings of the National Academy of Sciences of the United States of America	美国科学院院刊
PLoS	Public Library of Science	科学公共图书馆
Sci Eng Ethics	Science and Engineering Ethics	科学与工程伦理
Sci Rep	Scientific Reports	科学报告
NAP	National Academies Press	美国国家科学院出版社
GAO	U.S. Government Accountability Office	美国审计总署
HHS	U.S. Department of Health & Human Services	美国卫生与公众服务部
DHS	Department of Homeland Security	国土安全部
DOD	Department of Defense	国防部

续表

英文简写	英文全称	中文名称
WHO	World Health Organization	世界卫生组织
BTWC	Biological and Toxin Weapons Convention	禁止生物武器公约
Elsevier	Elsevier	爱思唯尔出版社
Springer	Springer	施普林格出版社
Wiley	Wiley	威利出版社
Palgrave Macmillan	Palgrave Macmillan	帕尔格雷夫麦克米伦出版社
Routledge	Routledge	劳特利奇出版社
CRC Press	CRC Press	CRC 出版社
Harvard University Press	Harvard University Press	哈佛大学出版社
MIT Press	MIT Press	麻省理工学院出版社
Cambridge University Press	Cambridge University Press	剑桥大学出版社
Oxford University Press	Oxford University Press	牛津大学出版社
National Defense University Press	National Defense University Press	美国国防大学出版社